［弱水 讀書記］
——當代書林擷英

黃岳年 著

序

　　朋友在電話裡告訴我，蔡登山先生的秀威公司，可以印書。與蔡先生聯繫，當天就收到了回信，說是可以。朋友說，繁體版的《弱水書話》，能和大家見面了。

　　按照蔡先生的要求，我將篋中的文稿進行整理，補入大陸版《弱水書話》民國以後的文字，就形成了《弱水讀書記》，並加上一個副書名：當代書林擷英。

　　讀書給了我許多快樂。買書，藏書，讀書，已經是生活生存的一種需要。花去了不少銀子，理由是振振有詞的先祖遺訓：

> 藏書萬卷可教子，遺金滿籯常作災。
> 能與貧人共年谷，必有明月生蚌胎。
> 山隨宴坐圖畫出，水作夜窗風雨來。
> 觀水觀山皆得妙，更將何物污靈台。
>
> （黃庭堅〈題胡逸老致虛庵〉）

《弱水讀書記》裡的文字，就是讀書快樂時候的映照。日月天地眼，萬卷聖賢心。先哲的思緒，是落筆時常常從心上飄過的雲彩。顧亭林《日知錄》「文須有益於天下」條裡說：「文之不可絕於天地間者，曰明道也，紀政事也，察民隱也，樂道人之善也。若此者，有益於天下，有益於將來，多一篇，多一篇之益矣。若夫怪力亂神之事，無稽之言，剿襲之說，諛佞

之文,若此者,有損於己,無益於人,多一篇,多一篇之損矣。」要做到,難。然而臨文嗟歎,雖不能至,心嚮往之的情懷,是存了的。

《弱水書話》出版後,齊齊哈爾的揚君來信,說要訂一本書給上小學二年級的女兒,我把書和一幅字寄上,祝願下一代健康成長。天津的谷先生讓題寫他父親的名字,我也遵從,把書寄去,祝福老一輩安康。因為《弱水書話》,南京的夏雷鳴先生把好書《藏書家陸心源》給我寄來,北京的戴建華先生把極難得的《順生論》毛邊本和自己的著作寄來。走出校門,離開我已經六年的學生雷鵬來信,表達了他看到書之後的歡欣之意。不一而足,我享受了人世間純真的友情。老者安之,朋友信之,少者懷之,再使風俗醇,不是一本書所能盡到的責任,也不敢妄想。不過他們,還有那些見或未見的讀者朋友,確是這些文字的催生者。

對讀書,我取閒的角度,取適心快意的態度。讀書純粹是為了愛好和喜歡。許多年來,和書籍的遇合,為自己的生活加進了特殊的養分,我為此感到幸福。讀書和抽煙喝酒一樣,並無甚高尚處,不過倒是也沒有人公然說讀書壞的。讀書無用,只有浩劫的時代和別具用心的時候有人說。對開卷有益的服膺,我是真心的。

值五千年未有之變局,現代中國的書林,真是千迴百轉,氣象萬千,郁郁乎文。徜徉於其中,享受莫大。一回回欣喜,一番番風光,一次次洗禮,感覺生命在提升中度過。天下人在領受化育,民族在其沐浴下走向新生,我更願其光照遠大,成為我中華民族全面復興的源泉。讀書生產文明人。傅月庵有言:「愛讀書的人未必有錢多金,未必功業彪炳,未必情場得意,未必家庭幸福人生美滿。然而每當橫逆來襲,挫折迎

面之際，他們總比不讀書的人多了一份餘裕的迴旋空間和從容的應對姿態。這樣的人，中國人尊他『無欲乃積壽，有福方讀書』。在西方，類似的讚美出自伍爾芙夫人之口，她在《普通讀者》書中說：「我往往夢見在最後審判的那一天，那些偉人——征服者和律師和政治家——都來領取皇冠、桂冠或永留青史的英明等獎賞的時候，萬能的上帝看見我們腋下夾著書走近，便轉過身子，不無欣賞地對彼得說：『等等，這些人不需要獎賞。我們這裡沒有任何東西可以給他們。他們一生愛讀書。』」英國小說家吉辛在《四季隨筆》裡也說：「增加一個與文明人相稱的生活的居民，這個世界會顯得更美好而不是更壞。」「能拯救人類免受破壞的大多數好事都產生於沉思的恬靜生活。這個世界一天天變得愈加嘈雜喧囂，拿我來說，我是不會加入到這日益嚴重的喧囂中去的，只要保持沉靜，我就為大家的福利作出了貢獻。」這是極富情味的話。書齋裡的人，讀到這句話，可以為之而浮一大白，更心安理得起來。

　　是為序。

黃岳年

二〇〇九年六月十二日

【卷三】

【附錄】

【卷一】

書生胡適

「我的朋友胡適之」，這是一句親切的話，體面的話。這話溫暖著的應該是一個時代，那麼這句話，應該是那一個時代的文化名片了吧？

學貫中西，道德崇高，思想先進，開一代風氣，返樸歸真後的人們，無論怎樣高的評價胡適，都好像被人接受了。真好。

在寫胡適的文章中，給我印象最深的是季羨林先生寫的那篇長文。1999年，八十八歲的的季羨林先生去了台灣，為老師胡適掃墓，獻花，叩首，燒香之後，寫下了〈站在胡適之先生墓前〉。在騰格里沙漠邊緣的一個小城書店裡，我站著讀完了季先生的文章，那算是我真正的認識胡適先生，也最早知道季羨林先生。那以後，我開始買季老的書，讀季老的書。耄耋老人對師尊的一往情深，長久的縈繞在我的心裡，揮之不去。「在我所知道的世界語言中，只有漢文把『恩』與『師』緊密地嵌在一起，成為一個不可分割的名詞。這只能解釋為中國人最懂得報師恩，為其他民族所望塵莫及的。我在學術研究方面的機遇，就是我一生碰到了六位對我有教導之恩或者知遇之恩的恩師。我不一定都聽過他們的課，但是，只讀他們的書也是一種教導。」先生引申的這段文字，對我這樣求師有難處或者不便的人來說，就有了特殊的意義。我也是在讀胡適之先生教導的人。

在故事和傳說中，適之先生本來是黃花崗烈士隊裡的人。那年，先生文弱，烈士中的人說：「你是書生，讀書多，留著建設國家，打槍放炮的事，你不如我們。」於是，七十二烈士裡沒有了胡適的名字，中國歷史上多了一個做學問的人。黃花崗上少了一位烈士，新文化中多了一位開山之人。先烈們推遠了胡適，留下了讀書的種子。故事或許只是故事，傳說也或許只是傳說，但種子，是真的。這種子，發芽生根，長成綠蔭參天，發起了文學革命，深深地影響了1919年以後的中國文化走向。

適之先生是啟蒙的人。受到啟蒙的年輕人幺五嗊六，上山的上山，上馬的上馬，先生依舊是一口官話，一支粉筆，一個校長，一個師長。滿天下叫起來一個聲音：「我的朋友胡適之」，先生報以一笑，說出一句文弱的話，一句堅強的話：「多問些問題，少談些主義。」那之後，八十七年的歷史解說，足夠先生欣慰於千年萬年。

先生是讀書人的典範。在美國讀書，先生到處找圖書館。在中國教書，先生到處建圖書館。1957年，大陸上的人已經沒有誰敢說自己和胡適有關係了。季羨林〈站在胡適之先生墓前〉中特別愧疚地寫到十多年前寫的短文〈為胡適說幾句話〉，自責說在胡適的名字後面，連「先生」兩個字都沒有勇氣加上，那已經是冰消雪化的1985年左右的事了。1957年6月4日，在紐約做了胃潰瘍大手術後的胡適，立下的遺囑中有這樣兩款內容，一是當北京大學有學術自由的時候，把自己存放在那裡的一百零二箱書籍捐贈給北京大學；一是把自己在紐約的全部手稿和書籍捐贈給台灣大學。季羨林〈為胡適說幾句話〉中曾經說胡適是「一位非常複雜的人物」，是「一個異常聰明的糊塗人」。糊塗，說的是他政治上的糊塗。他做任何

事，都喜歡說，拿證據來。一時之勝在於力，千秋之勝在於理。現在看來，我們的朋友胡適之先生，是視通千載，明見萬年啊。張昌華在〈季羨林與他的五位師友〉裡說，上世紀九〇年代，安徽教育出版社出版兩千萬字的《胡適全集》，請季羨林「俯允」作主編。季羨林說「我只能『仰』允」。他寫了篇一萬七千字的總序，副題是「還胡適本來面目」，主旨不過「撥亂反正，以正視聽而已」。之後他抱病為《學林往事》寫了一篇關於胡適的文章，覺得《胡適全集》前序的副題寫得太滿，「我哪裡有能力還適之先生以本來面目呢？」後文主要寫他對胡適的認識，以「畢竟一書生」為乃師作了評價。

但是這個書生，並沒有放棄黃花崗時代的就已經抱定的追求和責任。他服膺孫中山的學說，以為《孫文學說》是人生和生活的一部叢書。中山先生創造出乃文乃武的天地，筆桿子勝了槍桿子。胡適之先生在本質上是筆桿子裡的一支。他相信耶穌的話，「禮拜是為人造的，不是人為禮拜造的」。他不把書讀死。1915年5月31日，他寫下了這樣的話：「春色撩人，何可伏案不窺園也！邇來頓悟天地之間，何一非學，何必讀書然後為學耶？古人樂天任天之旨，盡可玩味。」他把讀書當作一種人生的追求，一種救國救民的方式，他覺得讀書可以豐富人們的知識，提高國人的見解，鍛造一個有個性自由精神的新中國。俗話說，秀才造反，十年不成。這是沉痛的話，但這話也蒙蔽了太多的人。胡適們沒有信這個邪，他們造反，立新，他和認可他與不認可他做老師的人們一起，硬是開了歷史的新紀元。這與他給自己樹立的榜樣有關，他的榜樣是曾子，曾子說過「士不可不弘毅，任重道遠，仁以為己任，不亦重乎？死而後已，不亦遠乎？」胡適說，這是何等氣魄，這是何等氣象。他給自己立過這樣的座右銘：「有健全的體魄，有

不屈不撓的毅力，有博大高深的學問。」為了這個學問，胡適秉承乃師杜威每個星期家中高朋滿座，熱情與朋友切磋的傳統，家中也作了學生和朋友的讀書交流所。他強調讀書的合作性、趣味性，組織讀書會，創辦《讀書雜誌》，試圖把書齋讀書變成社會性的公眾活動。他是在點石成金。

胡適極其重視用前輩讀書人的精神激勵和影響自己。《越縵堂日記》是他在病中看的，他在看過後留下了這樣的題詩：「五十一本日記，寫出先生性情；還替那個時代，留下片面寫生。」胡適留下的日記，不能說和李越縵沒有關系，他曾經說「這部書是我重提起做日記的重要原因。」胡適也拼命鼓動朋友寫自傳，並且身體力行地留下了四百萬字的日記，一百二十萬字以上的傳記作品。今天，這些已經成為我們巨大的財富。對李越縵的日記，胡適的題詩共有九首，我喜歡的還有：「三間五間老屋，七石八石俸米；終年不上衙門，埋頭校經校史。」、「寧可少睡幾覺，不可一日無書；能讀能校能注，先生不是蠹魚。」、「這回先生病了，連個藥錢也無；朋友勸他服藥，家人笑他讀書。」在胡適的眼裡，李越縵的生活盡管是窮的，平民的，但卻是充實的，飽滿的，幸福的，也是富有的。而這一切，都和他的愛書、讀書、寫書、校書有關。寫到此處，我真想要一套《胡適日記全編》了，或者，有一套《胡適全集》更好。然而，這又不知那年才可以如願以償。

國難當頭的時候，書生胡適就任駐美大使，他的用心是一心一意讓美國介入太平洋戰爭，以使中國有「翻身」機會。王曉漁2004年10月19日在《羊城晚報》上發表的〈與余英時商胡適生平疑案〉中說：「1935年6月，胡適連續給王世杰寫了好幾封信，說『在不很遠的將來也許有一個太平

洋大戰，我們也許可以**翻身**。』。美國著名史學家畢爾德（Charles A. Beard）甚至認為日本偷襲珍珠港是因為羅斯福受了胡適影響，如果說這是『大膽的假設』，沒有經過『細心的求證』，胡適在給朋友的信中提到1941年12月8日美國國會正式對日宣戰後自己『即決定辭職了』，也足以說明什麼是他的『大事因緣』。」書生報國，如斯而已。

中國新文化的骨髓是胡適先生和朋友們培植的，他用身家性命和血肉灌溉了新文化，新文化的後繼者們放逐了先生。不過，先秦有屈子，後世有陶潛，連孫中山先生亦復如是，先生復復何憾。先生啊，你也天生不是聖人，小的時候，你曾經因為看淫穢小說而使身心大受損害，以至於後來對《金瓶梅》都深惡痛絕，失掉了評價的準繩。或許，人類文明有野性的一面，這就是食肉，先生亦肉也，在刀俎上。

胡適先生去世的時候，青年們給他覆蓋了民族魂的大旗，萬人空巷送胡適，和當年的魯迅一樣。民間的仁義，給了先生最高的禮遇。

2006年6月28日下午寫畢，時陽光燦爛，周遭歌聲四起，六月六近矣。

胡適與韋蓮司

　　不經意間買下了周質平著的《胡適與韋蓮司——深情五十年》，立即就被吸了。版本是北京大學出版社1998年11月一版一印本，32開，245頁，價15元。我知道，這書在大陸還有一個版本，是湖北人民出版社2003年9月一版一印的，定價19.8元。比較起來，我有這早印而且受到作者看重的本子，是幸運的。周質平在為安徽教育出版社2001年8月版的《不思量自難忘：胡適給韋蓮司的信》一書所作的序言中說：「《胡適與韋蓮司——深情五十年》一書去年由台北聯經出版事業公司與北京大學出版社先後在兩地出版，引起了相當的注意。讀者的反應約略可以歸為兩類：其一認為，胡、韋關係是貫穿胡適一生極重要的一段友情與戀情，將這些史料公諸於世，有助於對胡適人格、性格深一層地了解；其二則認為，公開男女私情，有損胡適『完人形象』。這本書的出版，使我成了『胡適的罪人』。」「我寫《胡適與韋蓮司》，翻譯胡適給韋氏的信，主要的關懷是個『是非』問題，也就是這件事是不是發生過；至於在『對錯』這一點上，我採取的是一種『同情的了解』。設身處地的為當事人想，不但『你我處此又當如何？』甚至於『聖人處此又當如何？』這點寬容和理解與其說是對當事人的，不如說是對『人』的。」顯然，風刮起來後的周先生，也進行著認真的思考。這本書在已經有了一個好的版本後的第五年又一次被選中出版，也能夠說明一個問題，就是還有讀者感興趣並且喜歡。

《胡適與韋蓮司——深情五十年》的前言中稱：「胡適一生，自1910年出國，到1962年逝世，前後在美國共生活了二十六年又七個月。換句話說，胡適十九歲以後，他的成年歲月，有一半以上是在美國度過的。做胡適的傳記，或編他的書信集和全集，而忽略了他在美國的生活、交遊和英文著作，那不能不說是一項重大的缺憾。在胡適眾多的美國朋友之中，交誼維持五十年，並對他的思想有過重大影響的人並不多。艾迪絲‧克利福德‧韋蓮司女士（Miss Edith Clifford Williams，1885-1971）是這少數人中，最重要的一個。兩人初識在1913到1914年之間，友誼一直維持到1962年胡適逝世。在胡適去世之後，韋蓮司繼續與胡夫人江冬秀保持聯繫，並整理胡適寫給她的英文書信，在1965年將信件寄贈胡適紀念館。」

　　韋蓮司，美國人，1971年2月2日去世，活了八十六歲。她大胡適五歲，胡適說她人品高潔，學識豐富，特立獨行，不恤人言。韋蓮司與胡適神交逾五十年，僅胡適寫給她的信件即有兩百餘封。在《胡適留學日記》中，韋蓮司展現出的是一個對胡適發展影響極大的「高人」的形象。

　　《胡適與韋蓮司》和《胡適留學日記》對讀，會饒有趣味。《胡適留學日記》中許多語焉不詳的地方，可以在書中找到較為完滿的答案。

　　周質平在書中說：「胡適與韋蓮司女士的交誼並不是一個新話題。晚近學者注意到這段歷史的有周策縱、徐高阮、唐德剛、夏志清、李又寧和最近的東京大學教授藤井省三等。」

　　談胡韋交往和感情的人多，但我更看重胡適先生1914年12月7日寫給韋蓮司信中說的話：「在我們的交往中，我一直是一個受益者。妳的談話總是刺激我認真的思考，『刺激』這個字不恰當，在此應該說是『啟發』。我相信思想上的啟發才

是一種最有價值的友誼。」後來的胡適名滿天下，韋蓮司則生計不佳，但兩人的友誼卻絲毫沒有減損，這可不能不說是一個奇蹟，而從中，又可以見得胡適之先生品格的可貴。人間趨利忘義的事多，「一闆臉就變」，可是胡博士竟然沒有這樣。韋蓮司也不含糊，終身未嫁，至死不渝。

這段情意說得上地老天荒了。拿世俗的道德觀來批評嗎？那會慚愧。拿一般的是非觀來評判嗎？誰有資格。

胡適是韋蓮司最想嫁的人，韋蓮司是胡適心裡永遠惦記著的人。有韋蓮司，胡適的心靈就永遠洞開著一扇至情至性的真實窗口，有胡適，韋蓮司一生也不復有遺憾。

胡適1923年3月12日給韋蓮司的信中曾說：「在我推行白話文運動的時候，對我幫助最大的，是我從小所受古典的教育。」這話胡博士可是在公開場合從來不曾說過的，這也不是五四新派知識分子們所願意承認的。在公開場合下，他所說到的古文訓練，似乎是讓自己蒙受了傷害的。這種盛名之下保持一致的一輩子不改口，可是不利於我們多多的。災難性的惡果，都是在人們受到蒙蔽，或者無知的時候發生的。對於我們這個喜歡造神，喜歡神聖化的民族，有韋蓮司的這扇窗口洞開，真的很有益。要知道，連最講究考據和事實驗證的胡博士都有這樣的一面，遑論他人。

1926年9月5日，胡適曾有一封信從巴黎給韋蓮司，談到了他對中西文化的看法受到中西兩方面夾擊，兩方面都不討好的悲哀：「當我聽到泰戈爾的演說，我往往為他所謂東方的精神文明而感到羞愧，我必須承認，我已經遠離了東方文明。有時，我發現自己比歐美的思想家更『西方』。一個東方演說者面對美國聽眾時，聽眾所期望於他的，是泰戈爾式的信息，那就是批評譏諷物質的西方，而歌頌東方的物質文明。我可沒有

這樣的信息。」「我指責東方文明是完全唯物而又沒有價值的，我讚揚現代西方文明能充分滿足人類精神上的需要。誠然，我所給予東方文明的指責，比任何來自西方（的指責）更嚴苛，而我對西方文明的高度評價，也比西方人自己所說的更好。」

再清楚不過了，如此譏笑和貶低東方文明為真正物質奴隸的文明，頌揚西方文明可以充分滿足人類精神需要的論調，能夠讓中國人接受，並且不被視為異端，似乎沒有可能。就是西方人，也確實未必信服。這些話，也都是當初作為受者的韋蓮司唯一能夠聽到並完全理解的。從這個意義上看，沒有韋蓮司，真實的胡博士，就會打上一個大大的折扣。至於適之先生話中的深意，已有許多專家精彩的論述，這裡就不饒舌了。

2006年7月28日。

善待朱生豪翻譯的莎士比亞作品

　　被譽為「現代管理學之父」的布魯克過九十歲生日了，有人問他長壽的秘訣，他說：「每五年重讀一遍莎士比亞！」這話說的新鮮，莎士比亞竟然能夠成為養生的靈丹妙藥，這給愛好莎士比亞的我帶來了意外的驚喜。我不敢奢望布魯克事業和生命上的巨大成就，但自己的愛好竟有這樣的功效，又出自耄耋巨匠的金口，卻也是值得高興的事。也更願意同此愛好的朋友，也能分享我的喜悅。

　　我的莎士比亞之緣起始於讀朱生豪的譯本，那時是從圖書館裡借來讀。今年好，年初，董寧文君寄贈我一本《范泉紀念集》，裡面有朱生豪哲嗣朱尚剛2000年12月寫的一篇〈懷念范泉先生〉，從中，我知道了朱生豪先生的一些事情。之後，我意外的買下了人文版朱譯《莎士比亞全集》，圓了許久以來懷有的想擁有一套莎士比亞的夢想。以下是《秀州書訊》上的一段文字，和我搜尋朱生豪宋清如夫婦的資料有關，范笑我兄大概把這件事記了一下，我也抄在這裡，紀念這一番勝緣：

　　　2006年4月18日　星期二（Tuesday）晴
　　　朱尚剛：明年6月27日母親（宋清如）逝世十周年
　　　4月18日，朱尚剛帶來一本《朱生豪「小言」集》（朱生豪）和五十本《秋風和蕭蕭葉的歌：朱生豪宋清如詩詞集》（朱尚剛編），朱說：「『小言集』只

剩五本了，『蕭蕭葉』還有一些。」甘肅張掖教師黃岳年要買，還想請你簽名。朱尚剛一邊簽名一邊說：「我七〇年前後在新疆和田時，火車經常路過張掖，不過從未下去過。甘肅除了天水，就是張掖和武威了，金張掖、銀武威。我媽去過和闐，是坐飛機的，沒經過那裡。」朱說：「兒子回去了，4月1日離開，2日就到美國。我們的新房子買在贊成學仕苑，每平方四千三。最近，我在整理母親（宋清如）留下的雜稿，大約有幾萬字。明年6月27日母親逝世十周年，如果朱生豪故居能建成的話就好了。

找出范笑我兄寄來的這兩本書，朱尚剛簽下的日期剛好是這一天，我則是5月5日收到的。在這之前，我還分別在3月20日跟4月8日兩次收到了范兄寄來的朱尚剛編的《談朱生豪》（是朱生豪夫人宋清如與他們夫婦的同學彭重熙的通信集，秀州書局線裝本），朱尚剛著的《詩侶莎魂・我的父母朱生豪宋清如》。

朱生豪，曾用名文林、文生、森豪，筆名朱生、朱朱、笑鴻、草草、朱森。1912年2月2日出生在浙江嘉興一個破落的商人家庭，五歲時入嘉興開明初小讀書，九歲畢業，得甲級第一名，1921年秋入嘉興縣第一高級小學就讀，1924年7月畢業，成績為全班之首。後插班到秀州中學初二年級就讀，其中英文成績特別優異，1929年保送到之江大學深造。其間，業師夏承燾在《天風閣學詞日記》中寫到：「閱卷，嘉興朱生豪讀晉詩隨筆，極可佩，惜其體弱。（1930年12月8日）」「閱朱生豪唐詩人短論七則，多前人未發之論，爽利無比，聰明才力，在余師友之間，不當以學生視之。」「之江辦學數十

年，恐無此未易才也。（1931年6月8日）」「閱卷甚忙。朱生豪讀詞雜記百則，仍極精到，為批十字曰：審言集判，欲羞死味道矣。（1931年6月16日）」1933年大學畢業後，朱生豪去上海世界書局英文部任編輯，參與編輯《英漢四用辭典》，這期間他利用工餘時間，悉心研讀及搜集資料，對翻譯莎士比亞戲劇逐漸醞釀成熟，正好這時他的在南京大學讀書的弟弟來信，告訴他日本曾有人譏笑中國沒有莎集譯本，是一個「沒有文化的國家」，弟弟在信中說「如果能把莎翁全集譯出，可以說是英雄業績。」這些話強烈地激起了朱生豪的愛國熱情，他決心把莎翁的作品全部介紹到中國來。1935年的上半年，朱生豪決定翻譯莎士比亞全集，到抗戰爆發前完成十部莎士比亞戲劇集，抗戰初期譯稿毀於日寇侵略炮火。1939年，朱生豪入中美日報社任編輯工作，曾寫了大量宣傳抗日、針砭時弊的文章，激勵抗日鬥志。這就是後來編成的文集《小言》。1942年5月1日，朱生豪與校友、自己苦戀了十年的宋清如在上海舉行了簡單的婚禮，第二年回到嘉興，重新開始了翻譯莎劇的生涯。1944年，朱生豪帶病譯出史劇《約翰王》、《里查二世》和《亨利四世》。4月，編完《莎士比亞戲劇全集》三卷，寫完〈譯者自序〉、〈第一輯提要〉、〈第二輯提要〉和〈第三輯提要〉，可望年底譯完全集。當譯到《亨利五世》第二章時，病情突變。6月初，高燒抽搐，無法支持，從此臥病不起。經醫生診斷為肺結核併發多種結核症。7月，朱生豪自知病重，悲痛地說：「早知一病不起，就是拼命也要把它譯完。」12月，叮嚀妻子轉告胞弟朱文振，讓他續完未竟之業。12月25日，忽然用英語高聲背誦莎劇。12月26日，示意妻子到床邊，說了聲「我要去了」，便帶著未竟之願，離開人世。年僅三十二歲。共譯出莎劇三十一個半，僅差歷史劇五個

半。他實踐了在〈譯者自序〉中說的話：「夫以譯莎劇之艱巨，十年之功不可云久，然畢生精力，殆已盡於茲矣。」

　　1947年，上海世界書局分三輯出版朱譯莎劇，計二十七部劇本，1954年人民文學出版社出版一百八十萬字的《莎士比亞全集》，朱生豪的全部譯文被採用。此後其胞弟朱文振遵其兄長遺願將未譯完的十二部莎劇譯完，由於文筆不一致，1955年至1956年，宋清如請假一年到四川（參考朱文振的譯稿）完成了《亨利五世》半部、《亨利六世》三部、《查理三世》一部的翻譯，至此，莎氏劇作朱譯成為完璧。

　　有人認為，只有用詩體來翻譯莎翁的劇作，才最接近莎士比亞，朱生豪卻不這樣看，他以為介紹莎士比亞要雅俗共賞，通俗易懂，而且要便於在舞台上演出。那麼浩大的篇幅，若全用詩體譯出，顯然是荒謬的。他決定用白話散文的形式譯出。為了使自己翻譯的莎劇能在舞台上演出，他經常出入影劇院，以熟悉舞台生活，增強戲劇感受。他在《莎士比亞全集》的〈譯者自序〉裡說，「每譯一段，竟必先自擬為讀者，察閱譯文中有無曖昧不明之處。又必自擬為舞台上之演員，審辨語調之是否順口，音節之是否調和。一字一句之未愜，往往苦思累日。」朱生豪翻譯「求於最大可能之範圍內，保持原作之神韻」為其宗旨，在他的譯作中最大限度地得到了貫徹。因此，他的譯本譯筆流暢，文詞華麗，唸來上口，聽來順耳。我國上演或移植莎劇的劇團大都樂於採用朱的譯本。他所譯的《莎士比亞戲劇全集》是迄今我國莎士比亞作品的最完整的、質量較好的譯本。

　　朱譯的莎劇流光溢彩，保持了原作的神韻，傳達了莎劇的氣派，是真金子，譯作傳佈後，世界為之震驚，許多莎士比亞研究者簡直不敢相信中國人會譯出如此高質量的莎士比亞劇

作。中國之外的人們更沒有想到的是，這位翻譯巨星竟是一位二十多歲的年輕人！

被稱為將中國古典詩詞譯成英、法韻文的唯一專家許淵沖先生的認為，二十世紀我國翻譯界可以傳世的名譯有三部：朱生豪的《莎士比亞全集》、傅雷的《巴爾札克選集》和楊必的《名利場》。顯然，我國學術界對朱譯本的推重是明顯的。

據當年人民文學出版社力主出版朱譯本莎士比亞的編輯黃雨石說，「當時已經決定拋棄朱生豪的譯本，另外組織人翻譯莎士比亞。」我們幾乎和這樣的上佳之品失之交臂。

從事外國文學編輯工作三十餘年的蘇福忠新近由三聯出的《譯事餘墨》中說，「盡管目前為止出了幾種不同譯法的莎劇版本，各種媒體也紛紛報道，老王賣瓜自賣自誇的現象在所難免，敝帚自珍的心態也可以理解，但是，目前為止仍然沒有任何一種譯本超過朱生豪的譯本，這是不爭的事實。」蘇先生特別看重朱生豪在翻譯莎士比亞的時候，「消耗的是他二十二歲到三十二歲這樣充滿才情、詩意、熱情、血氣方剛而義無反顧的精華年段！這是任何譯家比不了的。很難想像七老八十的頭腦會把莎劇中的激情和厚重轉達多少。」

在兩千年到來之前，西方媒體曾經把莎士比亞評為千年文化第一人。對於人類，莎士比亞已經是無可爭議的財富。當年，寫完劇本就回到鄉下去安度晚年的莎翁，是因為兩位演員朋友的出於對他的敬意才整理留存了傳世的作品。在中國，朱生豪由於「嗜讀莎劇，嘗首尾研誦全集至十餘遍，於原作精神，自覺頗有會心」，才「替中國近百年來翻譯界完成了一件最艱巨的工程。」（朱生豪語）是啊，就算到了今天，圈讀莎劇全部至十幾遍的人，蘇福忠說，「就是一個劇本讀夠十

遍，我敢肯定沒有一個堅持下來，包括《哈姆萊特》諸多譯本的譯家們！」

這已經夠清楚的了。我們得善待朱生豪的譯本。1985年6月27日，朱生豪和宋清如夫婦倆的友人彭重熙曾經在寫給宋清如的信裡對人民文學出版社「加以抨擊」，認為人文版《莎士比亞全集》「前言中對其評價僅云朱譯有特色，只此一語，此外則還有些貶詞，這是極不公平的。今日假莎士比亞之名，沽名釣譽者有之，貿利者有之，借以名利雙收者亦不無其人。生豪歷盡艱辛，譯此巨著，最後甚至獻出了寶貴的生命。其介紹莎劇來我國之功這樣大（我國話劇界都知道這一點），竟隻字未提，這是公平的嗎？」

把才情和生命給了莎士比亞在中國的翻譯事業，翻譯出了這樣好的作品的朱生豪，我們得善待。

2006年7月10日寫畢於重讀朱譯莎劇《李爾王》之後。

知堂書緣

　　周氏兄弟之於我們，正如米麵之於我們，真有一言難盡的味道。大先生居於上遊，2005年2月岳麓書社一版一印的豪華本被誤解的地方不少；二先生苦雨苦茶，有知者也有不知者，知者和不知者，都頭頭是道，各執千秋之理。我寧願相信，苦雨齋裡的先生，也或者有著菩薩樣的心意。這話的根據是《周作人與鮑耀明通信集》編者前言中收入的在這個世界上生存了九十八年的梁容若教授1986年7月23日寫給信鮑耀明信中的話：「知堂乃聖賢類型人，如托爾斯泰、甘地一流人，所謂入地獄救人，去現在的時代太遠，非輕易可理解。我只說了論語八仙七人吸煙，只周不吸煙一事。昔年曾作吳鳳歌一首，所憧憬者為此種境地，亦菩薩殺身飼虎一類行誼也。」

　　我最先迷戀的是魯迅先生。大學裡讀書的那一陣子，圖書館裡關於魯迅的書，能找到的我可能全都讀完了。我買魯迅的書比較早，是老師教的。十六卷的《魯迅全集》，花去我一月的伙食費，是同學幫我從數十里路之外抬回宿舍的。兩兄弟的聯繫，不僅是血緣的，也還是文化的、思想的。看魯迅，怎麼能不看知堂呢？魯迅先生也是把知堂的文字推為中國最優秀的散文的。知道知堂，是自己看書看的。最早買下的知堂的書，是許志英編的《周作人早期散文選》，這是上海文藝出版社1984年4月出版的，共352頁，封面淡黃色，沒有序跋，說明文字稱，「本選集共收周作人早期散文一百一十四篇，供中國現代文學研究者參考。」那時的人們，尚視知堂為思想

禁區，這書的印刷和編輯，從內容到版式都顯得很拘禁。當時，竟然有個狂妄而天真的想法，就是想寫一本好一點的周作人傳記，並且在朦朧中感覺，這該是一個好的選題，後來因為工作環境不適宜而不果。然而生命歷程中的知堂情節，卻無疑從那個時候開始，生了根。見到書店裡賣岳麓版《知堂雜詩鈔》的時候，覺得薄而有味，很合我意，就買下了。

又過去了數十年，我在武漢的一家書肆裡，看到並買下了蕭南選編，四川文藝出版社1995年5月出版，定價10元，被谷林先生稱為書名「鄙俗至於傖父矣」的《在家和尚周作人》，在其中，我讀到了文潔若、張中行和季羨林等人談知堂的文字，深服其理，以為知堂之妙，已不可言。

我在網上下的第一份訂單，是買《周作人自編文集》的。那書，我在書店裡曾經見到過，因為差幾本，不全，我就在登記購買後不果的情況下豁出去下了訂單，結果很快就有了，那就是我買到了歡喜的書，而且還打了折，比我在書店買要便宜好多。從那以後，我在網上就開始買書了。我慶幸，是知堂的書，帶著我趕上了網上購書的現代淘書時尚。

千方百計，我還通過網絡買下了新出的《周氏兄弟合譯文集》四冊，即《紅星佚史》、《域外小說集》、《現代小說譯叢（第一集）》和《現代日本小說集》。還有中國對外翻譯出版公司2001年1月1版1印的苦雨齋譯叢中的八種，即《浮世理髮館》，《浮世澡堂》，《狂言選》，《平家物語》，《古事記》，《歐里庇德斯悲劇集》（上中下），《路吉阿諾斯對話集》（全兩冊），《全譯伊索寓言集》。儘管沒有收全，但我也已經歎為稀有，慶幸自己的富有了。

對知堂，大家有大事糊塗，小事也糊塗的看法，最初買書的時候，我心裡也不免嘀咕，但最後還是沒能擋住精靈般文

字的誘惑。漸漸看書，漸漸思索，漸漸看世界，想法就不一樣了。知堂有過，然而，這個世界上誰沒有過呢？知堂做過不齒的事，可別個做的不齒的事還少麼？

這個世界上值得我們喜歡讀的書不是太多，在荒漠化嚴重的今日文壇，讀知堂的文字會對我們有益。對新文化而言，知堂的書，是美食。放著精美的佳肴不用，反而用垃圾來填塞我們的頭腦，並不是明智的選擇啊。

也買下了錢理群的《周作人傳》，知道了不少以前不知道的事，但我卻不認為這本書好。在心裡面，老是固執地認為張中行和鍾叔河才是知堂真正的解人。

煌煌文字在，光芒照大千。我願意相信走出地獄走出劫火的知堂文字，說的還是真話。或許劫火會再燒一回，但我還是相信這些文字仍然會是文明再造的火種。

因為喜歡知堂，也認識了喜編知堂的書的鍾叔河先生。《兒童雜事詩箋釋》是我最喜歡的書之一。天涯上左民山人2005年10月16日文字評介云：「此書集知堂詩與手稿，子愷畫，鍾叔河箋釋，圖文並茂，裝池精緻，可把玩，可養年，惟不敢作批語焉。」山人10月27日復云，「此書讀一通，舊時風物宛在眼前耳。余生也晚，未能盡得趣味，也未晚，能聽到前代餘音。看前輩圖文，真享受也。惜畢克官先生圖，火氣太重，實是錯選。」他說的畢克官先生之圖是指1991年初印大本、2005年2月岳麓書社一版一印的豪華本書中以其代豐氏所缺者（後印小本改用豐一吟的）。山人起初不喜知堂筆跡的，我卻喜歡，以為是洗盡鉛華，帶有山林氣象，滿是人間煙火的長者風致。後來，山人也改變了看法。知堂墨跡又多了知音。待到後來我得到鍾叔河先生信件和手書知堂《結緣豆》文字墨寶，益發相信自己眼力的不俗，鍾先生的墨跡，恍然便

是知堂的再現。歷經苦難的人，心靈中的智慧，多是以生命釀成的。鍾先生是這樣的人。他視編印的知堂的書為一大事因緣，我沒有理由拒絕知堂文章這一精神世界裡可寶貴的財富。鍾先生所編的《知堂書話》、《知堂序跋》、《知堂談吃》，選文佳妙，印刷也精緻，是我書架中的上上之品。聞說先生所編的知堂文字全編要出版了，我就四處打聽。因為知堂，我和鍾先生有了一段忘年書緣。知堂於我，又遺「結緣豆」矣。關於結緣豆，鍾先生曾經把他在2006年1月20日的《文匯讀書周報》上發表的〈難忘「結緣豆」〉一文剪報寄贈給我。這已經是我又一次領受「結緣豆」的厚賜了。鍾先生說：「在〈結緣豆〉這篇文章裡，周作人說他很喜歡佛教裡的兩個字，曰業曰緣，又將寫文章比作「結緣豆」──『煮豆微撒以鹽而給人吃之』。他說：『古人往矣，身後名亦復何足道，唯留存二三佳作，使今人讀之欣然有同感，斯已足矣，今人之所能留贈後人者亦止此，此均是豆也；幾顆豆豆，吃過忘記未為不可，能略為記得，無論轉化作何形狀，都是好的，我想這恐怕是文藝的一點效力，他只是結點緣罷了。』我是吃過周氏「幾顆豆豆」的，吃過之後卻一直難忘；這『幾顆豆豆』即是我讀過的幾冊書，亦即是我今生所結的一分不了的『書緣』。」「我今年七十五，快『往矣』了。但我相信，無論是誰，吃過有真味的『結緣豆』以後，都是難忘的。周作人留下的佳作何止二三，佛云法不滅則緣不滅，和他的佳作結緣，想必也不會止於一兩代人，而會生生不息。」

和鍾叔河先生同居一城的段煉兄，是我極看重的書友，從他那裡，我得到了不少珍愛的書冊。知道他處有影印的知堂日記三大冊，就又致信相求，我如願以償了，從此，在晨風暮靄裡，我想會有知堂手跡間淡蕭散和疏朗的書風把我的心緒點染。

知堂與希臘文化

　　友人朱虹霞在《聖托里尼，醉希臘》裡，引了一句有名的話說：「世界上只有兩種人，一種是希臘人，一種是想成為希臘人的人」。希臘人「這份悠然於世外的閒情的確是我們這些整日快節奏生活的外國人所深深嚮往的。」希臘人有福，近來就有新聞說，歐盟向希臘援助203億歐元了。其實，真該嚮往的，倒是希臘精神，而這樣的人，也還多，為之做了大量譯介工作的，也還另有其人。

　　孫郁、黃喬生主編的回望周作人叢書中有一種，是《國難聲中》，這本書後面署名編者的編後記裡有一段話，很有意思，說：「現在流行一種觀點：美國用淺薄的麥當勞和好萊塢文化滲透各國，這種物質主義的享樂文化將給全球帶來災難。這種說法值得再思考。美國文化自有其傳統淵源，它有可能是世界上最為悠久的文化傳統的一種轉化形式，這個傳統就是周作人曾傾注心力介紹研究過的古希臘羅馬傳統。它影響我們由來已久。」

　　這些話是有道理的。對於一向自豪歷史悠久的我們，笑話只有兩百多年建國歷史的美國，是常有的事。用這些話作解，對我們正確地認識自己，就很有用處的。

　　也是孫郁，在《周作人和他的苦雨齋》裡，談到周氏兄弟和胡適的時候，說：「美國文明健朗的色調，胡適繼承了許多，魅力自不用提，但在留學過日本的周氏兄弟看來，美國文化尚難一下進入中國人內心的本質。一個衰落的民族，在那

時需要的是另一種存在。魯迅找到了尼采、廚川白村、普列漢諾夫；周作人卻扎進希臘文化之海，去尋覓西方文明的本源。」

　　知堂自己在《談虎集》裡有一篇文章，題目是〈新希臘與中國〉，說他覺得新希臘很有點與中國相像。第一是狹隘的鄉土觀念，第二是爭權，第三是守舊，第四是多神的迷信，一個英國人批評他們說，「希臘國民看到許多哲學者的升降，但始終是抓住著他們世襲的宗教。柏拉圖與亞里士多德。什諾與伊壁鳩魯的學說，在希臘人民上面，正如沒有這回事一般。但是荷馬與以前時代的多神教卻是活著。」詳夢占卜，符咒神方，求雨扶乩，中國的這些花樣，那裡大抵都有。然而，和中國一樣是老年國的希臘，卻成了一個像樣的國度。為什麼？知堂進一步說：「希臘人有一種特性，也是從先代傳下來的，是熱烈的求生的欲望。他不是只求苟延殘喘的活命，乃是希求美的健全的充實的生活。」

　　「美的健全的充實的」，這個標準很高。實際上，為了把這個標準說得透一些，知堂是用了五十年時間屬意於希臘文化及其精華的。他在1965年4月26日擬定的遺囑中說：「余一生文字無足稱道，惟暮年所譯希臘對話是五十年來的心願，識者當自知之。」他曾自述那份趕著翻譯的心情如故鄉兒歌所唱的那樣：「二十夜，連夜夜，點得紅燈作繡鞋。」在《路吉阿諾斯對話集》裡，知堂在每一篇的前面都有一些很精彩的解說，比如在〈妓女對話〉的前面就說：「『人生衣食真難事，不及鴛鴦處處飛。』這也是一聯極好的反語，有如說古人云，飲食男女人之大欲存焉，但是民生貧苦難得兩全，賣淫寓飲食於男女之中，所以可稱是理想的辦法。著者原意寫這樣對話是意在諷刺，叫人當喜劇去看，卻不意在這些文章上碰到了

徹骨的悲劇，這大概是他自己所沒有料到的。」反觀知堂一生，大約碰到了的，也是「徹骨的悲劇」，這大約也是「他自己所沒有料到的」。

知堂有一篇〈八十心情／放翁適興詩〉，裡面說：「不過我有一種偏好，喜歡搞不是正統的關於滑稽諷刺的東西，有些正經的大作反而沒有興趣」，充滿了《路吉阿諾斯對話集》裡的實質精神，是「非聖無法」，譯者的命意，也是他曾經在《苦雨齋小書序》裡說過的：「中國青年現在自稱二十世紀人，看不起前代，其實無論那一時代（不是中國）的文人都可以做他們的師傅，針砭他們淺薄狹隘的習氣。」是「一點點的禮物捎著個大人情。」

知堂說，路吉阿諾斯（Lukianos）生於公元二世紀初，是希臘的敘利亞人，他用早於當時六百多年的希臘古語寫作了許多對話體的文章，但他不是學柏拉圖去講哲學，卻模仿生在公元前三世紀的犬儒墨涅波斯做了來諷刺社會，這是他的最大特色。知堂也曾翻譯過路氏的《冥土旅行》和《論居喪》。

《路吉阿諾斯對話集》把平常人心目中高高在上的諸神扯下神座，讓他們具有普通人一樣的缺陷和俗欲，頗為有趣。

比如第一篇的第八則〈宙斯與赫拉〉，寫宙斯有一次化作一隻大鷹，把伊德山的一個俊俏男孩子搶走，名為派他在宴席上司倒酒之職，實則耽於與他的情愛（同性戀的愛好古今中外、神界與凡間都盛行啊），他的妻子赫拉妒忌了，兩人有如下的對話：

> 赫拉：宙斯，自從你從伊得山搶了這個伊律癸亞的孩子，帶到這裡來之後，你就不大把我放在心上了。

宙斯：赫拉，妳又妒忌了麼，為了這簡單的沒有什麼害處的孩子？我以為妳發怒只是為了那些與我有交往的女朋友們呢。

赫拉：那已經夠不好了，也和你的身分不相稱。你是所有的神的主君，卻拋棄了正式妻子的我，往地上去變成什麼金雨啦，羊人啦，公牛啦，去幹那些私通的事。但是你的那些女人卻是留在地上，像這回伊得山的這孩子，你卻抓住了他飛到這裡來了，最尊貴的鷹王，幾乎是攔到我們的頭上去了，說是當作倒酒的人。倒酒的人真是那麼缺少麼，難道是赫柏和赫淮斯托斯都是息工了麼？你還沒有一回不是接過酒杯來。不時先和他接一下吻，當著眾人的面前，你是覺得接吻要比仙酒更甜，所以你是屢次要喝酒，雖然你並不覺得口渴。有時候你還先嘗一口，卻遞給他了，等他喝了之後，你再拿過酒杯來喝那剩餘的酒，正從那孩子喝過的，用嘴唇碰著過的地方去喝，所以那時你能夠同時的喝酒與接吻。那一天，你是一切的神與父親，卻放下那盾牌和霹靂棒，坐下來和他玩那羊腳骨，在你臉上還長著那麼長的鬍子！我都看見的，不要以為瞞得過別人。

宙斯：赫拉，在我喝酒的時候和那麼美的孩子接吻，同時享受接吻和仙酒，這是那樣要不得的事情麼？其實假如我准許他一回給妳接吻，妳就不會責備我以為接吻比那仙酒更可尊貴了。

《路吉阿諾斯對話集》裡隨處可見的對主宰天上人間的宙斯的嘲諷和蔑視，對於威權和迷信的破除，都是直到今天仍然對於人們有益的。自然，《路吉阿諾斯對話集》裡的滑稽和幽默，也是隨處可見的。誠如趙元先生在〈癡人譯古為哪般：論周作人的古希臘世界〉中所說：那是「由犀利酣暢的市井之民由衷發出的議論、嘮叨、鑽牛角尖似的置疑、追問以及斬釘截鐵的肺腑言論充塞而成」的。

在晚年撰寫的回想錄中，知堂對自己傾注了很大心力的希臘文化和自己的苦衷是這樣敘說的：「如哈里孫女士所說，希臘民族不是受祭司支配而是受詩人支配的，結果便是由他們把那些粗材都造成了美的影像了。『這是希臘的美術家與詩人的職務，來洗除宗教中的恐怖分子，這是我們對於希臘的神話作者的最大負債。』我們中國人雖然以前對於希臘不曾負有該項債務，現在卻該奮發去分一點過來，因為這種希臘精神即使不能起死回生，也有返老還童的力量，在歐洲文化史上顯然可見。對於現今的中國，因了多年的專制與科舉的重壓，人心裡充滿著醜惡與恐怖而日就萎靡，這種一陣清風似的拔除力是不可少，也是大有益的。我從哈里孫女士的著書得悉希臘神話的意義，是為大幸，只恨未能盡力紹介」。不過心裡也有些疑惑，是覺得詩人支配也不一定是好事，可是又想，那場浩劫發生的時候，詩人或許又成了祭司。可見說詩人能締造一個什麼國，真可能就天真了點。那麼詩人，便就做詩人好，為消除「專制與科舉的重壓」，弄一些「不可少，也是大有益的」，「一陣清風似的拔除力」來，就好。

想成為希臘人的人，大約已難矣哉，看看關於希臘的書，有時間和可能了，再去那裡看看，也一定是好的。目前可以做的，是看看這方面的書。在喜歡的書中，知堂的翻譯文字

占了他作品的一半，其中他翻譯的希臘作品又占了翻譯文字的大半。這是值得慶幸的，手頭有《苦雨齋譯叢》的大部，有閒的時候，咀嚼和回味這些書，便覺得書裡的那些話和事，正可以醫卻一些愚昧與無知。

2007年12月1日午間寫畢。

周作人和他的苦雨齋

　　2003年7月，生於大連，做過知青、記者，後來任職於北京魯迅博物館並作了館長，四十六歲的孫郁在出版了《魯迅與胡適》、《百年苦夢》、《文字後的歷史》等書後，由人民文學出版社給他出版了《周作人和他的苦雨齋》一書，簡裝大32開，價18元。

　　封面和扉頁上豎排的的文字以當年的照片為底襯，述說了作者和編輯的命意：「苦雨齋是周作人書房的名字。二三〇年代，以周作人為核心，形成了一個特殊的文人群體。他們既迥異於以魯迅為旗幟的左翼知識分子，也不同於以胡適為代表的所謂自由主義知識分子。本書以隨筆形式，並輔之以百餘幅圖片，自由、生動、形象地描述了這一文人群體的文化心理、價值選擇、人生姿態和社會取向。」

　　對於現代中國的文人來說，周作人真是一個五味俱全的果子。儘管早年的知堂也曾有過鼓和呼的歷史，可是他更多的文字卻如朋友筱堂所言：「無非是些人情事理的知識和見解，娓娓道來，似乎平淡無奇，卑之無甚高論，然而恰是這種平淡自然，有以幾近《論語》的精神本色。」沈從文說過這樣的話，「照我思索，能理解我；照我思索，可認識人。」孫郁有言：「沿著周氏路向前行走的人，大多不是振臂一呼的鬥士」，這話真是說得透徹。孫郁，算得上是知堂老人的隔世解人了。知堂老人的願望，只是做一個平凡人，吃吃苦茶，玩玩古董，看看書，做些自己喜歡的工作。這樣看來，鍾叔河先生

嘆服知堂為文的態度，以為是千古一人的見識，就不僅僅是止於文字的見解了。知堂的心境應該是一種平靜，知堂的那番境界，用一般世俗的觀點去窺視，可能會誤差很大。梁容若先生給鮑耀明信中的話已經流傳至廣，這裏就不再引用了。

孫郁說：「周作人傳統，正像滾動的雪球，越來越大了。」他列出的受知堂影響的大家不少：「周氏的《藥堂語錄》、《書房一角》乃書話中的極品，非常人可以為之，唐弢暗中追隨，章法文氣多有吻合，唯氣象略遜，這是一眼可以看到的。鄭振鐸、黃裳諸人也有類似的情調。尤其黃裳，談版本目錄，頗似明清文人，文字的組合，也略仿知堂，以致錢鍾書致信黃氏，云其有知堂韻致。」我不太明白的是黃裳文字中對知堂的態度，多是嘲諷的調子，何以竟然多了知堂的韻致，文字的組合還「略仿」著。

在孫郁的書裡，舊有的存在，依然是那麼鮮活：「錢鍾書在文章中批評過周作人的文體枯澀，以為其引文過多，掉到書袋裡去了。但錢氏著書，也很喜聯綴古文，情致亦有與周氏暗合處。讀《管錐編》時，我便想起《藥堂語錄》、《談虎集》來，一些史學觀，也頗為接近。另一位對周氏耿耿的孫犁，晚年撰文，不知覺間，也滑到知堂小品的路徑上去，想一想覺得有趣得很。」「在《書衣文錄》和《遠道集》等隨筆中，我還是看到了他與周氏兄弟之間的相近處。孫犁自己不會承認此點。但在藝術品格上，我仍舊把他視為周氏傳統下的特別存在。」孫郁悠悠地敘說著：「鍾叔河孜孜以求地編印著知堂隨筆，鄧雲鄉、張中行乾脆揚起了《雨天的書》那樣性靈化的旗幟。」「我近年讀《文匯讀書周報》、《萬象》等報刊，偶遇到劉緒源、李長聲的文章，便嗅出了知堂氣息。他們或脫胎於此，或暗中模仿，有時也不妨說是趣味上的接近。這

些給我以深深的印象，即，周作人傳統，正像滾動的雪球，越來越大了。」「我讀止庵、劉緒源等人的文章時，發現了他們不約而同的站在了知堂那裡。止庵的小品幾乎與知堂如出一轍，我覺得他在其中陷得很深，連詞章都相似得很。」「更為年輕的揚之水的書話、還有那本《詩經名物新證》裡，學識裡也透著『苦雨齋』式的情趣。文章絕無制藝之氣，把學術當成小品來寫，不以洋八股的調式潑墨為文，在國內為數不多。張中行、谷林這樣，金克木、陳平原也這樣。在學術隨筆裡，常能見到國人心性原本的東西。」「我一直覺得，周氏『附逆』之事乃『飯碗』使然，思想剝離於『飯碗』後，政權那是另一回事。黃裳、張中行都走他的寫作路，其實是思想與趣味在起作用。」

誰用知堂的書呢？孫郁給出了這樣的答案：「敢於吸取周氏思想的大致有兩類。其一是學院裡的，錢理群、張鐵榮、黃開發就是；其二乃一些寫作的雜家，張中行、鄧雲鄉、黃裳是代表。前者注重學理的價值，後者既有學理，又帶審美的態度。兩種人其實都處於社會的邊緣，或說是孤獨的思考者也未嘗不可。」「張中行把知堂思想看成懷疑主義，而其文章又有儒者的溫暖。在世道巨變的今天，不盲從於他人，又建立一種人性的藝術，周氏大概可成為一種資源。我以為周氏之於後人，更有引力的恐怕是他的『超功利』的文化觀。他寫文著述，一不瞧他人眼色，而是看重性靈。」「黃裳、舒蕪正是看到了周氏的逆俗風格，於知堂書話中得到啟發。張中行的文風，我以為也從周氏那裡過來。他寫古人，談詩文，情調都古雅得很，又多了現代的理念。」「那麼多人去閱讀張中行，其實追尋的正是周作人的傳統。若說對『文革』遺風的消解，此一傳統的復活，也有象徵意義的。」

「連吃過洋墨水的香港作家董橋，也津津樂道於知堂書話，究其根源，我以為與現代觀念也大有聯繫。」這裡記錄了一個時代的實際，因為有大量的作品為證，真實性是用不著懷疑的。

孫郁認為，對讀書人來說，知堂還有另外的功用：「中國讀書人的自我放鬆和自由心態的形成，有許多是以回歸周氏兄弟的文化品格為起點的。」

孫郁對深愛知堂文風的張中行的分析是深刻的。他指出：「《順生論》、《流年碎影》乃哲學之書，詩學之書，周作人便成了這書的底色。中國歷史上的許多革命和暴動，很大程度摧殘了文化，另一方面又陷百姓於苦海。周氏之書對此多有揭示，而張中行將它發展到了極致，哀苦之心，催人淚下，那其間，有著塵世的大悲憫的。」孫郁以為，舒蕪、谷林、還有陳平原，都是這樣。這些人的讀者，也是知堂的讀者。「細究一下其中的關聯，我以為可以引出一種學理來的。」

孫郁對沿著知堂之路向前走的人有這樣的期許：「他們拒絕吵鬧，拒絕盲從，內心有著自己的淨土。他們躲在書齋裡，不是沐著風雨的流浪者，痛感與絕望被溫雅的知識審美所代替了。年齡稍小一點的研究周作人的人，也不是哭天搶地的人，他們安於寧靜，安於平凡，文章自命為『非鬥士』，躲避血色，在素雅中構建自己的園地，其實正是警惕成為外物的奴隸，不同化於人世的流行色中。讀這類人的文章，心可以安靜下來，彷彿走進無聲的曠野，在靜謐裡聽到自己的心跳，那一刻，與心靈漸近，離世俗遠了。」想想這樣的帶有小資意味的固執，不也令人神往麼？只是，起知堂和張中老於地下，他們未必同意的。因為在那些沈靜簡練的文字下面，其實也有流動的岩漿。

知堂文風後繼者不絕的原因是多方面的。在孫郁看來，又是別一番滋味：「前幾年看《妝台雜記》，言及自己何以愛

談古舊書籍,流露出一種苦衷,那意思是,描寫今世之文,多不能明說,只好與古人為伴,談談版本目錄之學吧。黃裳也寫雜文的,因為易惹是非,便躲到了故紙堆裡。故紙堆裡亦有今人的興奮點,迷戀於明清、民國間的書肆舊聞,固然有讀書人的雅致在,但把當代人的情感、理性揉在其中,借古諷今,是明顯可感到的。」「書齋裡的思想者,並非人人都可以自立門戶的。在文學的長河裡,每一個人都多少接受了前人的暗示。」《妝台雜記》初版於1994年,翻檢書冊,裳翁意氣,撲面而來,可以驗證孫郁所說之實。

或者,知堂著作是一劑良藥,可以醫卻一元化的痼疾。孫郁的觀點是這樣的:「周作人、廢名、張中行諸人在學術中超功利的人文態度,我以為是一種寶貴的精神財富。孔子以降,中國文人掉入功利之坑,凡事以『有用』為目的,漠視了靈魂問題和人生超俗的境界問題。即便像魯迅、胡適的傳統,走向極致的結果,依然還在功利主義的老路上。四年前我就說過,周氏傳統,只是對魯迅模式的一種補充,今天想想,態度依然不變。我以為當下知識分子寫作,應注意到這種補充。可惜,能占有各種優勢,互為參照,自成一格者不多。二十一世紀,我們的文壇,不會這樣單調吧?」

孫郁在後記中說:「我的一部分生命,就這樣地彌散到書中去了。」他是「願意把它獻給長眠的先驅們,也獻給為今天的民主自由而苦苦走路的探索者。在歷史的跋涉中,我們緊緊依偎著。」那麼讀《周作人和他的苦雨齋》,讀知堂,鑰匙是否該是這個了?

2006年4月14日下午,
雨後晴空一碧,新綠滿眼中完稿。

八道灣十一號

　　呂浩打電話，和注注兄取得了聯繫。注注在閒閒書話做版主的時候，以熱情和穩健著稱。讀他的文章，不僅長知識，也感受著人間的真情。應該說，未見其人，我就是受益者，既見其人，歡然心喜。注注有一段時間在書話沒有露面，大家就有些想念。後來有書友說，我在某些地方和注注有些相似，私心裡不免有些竊喜，竊喜之餘，就想，什麼時候能見上一面呢？初見呂浩，他問要見的人，便說到了注注，那會就很高興。《書脈》雅集，注注有事，沒有來。後來我給他發短信，問可謀一面否？回信問我所在的位置，我以西直門作答。就又來了短信，說他十點在新街口中國書店門口等我。打車，我攜內子到了新街口天橋，發信詢問，被告知中國書店就在天橋之西。車子停下來，就見到了沉穩幹練、書卷氣襲人的注注兄。進得書店，他說這家書店的新書均是七五折，舊書倒是貴。粗粗翻看，見書籍情形確然如此，一本四八年版的韜奮《萍蹤寄語》，標價竟有260元之多，後來我在網上查詢，見1936年版的也不過180元。不過，總的來看，書也都還是不錯的。出於紀念到此一遊的心思，我以6元的價格買了原價12元，十月文藝出版社2006年一版一印的「大家小書」之一，都德著，劉鳴九譯的《磨坊小札》，錢滿素在叢書序言中說：「手捧一本精緻的小書，心懷一份閒適的情趣，忘卻周圍的喧鬧，心中的煩擾，專注入神，與世界上最優秀的靈魂對話，這是對智力的激勵，更是人間一大享受。」讀書人所求的，無非

就是這個,僅僅因了這句話,用這本書來記憶注注領我走進的這個書店,也是值得的。

注注帶我步行去八道灣。八道灣十一號,離我剛剛買書的書店不遠,似乎就在書店的後邊。我們是走著去的,漸行漸近,心裡的感覺好像是朝聖似的。當年魯迅買下房子,舉家北遷,會是怎樣的心情呢?兄弟怡然,老母歡喜,該是可以想像的。可是,後來是相隔參商。不說也罷。可說可想的不少。只說這裡留下的足跡,也應該很多很多。今年,洛陽定鼎門遺址外側一條道路上150平方米地面上的兩百多個人與動物的足跡,特別是的駱駝蹄印以及數十條的車轍痕跡在晚唐地層上的意外發現,尤其是駱駝蹄印的發現,專家說,為當時洛陽與西域文化、商貿交流提供了新的鮮活的證據,讓人們依稀看到了一千多年前定鼎門外車水馬龍、人聲鼎沸的熱鬧場景。這是引起了轟動的。如果發掘,八道灣十一號門前院內的足跡,在缺少轟動的國人耳目裡,或許更能轟動起來,想一下,這裡陳獨秀來過,李大釗來過,胡適之來過,蔡元培來過,劉半農,錢玄同,愛羅先珂、鄭振鐸、郁達夫、許地山、毛潤之,都來過的。八道灣宴集,說是當年一道風景,那是可以稽考的。風風雨雨的苦雨齋,說不盡的八道灣,今日有幸,我也來印一回足印吧,當然不能比昔日的賢者,我也來自西域,甚至比不上定鼎門外的駱駝,一千年之後一定沒有人來發掘我的足跡,可是動亂浩劫中,阿貓阿狗們也來過的,和它們比,我是可以自豪自傲的。且隨注注兄把腳印印下來,也印在八道灣槐樹下的院落裡。

好像網上有朋友說八道灣十一號將要被拆毀的事,注注說那大概是弄錯了的。寫遊記的朋友,可能沒有找到真正的苦雨齋。據說,魯迅博物館曾經提議,要把這裡當作文物保護單

位，都上會了，可是周海嬰極力反對保留八道灣故居，還說有人借保留魯迅故居之名，想保留周作人故居。結果就沒有搞成。我說，孫郁館長有生之年如果做成了這件事，也值。後來者，是會感念的。

查書，見海嬰在《魯迅與我七十年》中有這樣的文字：「關於八道灣，我還要說一件事。前一陣有人提議要保留八道灣的魯迅『故居』，我感謝愛護父親遺跡的好意，但我和建人叔叔的後人都以為大可不必。八道灣的房屋以北房最佳，而父親本人根本沒有享受過，而『苦雨齋』又與魯迅不搭界。他早年住過的屋子，又都破損不堪，而且聽說現在也不是原屋了。要說北京的魯迅故居，西三條才是。因為這是他用自己的錢獨立購買的，並且也是居住過的。由此可見，保護八道灣實際等於保護周作人的『苦雨齋』。那麼，漢奸的舊居難道是值得國家保護嗎？這當然是我個人的看法，僅供有關部門參考。」報紙上海嬰的話是：「據我了解，國家文物部門經費很困難，撥出巨款來修繕十一號院的可能性幾乎沒有。就現在這麼一副破舊不堪的樣子，將來和周圍小區建築對比起來，那是一番什麼景象！春節期間，我和周建人（魯迅的弟弟）的兩位女兒對此交換了意見，一致同意不保留八道灣十一號院。我們認為，再以保護魯迅故居的名義來保留十一號院是不合適的，可能產生一些負面效果。」

魯迅在八道灣住了四年，知堂老人前後住了四十八年，知堂一生主要的創作都在這裡完成。

2001年9月24日的《南方網・南方周末》上有記者夏辰的記述：「由西三條向東到趙登禹路，再北行，近西直門內大街右拐是曲曲彎彎的八道灣胡同。八道灣十一號是魯迅在京的第二處舊居。1919年11月，魯迅與周作人夫婦遷入這座以

三千五百元購置六百元修繕的大宅院。12月29日，魯迅接母親、朱安及周建人一家闔家入住。八道灣十一號分三進。一進的左手三間是外客房，是魯迅寫作《阿Q正傳》的地方。二進的三間正房，右側是朱安臥室，左側是魯母的臥室，中間是吃飯的堂屋，冬季時魯迅亦在堂屋後側木炕上睡。左手的西廂房三間，魯迅曾暫居過。魯迅搬走後，周作人改作了書房，取名『苦雨齋』。三進一排九間房，最為高大。西側三間是周作人一家，中間三間是周建人一家。東側三間是內客房，最東一間曾住過愛羅先珂。如今的房主是1950年搬入的八十一歲的張淑珍老人，在這所大院的三十六戶人家中，她是居齡最長的。年齡最長的八十二歲的趙光存是位退休工人，每日寫寫畫畫，偶爾還可以賣些給來訪的外人。他就住在魯迅寫《阿Q正傳》的房子裡。」張中行先生以學生的身份拜訪過知堂老人，他留下了這樣的文字：「人不是當年的了，坐落在北京西北部公用庫八道灣的苦雨齋也一變而為淒清冷落。住房只剩內院北房的西北部；東半部，愛羅先珂住過的，中門外南房，魯迅先生住過的，都住了其他市民。所住北房三間，靠西一間是臥室，日本式布置，靠東一間是書房兼待客。客人來，奉茶的是自己或羽太夫人。」

　　我見到的八道灣十一號，街門很是低矮破舊。門楣上的，門牌上的油漆多已脫落，注注說，這早已不是當年的故物了。殷紅斑駁的門牌有煙盒般大小，高貼在門框的正中間。進門，院路彎彎曲曲，七拐八拐間，看得見鄰家院落裡的高牆閣屋，還有巨大的雪松，估計那是有權或者貴室所居。院子裡的人家太多了，屋子顯得特別的擁擠，僅僅是過道裡牆上掛著的密密麻麻的的電錶箱，就讓人有種喘不過起來的感覺。從廂房跨過來，不大好找出當年的前面兩進屋子，可能還是我們考察

的不仔細，抑或是根本無法考量當年的情形所致，倒是最後面坐北向南高大的屋子比較突出，注注說這就是苦雨齋了。苦雨齋前高大的槐樹參天而立，這樹，該是見過大先生，見過二先生，見過三先生的，一定也見過魯老太太，見過朱安夫人，信子，芳子他們的。樹不能算是很茂盛，下面捆綁著許多鐵絲，還有繩子，直立在人們搭建的一個個小屋，應該算不上小屋，充其量是個小棚子中間，正似應和著那句古話：「樹猶如此，人何以堪」。苦雨齋的周遭，也圍起了許多小小的蓬屋，大約是這些人家各自構築的，推想是可以放些雜物，養些雞鴨用的。有些不甘心，我從逼仄的小道上繞進屋後，傍屋搭起的小蓬屋裡冒出嗆人的煙味，是人家在炒菜，我有些疑惑到了山村的柴門，這院落裡這樣的人家有幾多呢？搭著苦雨齋老宅子圍建的蓬屋裡的人，過怎樣的日子呢？想想，無論如何，該好於知堂老人六〇年代以後的日子吧？

這就是苦雨齋？我問。這就是苦雨齋，注注答。我在屋子的前後拍了照，注注給我拍了照，內子給我和注注合了影。

此行北京，有此一遊，算得上不虛此行了。別的地方或許可以不去，就我個人來說，青年時讀魯迅夫子，人到中年，更愛讀知堂。早想來看看了，雖說有吃了蛋不需要看雞，更無須看雞籠的說法，可是我還是想看看這誕生了上乘文章的老屋。寫到這裡，湧出來的話，就成了一句，知我者，注注兄也。在來看苦雨齋的人中，我是幸運的，就因為找錯了而弄錯的朋友，其實是不少的。

離開苦雨齋。鄰家院落裡的棗樹上有紅紅的棗子，應該不是「一棵是棗樹，還有一棵也是棗樹」中的棗樹。

出八道灣，注注帶我們去品嚐北京特色小吃。來到護國寺的時侯，注注說，就是這裡了。護國寺為北京名剎，原名崇

國寺，是元丞相托克托故宅。明永樂年間曾賜予姚廣孝。因為座落在西城（西四北護國寺街），所以老北京人稱之為「西廟」。原來有正殿三座，旁殿八座。千佛殿內供有托克托夫婦以及姚廣孝的泥塑像。現在實際上還未修復，好像只有山門可以看到。護國寺小吃早先形成的原因，大概就是源於這裡的廟會。後來我查資料知道，護國寺小吃名氣可大了。但凡北京舉行大的國際性的會議，都要特請嘉賓專門品嚐護國寺小吃。據說，小吃俗稱茶食或「碰頭食」，有清真、漢民、宮廷三大系列，蒸、炸、煮、烙、煎、爆等製法很多，護國寺小吃的品種有一百多個，有應季入市的，也有根據顧客口味變化趕時興的，名稱奇特，有豌豆黃兒，驢打滾，螺絲轉、薩琪馬、蛤蟆吐蜜，艾窩窩，「冰碗」扒糕、漏魚兒，牛筋兒窩窩、脆麻花兒，盆糕，碗糕，果料年糕，元宵，糯米糕，什錦炒疙瘩兒，麻辣雞絲麵，牛眼包，奶油炸糕，姜汁排叉兒，鴛鴦酥，蝴蝶捲，牛肉燒餅，蘭花盞，灌腸、煮羊霜腸、扒糕、涼粉、爆肚、茶湯等，可以說是幹稀甜鹹葷素，應有盡有。注注兄盡可能多的點，我們盡可能多的吃，沒吃完的打包，帶回賓館再吃。

我們要回去了，注注兄送出很遠。內子說，都這麼遠了，不能讓人再送了，我們便打車，作別注注。

2007年11月1日晚間錄入畢。
此文寫完的時間9月初，因為事多且雜，故錄入因循。歎歎。
注：此篇為〈九月有學記〉節錄。

徐珂的事

　　徐珂，《清稗類抄》、《清朝野史大觀》、《天蘇閣叢刊》、《康居筆記彙函》等掌故筆記的作者。近日讀他的書，感覺很是不錯，就援筆作記，擇有益談資人生者錄出，以自娛娛人。

一、勤於著述

　　徐珂沒有一天不寫作。有一回眼睛生病，他徬徨苦悶，竟然終日不知所措。極度近視，看書寫字必須戴著眼鏡與實物（即書本）接觸在一起，才能看見。白天事忙，他用一個小本子提要式的記住要記錄的事，等有空的時候再整理書寫。每天臨睡的時候，他都要準備一支鉛筆，一個小本子，放在床頭，偶然想起什麼來的時候，就爬起來記下，哪怕是影響了睡眠，他也不管。他寫下的東西雖不是按日記述，卻每每十來天連起來整理一次。老朋友夏劍丞曾經說他有聞必錄，是極為勤奮的人，可惜沒有在前清時候的軍機處供職，不然，記下的都會是很珍貴的軍國大事。徐珂自己寫作又一個說法：「君（夏劍丞）不嘗云，清人少筆記乎？僕欲一雪此恥耳。」見他一天到晚忙於纂述，曾是愛國女校教師、給蔡元培作過大媒、用筆記錄過梁漱溟東西文化訪談的夫人何墨君，還有小妾李希都埋怨說：「難道真的真的是寫不到死，不罷休嗎？」孜孜矻矻，日夕握筆，是徐珂寫作的真實形象。

二、遊妓

　　唐代的杜牧之，五代的溫庭筠都好狹邪遊，青樓妓館多有留情，癡心女子為他尋死覓活的亦復不少，後來的柳三變，則更是讓青樓院落的女子們為之傾心不已。和前輩相比，徐珂也有此雅好。

　　光緒中葉，徐珂在北京時，常和朋友們一起喝酒，酒酣耳熱，沒有侑酒的人是不行的，侑酒的人，最好便是妓女們了，這客人就有了所謂的狹邪之遊。那個時候的時尚中，有身份的和沒有身份的貴人名士們，好的就是這個。據徐珂自述，每次喝酒的時候，客人都要招妓侍觴。妓來就座，就吃瓜子，大致和現在的娛樂場所相仿，不久翩然離去，也還會翩然而來。妓女中有和客人相好的，往往拉著客人的手，讓他送自己上車。這種酒吃一次算是一個，多的時候可以吃四個或者八個，一個酒的佐酒食品共有八碟，其中有四碟是瓜子。這就是說，聊天待客的物品主要就是瓜子，客妓群食瓜子，常常滿地都是。瓜子當然是聊天的尤物了，既消磨了時間，又費錢不多，還讓每個人都有事幹，也不耽擱說話，直到今天也還是娛樂消費中必備的妙品。

三、待客

　　宋朝的陳郁在他的《藏一話腴》裡說到姜夔的時候，留下了這樣的名言：「白石道人姜堯章，氣貌若不勝衣，而筆力足以扛百斛之鼎。家無立錐，而一飯未嘗無食客。圖書翰墨之

藏，汗牛充棟。」徐珂曾經引用其中的「家無立錐，而一飯未嘗無食客」來述說自己的家庭。徐珂的父祖兩代都有好客家風，徐珂更是這樣，一飯未嘗無客，做了徐家座上的人，多為一時名流俊彥，可舉者有張元濟、蔡元培、康有為、胡適、梁啟超、況周頤、潘仕成、王晉卿、王揖塘、冒鶴亭等人。徐珂是杭州人，清末的杭州風俗，是客人到了，即便是吃飯的時候，家裡也不留人，徐家的家風剛好與此相反。他為人非常風趣，喜填詞，與寧鄉程子大等互相唱和，作品時見於當時的《小說月報》。徐珂待人接物，和藹可親，在商務印書館編譯所任職、主持《東方雜誌》雜纂部時，對同事相當關心，每年春節照例在自己家中備辦「春酒」，邀請本部同人歡聚，同仁們說「這是別的部從來沒有過的」。

四、官員的「起身炮」

徐珂曾經記錄過一件在他看來有意思的事情，就是做大官的人在離任的時候，都要提拔發表一批人員，叫作「起身炮」，他說「昔有之，今猶然」。距離徐珂寫過的時間，又過去了垂八十年，這類事現在還是「昔有之，今猶然」。人世間的事，骨子裡不變的還是居多，變了的畢竟少之又少。

五、夢裡北味

離開北京三十年的徐珂，在上海就食。他是杭州人，可是他人生的黃金歲月是在北京度過的，他作過內閣中書的

官。戊戌變法之後南歸，此後就在滬上謀生。他說自別都門，「旅食於滬，厭南烹，夢北味」，作夢都想著吃到北京吃過的佳肴。晚年的他被趙尊嶽在臘八那天中午請去吃了一頓地道的北方風味的酒席，席上，他吃到了章丘的大蔥，北京信遠齋的紅果和南苑的玉米糝，還有北京市面上的香片佳茗，酒足飯飽之後，徐珂便大感滿意，以為有了如當年歐陽修「顧瞻玉堂，如在天上」一般的感覺。時代真是進步的快，今天的我們，想吃南菜便南菜，想吃京味就京味，那裡用的著作夢。他又是做過京官的人，要擱在今天，只怕是全世界的美味，都入了他的彀中了。

六、因填詞有幸被選作乘龍快婿

大宋朝寫過「書中自有黃金屋，書中自有顏如玉」的真宗皇帝趙恒因為柳永的詞寫的好，來了一句「且去填詞」，害得柳三變先生天涯浪跡，青樓尋歡，只得做了白衣卿相，鬧出個「有井水處就有柳詞」的局面來。這本來沒有什麼，只是苦了人生，香豔了青史。徐珂卻在他的書裡記錄了一件由於詞寫得好而做了人家乘龍快婿的事。

夏玉延為郭頻伽之甥，徐珂引用文學家、藏書家譚獻《篋中詞》裡的話，說夏玉延是郭頻伽的好女婿：「高秀之致，欲度冰清，是山抹微雲女婿也」。按《清稗類鈔》隱逸類裡的記述，郭頻伽名麐，是吳江人，曾經畫過《水村圖》，並請人題詠，同縣的汪玉軫女士為之題句云：「深閨未識詩人宅，昨夜分明夢水村。卻與圖中渾不似，萬梅花擁一柴門。」頻伽就請奚鐵生補畫了《萬梅花擁一柴門圖》，代替了

前面的畫。郭頻伽的紫砂壺刻、詩詞書畫文章，至今還是傳世珍品。夏玉延「以能詞稱」，郭頻伽就把女兒許給了他。徐珂說他們翁婿都工填詞，冰清玉潤，可以和宋代的辛稼軒、陳汝玉翁婿比美。辛稼軒到福建只有兩年，期間他聽說陳汝玉有才，就「妻以女」，陳也不含糊，知道老丈人喜歡長短句，就整了一部奉和稼軒的詞集《默齋集》藏在家裡。至於山抹微雲女婿的典故，據宋朝蔡絛流放白州時所作筆記《鐵圍山叢談》卷四所載，秦觀女婿范溫在某貴人宴席間默默無聞，酒宴間有侍兒「善歌秦少游長短句」，問「此郎何人也？」范溫自答說：「某乃『山抹微雲』女婿也。」秦觀的〈滿庭芳‧山抹微雲〉原詞是這樣的：

> 山抹微雲，天連衰草，畫角聲斷譙門。暫停征棹，聊共引離尊。多少蓬萊舊事，空回首，煙靄紛紛。斜陽外，寒鴉萬點，流水繞孤村。

> 銷魂，當此際，香囊暗解，羅帶輕分。謾贏得青樓，薄幸名存。此去何時見也，襟袖上，空惹啼痕。傷情處，高城望斷，燈火已黃昏。

　　這一首廣泛傳誦的名作，曾得到蘇軾的讚賞。據張宗橚《詞林紀事》裡引曾慥《高齋詩話》（原書已佚）所說，蘇軾一面稱秦觀為「山抹微雲秦學士」，同時卻又批評他說：「不意別後，公卻學柳七作詞。」對秦觀學柳永有所不滿。秦觀辯說：「某雖無學，亦不如是。」東坡曰：「『銷魂，當此際』，非柳七語乎？」且去填詞的柳三變，雖然也讓秦學士佩服得緊，卻沒有「山抹微雲女婿」的福氣。人之遇與不遇，相差何啻天壤。

七、徐珂的宗族和錢塘許氏義莊

元代的孔齊曾經在《至正直記》裡寫道:「和睦宗族,置義莊廣宅,是最一件好事。」徐珂他們這一家族,在有清一代的順治、康熙、乾隆時期,曾經出過一個大學士,一個尚書,一個閣學,三個巡撫,不可以說不發達。當時物阜民豐,花錢不多就可以置辦一所不錯的義莊,惠及宗族子孫,可惜竟然沒有,這令徐家後人耿耿不已。徐珂的父親就是常常歎息的人之一,老人的話徐珂記在心裡,並寫進了後來的筆記。父子間津津樂道的是錢塘許姓人家的事,那一族顯宦至多,嘉慶、道光、同治間最盛,從乾隆三年許家出了第一位舉人許鈇後,直到光緒二十九年,共出了三十四位貢生、舉人,其中九人中進士。許氏共有一百四十多人次出任清代的大小官員,除江西省沒有外,分布全國各省,名震朝野。以前文武官員路過橫河橋一帶時,「文官下轎,武官下馬」,就是因為許家有許多大官。然而到了光緒朝才有了義莊。鹽大使許寶蓮在西臨金雞嶺,東通相國寺,宋代所建的淳佑橋和臨東河小粉牆(建國中路)一帶,於光緒八年(1882年),建了橫河橋許家的「許氏義莊」,置義田二千餘畝,以贍族中貧者。今天的杭州人對解放路的義莊可能還有印象,那就是許氏為仿效范仲淹而設的,許氏義莊老屋遭火災或拆除外,在建國中路119號仍留有部分舊屋。

徐珂說,許家的後人中有任軍機大臣的,曾上疏朝廷,為許氏義莊請得御賜牌匾。

我查了一下資料,據杭州日報記者陳昌旭〈許氏,見證歷史之家〉一文的記述,知道這位軍機大臣叫許寶蘅,是光緒

二十七年的舉人。他任軍機章京時，記了許多日記，現在已經成為研究清末衰亡的重要史料。「在光緒、慈禧死亡時，他記載了他忙碌的一天。早上五時，他至西苑門吉祥橋時，知道光緒於昨天酉時死了。進內宮後知道，昨天已頒發遺詔，傳位於醇親王之子，由攝政王監國。等到其他大官到場後，由他擬旨尊慈禧皇太后為太皇太后，皇后為皇太后。然後是擬各種皇太后的諭旨。不料，十一點慈禧病危。又擬旨由攝政王面請皇太后掌管大事。下午兩點，慈禧換衣，隨即死亡。他在日記中說『十一時中兩遭大喪，亙古所未有，所謂奇變。』就是說，在十一個鐘頭裡，皇室死了兩人，真是前所未有的大變故，他說在寫各種旨章時，『心震手顫，莫知所主』。可見當時朝廷的慌亂。根據許寶蘅日記，在選擇新皇帝的紀元年號時，最初擬出四個：憲昌、憲治、宣統、聖憲。一般按清慣例，應首選排在前面的『憲昌』，但不知何故，皇太后圈了『宣統』，在臨抄寫時，重新把『宣統』列在第一位。」1920年最後一次修訂的許氏家譜現在還在。由曾任《團結報》總編輯、社長等職的中央監察委員會常務委員許寶駿協調在許氏老屋基址上建立、1993年5月9日落成的橫河橋「錢塘許積厚軒老屋原址紀念碑」，由許家十六世外孫婿孫釗書刻，碑文則由著名歷史小說家、錢塘許氏後人許儒鴻，也就是高陽撰寫。高陽名許儒鴻，字晏駢，高陽二字，是用了《高陽許氏家譜》上的郡望。

八、夢中的王湘綺

　　高夢旦先生囑徐珂點校《湘綺樓日記》，徐珂費力一月，完成任務。期間，徐珂編校之餘，每有所得，便筆錄成

文，形成五十餘則妙文，題為〈夢湘囈語〉，對這個題目，他有個解釋：「夢湘者，珂與壬秋（王湘綺）未相識，物化久矣，非夢，奚得見之。」「囈語者，以珂於記錄壬秋言行之外，間有論列。」這樣，徐珂與王湘綺，說得上結想成癡，囈語不已了。

徐珂記王湘綺出嫁女兒的事，可發一笑。王湘綺女兒無非，嫁給鄧家公子。洞房之夜，無非小姐問鄧公子都讀過些什麼書，並讓對方立即背誦漢代張衡的名作〈西京賦〉，這鄧公子一時語塞，惹得王小姐大怒，竟然將鄧公子轟出了洞房。傳說中有蘇小妹三難秦學士的洞房之夜，不想現實裡竟然真也發生了這樣的事。湘綺不幸，這女婿實際也不成樣子，老丈人十三年後曾經就涉世之道有所訓示，竟然不能領會，以致發出「應該被女兒當作傭奴使喚」的感慨。

九、母親的教誨

去世前的那一年，徐珂回憶起母親陸太夫人曾經說過的這樣一些話，我家不求富貴，只求衣食夠用，再就是盼望親戚們都能不受饑寒，否則，我不能周濟他們，我怎麼受得了啊。讀到《湘綺樓日記》的時侯，恰好徐珂也發現了一樣的情懷。那是王湘綺在光緒三十四年正月十五日寫下的事：「黿石送燈來，至夜月明，好上元也。獨步間階，兩甥不能自存，使我不歡。內外喧囂，繁華富貴，而親昵等於乞丐，非我致之，使我見之，所謂卿等興亦敗。」徐珂說，這是「藹然仁者之言」。今日看來，這事也還有值得說叨處，昨晚看電視，央視一套的道德法庭節目上就曾播出寒冬將至時節咸陽一年輕夫

婦蓋樓之後不讓父母住，老人在新樓之下窩棚裡住的境況，那兒媳還對著鏡頭唸稿子，聲淚俱下，說「為有這樣的父母可恥」的話。人間廉恥，已經喪盡，惶論禮儀。對照這近乎一百年前的文字，我們發現真的是世道進步，人心不古了。

十、王湘綺的功課

王湘綺是一個勤奮的人。他活了八十五歲，似乎是一個善於養生的人。然而他的用腦過度，卻比一般的人都厲害，他四十一歲時寫的日記裡說：「日定課，辰課讀，午修志，酉讀史講經，亥抄書、課女、教妾讀詩，以為常。」根據徐珂的計算，他大約每天得幹十六個小時才行。徐珂說：「珂不敏，亦竊比於老王矣。」

十一、宣誓不說假話

徐珂轉述過民國名人，當時的黨國要員吳稚暉所述的戴季陶的話：「我看會議席上，都是說假話，大家嚴陣以待。最好下次開會，先對總理靜默三分鐘，宣誓不說假話，然後開口。」這些話和巴金先生倡導的說真話的用意是一樣的。只是這話在當年的國府沒有起作用，對國民政府領導下的官員和一般的人們也沒有發生作用，後來終於沒有了江山。巴金的地位比吳、戴都要低一些，現在看來，他的話只能供文友們在口頭上說說了。

十二、安心之法

徐珂特別讚賞張英說過的話：「人性不可過勞，亦不可過逸，惟讀書可以養之。鎮日不觀書，則起居出入，身心無所棲泊，耳目無所安頓，勢必心意顛倒，妄想生嗔，處逆境不樂，處順境亦不樂。」張英是康熙年間的老宰相，江南桐城人，深受康熙帝信任的張英，寫下過《聰訓齋語》和《恒產瑣言》兩部家訓。張英還說過這樣的話：「書卷乃養心第一妙物！」「從來拂意之事自不讀書者見之，似為我所獨遭，極其難堪。不知古人拂意之事有百倍於此者，特不細心體驗耳。」康熙帝給張英賜諡文端，大約徐珂筆誤或者一時失憶了，手邊的兩種書上，徐珂都把張英的諡號寫作文和。

徐珂還給識字不多的人指了一個安心的好法門：「識字不多之人宜念佛，則心有所寄，不患寂寞矣。」這實際也是在說，人要有個信仰，心就有所寄託了。梁漱溟先生曾舉例說，一個農民，種地的時候知道，要為全人類的解放多打糧食，這就有了胸懷和境界。信仰，最要緊的是真誠，現在的人們，什麼也不信了，這心，該如何安呢？

十三、明太祖疑像

徐珂在《聞見日抄》裡說，按照談遷在《棗林雜記》所載，明太祖朱元璋喜歡微服私訪，但他又擔心別人認出他來，所以他頒賜給王侯親貴們的御容聖像，其實都是假的，他

的真實御像，則只藏在太廟裡。徐珂認為，曹操有七十二疑冢，朱元璋有疑像，明太祖和魏武帝相比，更狡猾一些。

時代進步了，今天的情況和過去的大不一樣了。近乎領導人起居實錄的新聞媒體一天天的忙個不休，首長們也多樂此不疲，大家擔心的，是唯恐別人不知道自己的威儀，圖像只擔心不清晰，害怕的是大家不認識我，不能在我的政績上添彩，影響了我的升官前程。至於私訪，那是封建時代的勾當，人家還看不上呢。太祖他們，為的是自己的天下，訪查之後，還要做些實事，有時候甚至是剝皮實草之類。今天的人，多的情況下都只是為自己，要動些真格的，恐怕還要等點別的什麼。相比起來，還是過去的人傻些，現在的人聰明些。

十四、夜半請謁

光緒戊戌（1898）年間，徐珂在京師曾經遇到過康有為，見他訪問客人常常很晚，不過，他的辦法是在車後帶上行李，太遲的時候就在朋友家住下來。宋代的陳師道在他的《後山集》裡也說過一個人，姓刁：「刁學士喜結交，請謁常至夜半。」康有為是為了謀得國家的富強，為了變法，這夜半請謁實際上是在奉旨辦差，在搞協調和籌劃工作。至於刁學士，是指刁約，此人字景純，年輕時刻苦好學，應舉京師，與歐陽修、富彥國聲譽相當，後來他和歐陽修同知太常禮院，又並為集賢校理。是宰相級的人物，他為人厚道，在京師時，賓客無少長，都熱情接待。他一般不登權要之門，在四十年間均周旋館學，時人稱他為刁學士。范仲淹、歐陽修、司馬光、王安石、蘇軾他們都很敬重他。刁約晚年在鎮江度過，他修葺自

家的住宅,取名藏春塢。相傳遺跡在范公橋東,即今鎮江市區丁家巷一帶。塢西臨水,建有逸老堂,在小山包上種了許多松樹,稱做萬松岡。刁約曾有詩頌曰:「城南已葺藏春塢,溪側方營逸老堂;嶺上萬松山徑合,江中千稻一丘黃。」刁約活了八十四歲,是個長壽的人。

許多年後的今天,人們也還請謁,夜半的可能更多了,只是能如康有為的就少,如刁學士的,則更少。大家都帶了各自的願望,想要謀點事情。人們說,社會風氣也因為這請謁太多,而糟起來了。

十五、萬人迷

西泠印社創辦人之一,二〇年代曾在上海商務印書館編譯所任美術部部長的名書畫家吳待秋曾經為徐珂作過一幅《天蘇詩夢圖卷》,用京師名妓萬人迷所送的絲巾作包袱。《蘇報》編輯,主政《民聲日報》的常州籍南社社員汪蘭皐在這幅畫卷上題詩云:「華胥一枕起聞雞,暗撫流年河漢低;最是繡花絲帕子,殢人腸斷萬人迷。」這是紀實詩。

萬人迷是光緒中葉的人,真實姓名已不可考,論其身世,要算是旗人了。大約父母不在了,她是被自己的叔父賣到別人家去作了婢女的,由於和那家的僕人有染,事發後被人家逐出。萬人迷是一個很有主見的人,被逐後她和自己的情人商量生計,說:「咱如果不想法子,就會坐以待斃。我聽說城南妓院中有一個叫百順班的,老板很善良,想去投靠。」之後驅車往投,立契約賣了自己,得銀子四百兩。萬人迷分出一百兩給了給愛人說:「以此為訣。」人們可以想見情深意長的戀人

斷腸時的場景。剩下的三百兩銀子，萬人迷用來置辦了自己張羅豔幟的行頭，舉凡金飾妝閣，華麗陳設，華貴器物，都用這三百金辦妥了。不久，便名聲大噪。萬人迷外貌僅中人之姿，但她身段漂亮，又工內媚，加上天足，在到處是三寸金蓮那個時候，可以算得上英采煥發了。見者眼熱，昵者心醉，是神於應對的萬人迷留給京城士大夫們的美好印象。

後來，萬人迷轉到了山海班中。內務府郎中海先生特別迷戀萬人迷，為她花光了自己的錢財，到了傾家蕩產的地步。年底了，討債的人逼得老海無處藏身，只好躲進了萬人迷的住處。萬人迷說：「我曾經以身許君，先生家能容得下我嗎？如果可以，我今日就到你們家去，所有的債務，我當替你作以了斷。」海某大喜過望，萬人迷就替海某拿出數千兩銀子交給鴇母，贖身後隨海先生回家。不久，海家所有債務都被結清還完，萬人迷還替男人置買田宅，「越數年，海之富倍於昔矣。」

明清時候，知識層和妓院風流之間的交流是一大風氣。這交流還存在著保存正義，維繫道義的意義，比如柳如是，三百多年後還激勵著處於垂危階段的一代宗師為之作傳。不過那時的嫖客，多是公開的，人們也不大忌諱。花出去的錢，也是自己的，與公家無干。不像是今日，從香港用飛機拉來小姐，是要用公家的錢的。當然，風塵中也不復出現柳如是、顧橫波這樣的奇女子了。

十六、討論中西醫

徐珂很讚賞《中西醫學平議》裡中西醫兩無所祖的態度，認為書裡面說得最好的話是：「善讀書者，誠能研究國朝

諸家之說，闡明古義，以植其本，而博習西學各書之器與法，以其妙用，數十年後，西人未必窺中醫之蘊，而中人必兼有西醫之長。」中醫問題，本來是上世紀初葉就有了正確認識的事，不意今年又鬧得沸沸揚揚，似乎天要塌了的樣子，真是無謂得緊。中國人的口舌和紙張，不知道還要浪費掉多少，大家才肯罷休。

十七、誰該寫書

讀到《史記》虞卿傳贊裡說「虞卿非窮愁，亦不能著書以自見於後世」的話後，徐珂很有感慨。他以為人如果不窮也無愁，就在享受衣食之奉，自己的妻子兒女也都跟著在享受。這要算是小康日子了。然而，如果這時候不用心讀書，又怎能著書？草亡木卒，過了之後就不會有聲名在世上流傳，這是要引起注意的。所以，為長遠計，窮愁而能夠著書，那是我們的造化，也是上天的厚賜啊。在處於困境的時侯，找藉口不去讀書，從事著述，反倒謀劃著和那些權門豪門的人來往，試圖尋一些殘羹冷炙過活事，倒是需要擔心的。那是浪費光陰，奪取自己生命的事。

所以，能夠用心著述，同時學習的人，應該是明白的人，有福的人。

十八、曾國藩讀書批《文選》

咸豐初年，太平軍包圍長沙，攻陷武漢，咸豐七年（1857）二月初四日，父親曾麟書去世，此後曾國藩以侍郎身

份丁憂在籍，合起來的時間大約百十來天，而實際在家的時間，只有十天。這十天中，曾國藩也在讀書。據徐珂所述，曾國藩讀的是《文選》，不但讀，他還動筆圈劃。全書的十之八九，都加了批注，全書用單夾圈，每篇加藍筆，也有用黑色墨汁的，批注文字有三萬之多，大多是摘錄，或者集評，當然，也不時寫進自己的意見。徐珂見過真跡，以為書法勁挺，確是曾國藩所寫。那書的目錄後有跋語：「壬子歲奉諱裡居，束書不觀，幾兩月矣。偶檢《文選》，盡十日之功而評識之，以勖溫弟。」溫弟就是曾國藩的三弟曾國華，字溫甫，比曾國藩小十二歲，後來於咸豐八年（1858）十月在安徽盧州戰死，他的孫子是曾廣奇，1957年從美國回國，任中國科學院上海化學研究所研究員，曾受到周恩來總理的接待。

徐珂就此評論說，當時「寇氛遍地，不惶寧處，獨伏案觀書，嗜學惜陰，名世之人，自異於尋常萬萬也。」不過，徐珂把時間記錯了，他把咸豐七年寫作了咸豐二年。

過去的人都讀書，近代史上成了氣候的大人物大都能寫一手好文章。現在情況有所變化了，一些算不上品級的半大官員，一般的文章自己都不屑寫，偶爾捉筆，也不過是秘書們弄弄，或者題詞什麼的，也常常把字搞錯，大家也不以為意。

十九、宋村

宋村真多，山東有，河北有，江蘇有，陝西有，浙江也有，香港也有「宋村」。三百六十六年前，《徐霞客遊記》裡記述過一個宋村：「今過宋村，時猶上午，何不住宿南山，至此登舟也？」歷史上，浙江德清縣武康鎮宋村一帶家家戶戶會

打草鞋，草鞋輕便舒適，但不耐穿，民謠裡就說：「宋村草鞋宋村著，跑過宋村要赤腳」。民國初期，徐珂也記錄了一個宋村的事情，他說在浙江開化與遂安交界處，有一個宋村，村在山裡，只有一個山谷通向山外，外人不知道這村子的大小，百姓的多少，只聽說從宋朝以來，經歷元明清直到民國，村人都不繳納任何賦稅，官府也因為山高路險，不易征剿，而放任自由，不加干涉。這真是一個桃花源式的地方，化外逸民，蠻引人遐想。只是不知道這宋村今日如何了，倘有好事君子，專門考究這個村子的變遷，倒也還有益談助多多呢。

也說傅增湘

　　愛書的人多，愛書進而成癖的人也不少。不過，當代如鄭西諦、阿英、唐弢一類的超級書迷，就要算是鳳毛麟角了。一代書迷有一代書迷的使命，做得好的，不僅自己高興，就是後人，也大受其饋賜。傅增湘，算是剛剛過去的上個世紀書迷裡對民族文化貢獻卓越特出，又給後世留下了指路文字的大家。

　　傅是公認的藏書家，這本來沒有問題。只是對傅增湘的評說頗有不一致的地方。這也難怪，角度不同，看法也就不同。當歷史的煙塵飄過，現在再看傅增湘，有的就只是憾其所留存者少，憾對其所知者少。近日收得上海古籍新印的《藏園群書題記》，新春展卷，這種感覺就格外明顯。這書的版子是1986年的，2008年是第二次印刷。當時印了三千冊，這次是一千五百冊。間隔二十二年，這個數字就是和傅氏同此愛好的讀者群數字。人生實難，有這麼些人讀傅的書，傅氏天堂有知，當可會心一笑。

　　傅增湘另一部有名的著作是《藏園群書經眼錄》，也由於這書整出的時間久，現在網上現在的價格已很不菲。為了一睹為快，在無可奈何中，我請友人從北大圖書館館藏書中複印一部，晴窗快讀，鄴架有歡，雖不是風光旖旎，卻也有千里快哉風一樣的暢然。書是傅熹年據乃祖手稿編定，華夏善本書至此源流並匯，大觀蔚然。

1927年12月，魯迅在那篇有名的〈談所謂「大內檔案」〉裡也說過自己在教育部供職時的教育總長傅增湘。不過迅翁筆下的「F總長」，是「藏書和考古的名人」，是「深通『高等做官學』的」，暗竊宋版書幾頁或半本，善推諉責任，有一天，「F總長」就「發一個命令，教我和G主事試看麻袋」，原因是F總長聽到了「什麼謠言，以為麻袋裡定有好的宋版書」，「他們（按，指教育部官員們）和F總長，都『念茲在茲』，在塵埃中間和破紙旁邊離不開。凡我們撿起在桌上的，他們總要拿進去，說是去看看。等到送還的時候，往往比原先要少一點，上帝在上，那倒是真的。」那其中，「至於宋版書呢，有是有的，或則破爛的半本，或是撕破的幾張。也有清初的黃榜，也有『實錄』的稿本。朝鮮的賀正表，我記得也見過一張。」此外的賀表、奏章之類，當然太多。收拾過後，剩下的，F總長沒有讓燒掉這些東西，迅翁以為「他是知道中國的一切事萬不可『辦』的」一類人，「他知道萬不可燒，一燒必至於變成寶貝」。在迅翁，是覺得銷毀了好，「以免失火」。

1934年12月，魯迅在〈病後雜談之餘〉裡又說：「這書（明抄本《立齋閒錄》）我一直保存著，直到十多年前，因為肚子餓得慌了，才和別的兩本明抄和一部明刻的《宮閨秘典》去賣給以藏書家和學者出名的傅某，他使我跑了三四趟之後，才說一總給我八塊錢，我賭氣不賣，抱回來了，又藏在北平的寓裡；但久已沒有人照管，不知道現在究竟怎樣了。」從這些話看，對曾經的上司這份氣，迅翁是賭大了的。後五十年，1983年黃裳收在《珠還記幸》的〈傅增湘〉裡自然說到了這件事。當然也說了別的事。

裳翁的《珠還記幸》裡多有圖片，可惜手跡居多，沒有四十年代刻印，「仿宋、白紙、大冊、印的相當精緻的」《藏園群書題記》的書影。也無傅增湘的手跡。裳翁說他讀《藏園群書題記》的興趣「在版本學者看來，恐怕是不足為訓的」，是書裡面記錄的「名藏書家」的藏書有些是偷來的，如孔乙己一般，其中包括印證了魯迅關於大內檔案中宋版殘頁的話。

　　對《藏園群書題記》，黃裳說，傅氏在「死校」上，「並沒有什麼大突破，也遠遠趕不上孫（星衍）、顧（千里）、錢（大昕）等取得的成就，他幾乎不能用運『理校』的方法。主要的原因是他只是把古書當作玩賞的對象，又並無一定研究的專題。所以就遠遠稱不上是『讀書』，難怪不能深刻理解、發現古本的好處與缺點。對書的內容，有時也浮泛地講點意見，但大都來自四庫提要之類，絕少新意。在有些題跋中，也附有一些『校記』，但多數並不完整，因而參考價值也不大。在這一點上，就遠不及章式之。後者下死功夫把《資治通鑑》細校了好幾遍，留下了一大部校記。當新印《通鑑》時，就起過不小的作用。最有趣的是一次傅增湘買下了宋眉山本《南齊書》，在題跋中津津有味地記下了他如何與書賈討價還價，『持書疾歸，展覽竟夕』的經過。到底不能知此書的好處何在。直到一年後書被章式之借去細讀，才發現了中間的『奇秘』。原來自明以來，《南齊書》傳本一直缺失四葉，在這一本中卻保存了其中兩葉。這說明，把古書當作古董，只是摩挲展覽，卻不細讀內容，被譏為『古董家數』是並不冤枉的。」「在學者看來，〈題記〉所提供的資料是不能使人滿足的。」

　　為黃裳文字所引，筆者照讀傅氏相關文字，感受卻全不相同。有的是想擊節浮一大白的感覺：一服膺傅氏好書共欣賞的胸襟，二慶幸三百年來缺失的關於巴蜀，也就是傅增湘故里古書上文字的重現。裳翁在揭示余嘉錫為《藏園群書題記》作序，大罵黃堯圃時，說「如將『黃堯圃』換為『傅沅叔』，這一節論述幾乎可以不必更動一字。」這是不大厚道的評說。不過，要是把裳翁說傅氏的前段文字中的「傅增湘」換作「黃裳」，也極有趣，雖然不一定「不必更動一字」。因為黃裳後來的許多文字，似乎是直承了黃堯圃、傅沅叔的一脈。裳翁讀傅，應算是仔細。至於裳翁從余嘉錫序裡讀到的貶意，則愚意殊不以為然，反覺黃裳多事，大悖人情，似有挑撥之嫌，盡管人家已經作古。止庵說他「不大信服他（按指黃裳）的見識」（止庵博客文字〈我看黃裳〔2008年5月17日，07:43:40〕），信夫。

　　戊戌變法時，傅增湘就與六君子中的劉光第、楊銳有交往，六君子殉難，傅著文力辯其冤。辛亥後，傅氏參加唐紹儀和談代表團，南下進行南北和談，期間用百金買到一部宋版書《新刊諸儒批點古文集成》，這是他生平所購第一部宋版書，十分珍惜，但經張元濟鑒定，此書為四庫進呈本，被館臣竄易刪落，面目全非，傅深感痛惜。1917年12月至「五四」前，傅入王世珍內閣任教育總長。「五四」運動中，傅抵制罷免北大校長蔡元培的命令，受牽連去職。此後，早獲退隱的傅增湘收書、讀書、藏書。期間，1927年擔任故宮博物院圖書館館長，1929年11月赴日本搜訪中國古籍，時間都很短暫。閉戶校書，校書之外，每年抽暇到江南有名圖書館和藏書家處瀏覽參閱古籍珍本，或選勝景登臨遊覽的傅增湘，三十年間校書一萬六千卷，五嶽及諸名勝登陟殆遍，撰遊記二十餘卷，著述兩百萬言以上。

淪陷時期，傅增湘雖與王揖唐有往，卻未曾落水。

1949年秋，陳毅致函周恩來，要求照顧傅增湘，當相關人員持陳毅原信及總理批示探視先生時，先生已於1949年10月20日去世。傅家先祖藏書中有元本《資治通鑑音注》，1916年，傅增湘又從端方的藏書中買得一本南宋紹興二年兩浙東路茶鹽司刊本《資治通鑑》。他把這兩部宋元本合稱為「雙鑑」，以此作為自己藏書樓的名字。再後來傅增湘又購得盛昱所藏的《洪範政鑑》一書。此書為盛氏藏書之冠，南宋淳熙十三年宮廷寫本。這是南來內廷遺留下的唯一一部完整的寫本書。自宋至清末，它一直在內府保存了七百多年，民國初年才流落民間。其書筆法清勁，有唐人寫經之風格，桑皮玉版，玉楮朱欄，有內府璽印，確實為罕見珍寶。從此，雙鑑樓的「雙鑑」之一，不再是元本《資治通鑑音注》，而是以南宋寫本《洪範政鑑》來代替了。「藏園」是傅府別稱。1918年，傅增湘在北京西四石老娘胡同（今西四北五條）新宅落成，因為景仰鄉賢蘇東坡，特取蘇東坡的詩句「萬人如海一身藏」之意，命名為「藏園」。園內書齋有長春室、食字齋、池北書堂、龍龕精舍、萊娛室、抱素書屋等。余嘉錫序云：「江安傅先生掛冠以後，定居北平，閉戶不交人事，所居有山石花木之勝，取東坡『萬人如海一身藏』之句，顏之曰『藏園』。聚書數萬卷，多宋元秘本及名鈔、精槧，聞人有異書，必從之假讀，求之未得，皇皇然如饑渴之於飲食。暇時則取新舊刻本，躬自校讎，丹黃不去手，矻矻窮日夜不休。所校都一萬數千餘卷。」傅氏自己說：「獨於古籍之緣，校讎之業，深嗜篤好，似挾有生以俱來，如寒之索衣，饑之思食，如無一日之可離」。「燈右讎書，研朱細讀，每日率竟千行，細楷動逾數萬，連宵徹旦，習以為常，嚴寒則十指如錐，輝暑則雙睛

為督，強自支屬，不敢告疲」。日校書三十頁，以至通宵達旦。這是他勤奮校書的真實寫照。他是民國以來校勘古書最多的人。而他又認為，「文章公器，非可自私」，「余之藏書手校者十居八九，傳播者十居四五。」（《六十自述》）

傅增湘的全部藏園藏書是捐給了國家的，現在北圖。他曾說：「生為蜀人，應於鄉邦薄有建樹」。故其藏書中的外庫書籍三萬四千餘冊又捐給了四川，後藏於四川大學。

寒齋所存王紹曾先生費數十年之功完成，2002年由齊魯書社出版的的巨著《訂補海源閣書目五種》，為王氏畢生精力所注。王紹曾推傅增湘為海源閣寶藏功臣。在後記裡說：「1927年楊敬夫捆載海源閣精本二十六種到天津出售時，傅氏日夜焦慮，不時向張元濟提供信息。」無可奈何中，「於1931年春，稅駕津沽，在鹽業銀行庫房獲睹宋本三十餘種，元本二十餘種，歎為曠世珍寶。並就海源閣藏書原委，撰為《海源閣藏書紀略》，公諸海內，益為世人所矚目。海源閣散入市肆者，復得從文祿堂、藻玉堂、文友堂等書肆送閱，連同天津鹽業銀行庫房所見，為《藏園群書經眼錄》所著錄者，共計六十七種，其中六種，經校勘後另有跋文，具載《藏園群書題記》。」「傅氏對海源閣書的最大貢獻，每睹一書，必須記其版式、行款、刻工、題跋，兼及收藏印記，理版本之源流、定版刻之時地，凡所論斷，往往凌駕前修，時有發明，足以補《隅錄》之疏，正楊氏之失。求諸近世，殆不多見。其所撰《海源閣藏書紀略》對楊氏書原原本本，如數家珍，實為海源閣之重要文獻。振聾發聵之功，尤不可沒。」《海源閣藏書紀略》則稱那次觀書：「如入琅嬛之府，登群玉之山，目不暇給，美不勝收。而尤使人怡神愜志者，則四經四史，大都赫然具在。」王氏書後附錄中專門收有傅增湘和張元濟有關海源閣

的來往通信十六通，其中傅增湘寫給張元濟的信件有十一封之多，張元濟寫給傅增湘的有五封。時間則從1927年12月2日至1931年11月29日，跨度為四年之久。需要說明的，是海源閣的書，後來多輾轉歸藏於國家圖書館了。一代藏書家對祖國文化的傾心努力，從中可見。當然，搶救海源閣書，僅僅是傅增湘一生志業的一個縮影。

張中行月旦人物，頗耐咀嚼，惜未說傅增湘。

2009年2月20日。

讀書好憶雷夢水

　　7月所得的好書中，以五折而獲的中華書局《學林漫錄》為翹楚。這是1980年6月至1991年5月一版，1997年十二集合起來2次印刷，只印了四千冊的十三本套書。除去其中六、十二兩冊之外的十一冊書，我一下子都有了。當年主持此事的傅璇琮先生在為《書林清話文庫》叢書所作的序言〈從《學林漫錄》叢刊到《書林清話文庫》〉中，曾經對《學林漫錄》成書過程有過比較詳盡的回顧。主政中華書局，主編《中國藏書通史》的傅先生說，在大半輩子的編書生涯中，「能說得過去的，我覺得只有《學林漫錄》那一種。」一言九鼎，就憑這一句話，我獲得這套書，都是「好得弗得了」的事。閒來翻看這套書，已經是我最快樂的事情。

　　我最先看的是《學林漫錄》九、十兩冊中所收的雷夢水的《書林瑣記》和《書林續記》。這是雷夢水的佳作首發，彌足珍貴。1988年人民日報社出的十二萬字的《書林瑣記》我見不到，但我有了這1984年面世的「書林瑣記」，也就可以「足慰平生」了。在《書林瑣記》中，雷夢水說，「我在琉璃廠書肆工作，至今已有四十餘年，對書林掌故略有所知，公餘得暇，回憶書林往事，濡筆記之，日久成篇，題曰：《書林瑣記》。惟其中幾則已零星在刊物上發表，但不易查找，今又補寫數則，一並在《學林漫錄》上發表，以留史料。」

　　讀雷夢水，我知道了一些事，比如：

1、民國三十年孟春，琉璃廠文友堂書店著火，傅增湘北宋本《樂府詩集》因裝工王仲華緣事遷延，攜書在家，「此書幸逃浩劫」「在書林中傳為佳話」。

2、民國二十年後，因為生活所迫，陶湘藏書陸續散出。收有極為珍貴的陶宗儀肖像的明成化十年刻本《輟耕錄》，五色套印版精湛絕倫的萬曆間程君房初印八卷本《程氏墨苑》等歸鄭西諦，毛氏汲古閣刊書一百二十種、閔齊伋、凌濛初刊本書一百二十八種和殿版開花紙一百種曾以四萬元被文友堂購妥，後則因訟事只售給殿版開花紙一百數十種。包括平定各省的方略二十種經易培基介紹售歸廣東中山大學圖書館十餘種，其餘係松筠閣由日人松村太郎介紹售歸日本東洋文庫。叢書部分售於日本京都文化研究所。陶氏餘下之汲古閣刻書及閔、凌二氏刻書售歸滿族榮厚，榮厚字叔章，偽滿銀行總裁，得書後顏其室曰「萃閔室」。後此批書經魏麗生以萬元轉售溥儀，再後來竟不知其下落了。

3、會文齋主人何培元，字厚甫，河北衡水人。精版本，生平所見宋元舊本不可勝數，曾由前清內監手中購得季滄葦、徐乾學舊藏宋本《備全總效方》四十卷。此書後經文友堂售給日本大阪武田長兵衛氏，得值萬金，以三千元作手續費。

還有能夠接著寫下來的，還多，這裡就不說了。

雷夢水，河北冀縣謝家莊村人，1921年出生。只讀過六年高小，十五歲起隨舅父孫殿起在北京琉璃廠通學齋當學徒，從事古舊書收售業務。幾十年間，收獲了著述的七、八

本書和「滿腹關於書和愛書人的軼聞掌故」。1994年10月26日，雷夢水去世，享年七十三歲。姜德明先生在收入《夢書懷人錄》中的〈賣書人〉裡說：「琉璃廠書肆培育了這位有教養的賣書人。數十寒暑，清貧如故，愛書的心卻沒有變。」「一個賣舊書的老人悄悄的走了。」徐雁先生則在2005年5月出版的《中國舊書業百年》中披露了1986年12月14日雷夢水覆信之末的囑咐：「吾兄日後需用何書或委辦何事，不妨來函吾當即照辦不誤。」那時的徐雁先生，大學剛剛畢業才兩年。

「一套褪色的藍制服，布鞋，布帽，還是那一口衡水話，帶著鄉下的土氣。」一個最受讀書人受歡迎的客人。像青年作家張恬寫的：「誰都有鳥槍換炮的時候，惟獨雷先生沒有。」《舊時書坊》裡收入的趙洛先生文章〈憶雷夢水〉中的雷夢水，已經永遠的成為歷史的定格。加上徐雁的這幾句，就更實在了：「一位土頭土腦的老先生」，「忠於職事、信於顧客的那點廠賈遺風」，「學人型書賈」。

雷夢水識得了鄭振鐸、朱自清、吳組湘、余冠英、馮友蘭、潘光旦、呂叔湘等等，一如他後來的認識徐雁。雷夢水給朱自清先生送書，朱自清們在交往中指導雷夢水，熱情良性的互動，成就了一個個讀書人心頭的熱夢，也成就了雷夢水筆下《古書經眼錄》、《書林瑣記》、《北京風貌雜詠續編》、《室名別號索引》、《中華竹枝詞》等數十部作品。

雷夢水還會有嗎？

「嘉德公司古籍善本秋拍場上，第1658號拍品──『孫殿起、雷夢水輯撰著述稿本』一組以8.8萬元成交。這是當代史料躋身於古籍善本大拍場上的新鮮事。該組拍品共五十五件，每冊成交價超過1500元，比明代版刻毫不遜色，在嘉德成交排行榜上名列第七位。孫殿起著《販書偶記》、雷夢水補編

《販書偶記續編》是繼《四庫全書總目》之後集清代出版業書目之大成的著作，被專家、學者視為必備工具書。雷夢水晚年輯撰《琉璃廠書肆記》、《古書經眼錄》、《借閒居書話》（孫殿起遺著）、《琉璃廠小志》（孫殿起著）、《辛亥以來藏書記事詩》（倫明著）等在二十年前曾引起學界一片喝彩，許多古舊書業掌故被孫、雷兩位原原本本地再現了出來。孫、雷也因此成為古舊書業經營者中著書立說的典範。但古籍拍賣一向嚴格遵循善本的尺度——乾隆末年前的精刻本、歷代名家批、稿、抄、校本才能登大拍之堂。當代稿本只有大名家、書法家的才有機會亮相，而那些已經出版過的新書稿本，因年代太近、印本易得而鮮有貴重者。孫、雷此批稿本正是這種非古非今的原始資料。」這是2003年2月26日傑平發表在《中國收藏》上的〈報國寺驚現琉璃廠百年史料〉一文所記錄的實況。傑平驚呼：「百年古書業兩代佼佼者畢生心血寫就的百萬字手稿，將來一旦出版，其版稅估價50萬元。」「據中國書店老專家回憶，雷夢水書稿曾請舊書店議價收購，但1993年的行情即便收購，價格也少得可憐，雙方就此作罷。」「僅僅十年光景，傳統文化的含金量凸現，版本收藏知識普及之快，藝術品投資熱度之大，我等望塵莫及。我一工薪，親睹百年舊書業遺產物有所值，甚喜，甚幸！」

我知道，浴火後的雷夢水再生了。

姜德明先生筆下的雷夢水就這樣進入了我的心坎：「我偶有提問，總會得到可靠的答覆：『見到的，這書不難找。』或稱：『見過的，這書往日不稀罕，近年也有人來找過。現在可難說了。』也許時隔一年半載之後，連我也忘記了的，或者認為全無希望得到的書，他會突然從座旁的書架上取下一本遞到你的手中：『這是您要找的書，我留起來了。』個

別的時候,有你事先未能料到的書,他也為你留著。」得值雷夢水,是一個時代讀書人的幸運。

雷夢水還會有麼?

徐雁一再追問過的這句話,常常在找書的時候響起來。

翻閱著手邊新買的《販書偶記(附續編)》,看著這部幾乎囊括了《四庫全書》編成後新出的全部古籍或新的版本,學術價值相當於四庫全書續編,在古籍目錄版本學上地位無可取代的奇書,我在心裡默念著,這是雷夢水和他老師的心血,我讀這個,不就又是在和雷夢水傾心而談嗎?

2006年8月9日上午寫畢。

立秋後第二次下雨,剛好可消酷熱,天意送涼,心開意解,悅如也。

重讀老陳原

　　降價五折後成為十元的《浙江文藝》1997年2月一版，1997年12月二印的《陳原散文》被我買下了，我在扉頁上題下了「好天好書好日月，得一則可喜，今日全有，云胡不喜？」望著照片上樂呵呵看我或者一本正經站立在馬克思墓前的老陳原，回家，我翻箱倒櫃，找出家裡的陳原。是兩本，就是他最有名的《書林漫步》及其續編。

　　擺好三本書，我泡上好茶，翻將起來。第一本，是三聯根據1962年12月一版重排後，在1979年4月印的一版，竟然印了十六萬冊。價格只有五角七分。更讓我高興的，是我竟然在書剛出的1979年買下了這本書。一方小印章也顯得土氣，那還是中學生的我把揀到的一方圖章磨平後為自己刻的，題字也醜極，不過，這也還是夠讓我驚喜的。想想我運氣吧？只是領受此書所賜的佳境，要遲得很多，甚而至於要到今日，卻又非當時所能想到。這書，已經是相交垂三十年的故人了。第二本，便是《書林漫步》的續編。這是1984年8月的一版一印本，我是在1988年3月29日買下的特價書，原價也才一元一角五分。時隔十年後我有了陳原的第二本書，並且是第一本的續編。又要快二十年了，陳原的第三本書翩然來入我懷哦，能不慶賀。天氣雨後新，可飲一杯否？

　　中國出版界不能被人遺忘的人物中，陳原是一個。他1918年出生，1938年畢業於中山大學，在2004年2月24日逝世，享年八十六歲。

《書林漫步》中的文字，生氣盎然。〈柏園夜讀偶記〉一篇，本來是深夜讀書隨手記錄所感的，卻因為1942年的時代，寫成了「永遠是春天，戰鬥的春天」的文字，六十年後讀來，也就有了別樣的感覺。陳原寫了海涅的詩。就是在我最喜歡詩歌，見到詩歌集子不論中外古今就買的時代我也沒有認真喜愛過海涅的詩。可是今夜見到的陳原引用的海涅詩，卻彷彿要將幾十年來的深藏，一並以歡喜報我：

> 另一個時代，另一些鳥兒，
> 另一些鳥兒，另一種歌聲！
> 只要我有另一雙耳朵，
> 該會給我以歡欣！

陳原的文字能夠穿透時空。他批判過〈文化的「禁城」〉廣州：「現在呢？果然娼妓集中的地區沒有了。可是你晚上出去哪，出去走走哪。甚至不必在夜裡，只消傍晚，在唯一的公園裡面，前面走著一個年輕的強作笑容的女郎」，「一串一串的」，「後來連馬路上也常常看見這樣的」。「隨之而來的是娼妓文化。《巧女十八嫁》——這是上流的書名了，還有更肉麻，更可怕的名字。」這是作者筆下1946年的廣州。今天看來，廣州或者是進步了，可情景卻也宛然猶在，這是當年的陳原一定不曾料到的。

1947年到來的時候，老陳原寫了一篇〈焚書，禁忌及其他〉的文章，引了赫胥黎的話說，「在獨裁政府的眼光裡，自由的智慧和智慧的自由是最大的敵人。」陳原解釋道：「書的愛人到了必要的時候，只有從書架子上把它抽下來，一頁一頁的撕開，投擲在熊熊的火堆裡，讓它焦黑，灰化，而讓自己的

心頭結下海一樣的深恨；也因此，書的敵人害怕書比害怕炸彈還厲害，只要他一朝當權，或只要他一天感到自己的寶座已經動搖，他就想起了書，要把這些不可測的力量一掃而光。」這些話，陳老是說的書生氣十足了，彷彿真的是那麼回事似的，其實不然，人家不是怕，是恨，恨書們的不聽話而已。比如孟子說君輕民貴，就不讓他吃冷豬頭，黃黎洲要揭露暴君的惡行，就要禁他的書，等等。「傳說中的一位聖人，一手執劍，一手執自己的經典，逢書便焚，並且宣稱，『凡是主張與我相同的，就不必讓它存在；要是主張與我相反的，我決不讓他存在。』」聖人之所以成為聖人，道理在這裡，愛書的人和書，要明白一些才好。

關於禁忌，陳原在〈焚書，禁忌及其他〉裡訴說當時「『提防火燒』的火字務必倒寫，否則反而會真的招來火災，『尋人』的人字也必須倒寫，要不然此人就越尋越遠。所以凡是反對派或近乎反對派所說的，一概不許說，否則就是觸犯禁條。」又四十四年後的1990年，陳原又有文章說禁忌，題目是〈倒「福」〉，裡面說「那十年，我指的是人畜共生的那十年（1966-1976年），凡是寫『打倒！』標語時，總要將某某某這姓名倒過來寫，作：『打倒某某某（倒寫『某』字）！』然後在某某某三字上用紅筆打一交叉，這樣表示打倒在地再踏上一隻腳了。」「這也是語言拜物教的變種。」「語言和巫術是共生的，此語直到現代而不失其意。」有意思，1990年到今天，又已經過去了十六年，「福」字仍然要倒著貼才好，「提交信息中包含敏感詞彙：民主、自由，請您更正！」的妙語依然層出不窮。時間彷彿民國，街市依舊太平。

收入《書林漫步》中的〈要讓論敵說話〉是說馬克思《資本論》寫出時候的情況的，那時的創始人，是有著題目所

述的強烈願望的，後來發展了，變化了，不要說論敵，自己隊伍中的也不行。這個大家都是知道的。1995年寫的〈「是的，您英明……」〉中常說「是的」、「對極了」、「完全正確」「您做了英明決定，斯大林同志」的人就吃香，而敢於爭論的朱可夫，打完仗之後就只能被貶官，受厄運，郁以終了。善良的人們，還是不要忘了才好。1996年的陳原曾經說：「這年頭，有什麼不能的？」

書生也就是書生。1987年陳原寫的〈美國，文化……〉中歌頌了現代科技的成就，此時的陳原，已經看得多多了。不過，在陳原〈馬克·吐溫看美國〉裡「對無數在這『自由』美國裡被『一腳踢進牢房』的白色和非白色『艾頌喜』們，寄以無限的同情和支援……」的1962年，我們餓死了不少的人，而「寄以無限的同情和支援」的人卻不多。〈假如狄更斯今日重遊美國〉裡說，老狄要是活到1962年，到了美國，先將被控訴，之後投入「狄更斯所描寫過的『行心辛辛監獄』連《雜記》也寫不出了。」周海嬰《魯迅與我七十年》裡說，「1957年，毛主席曾前往上海小住，依照慣例請幾位老鄉聊聊，……羅稷南老先生抽個空隙，向毛主席提出了一個大膽的設想疑問：要是今天魯迅還活著，他可能會怎樣？……不料毛主席對此卻十分認真，沉思了片刻，回答說：以我的估計，（魯迅）要麼是關在牢裡還是要寫，要麼他識大體不做聲。」這是當時的陳原所不知道的。但是高爾基和梁漱溟的事，陳原又是知道的。

《書林漫步續編》裡收有寫山城散步所見和所想的的〈關於生命的沉思〉，好看處多。讀，我就高興。「北極星亮起來了，遠處傳來了貝多芬的音樂，它說：『人啊，扶助你自己！並借此而彼此相扶！』」

1995年，陳原寫了一篇彷彿祈願文的文章，〈戶戶有書房〉，說自己是個「老齡市民」了，「老齡市民，照英文翻譯過來，『老齡』這個字也可以譯成『高級』，可世界上沒有什麼高級低級市民之分。」他是想要一個「高級」的待遇，他是想要住到報上說的家家戶戶有書房的鄉村裡去的，但他又心有餘悸地說，「來了。來了。又來了。一個幽靈老在大地上徘徊，去了一陣，又回來了，人們還該記得，並不太久以前，人人作詩，人人作畫。人人……」老陳原都有些可憐了：「唉唉，我怕那幽靈。行行好，別來了。」曾經擔任過商務印書館總編輯、中國社會科學院語言文字應用研究所首任所長、國家語言文字工作委員會主任的他在《陳原散文》前記中耐人尋味地說自己「作家不像作家，學者不像學者，『官』不像『官』，民不像民，四不像」。然而，陳原的祈願不僅僅對他自己有用，有用的，還該是我們大家。陳原主持出版、編纂過滋養了一代中國知識分子的「漢譯世界名著」和一批影響深遠的精品辭書。

　　《陳原散文》出版的時候，陳原七十九歲，那時的陳原，已經洗盡鉛華。這是他的自選文集，他說他要給世間愛書的人添一點「小小的樂趣」。他做到了。「一生遨遊世界文明和文化的大廈，走進去一個房間，仔細地張望張望，留下一點什麼，或者不留下一點什麼，出來了；然後走進另一個房間，又仔細地張望張望，又留下一點什麼，或不留下一點什麼」，就這樣，不停地走啊走的，這就是陳原。

　　香港商務印書館總經理兼總編輯陳萬雄評價說，陳原堪稱中國近代文化啟蒙的「殿軍」。從辦報、出版到文化官員，從寫散文、研究語言學到音樂、畫畫，多才多藝的陳原，除去天賦和個人努力，其基本性格是近代啟蒙知識分子的性格。

　　書友劉學文告訴我，浙江文藝出版社2005年6月版的陳老回憶錄《我的小屋，我的夢——六十年往事：「如歌的行板」》中的一句話需要我們銘記：「老人與海，老人與書海——天連海，海連天，好一幅風流瀟灑的畫面。靈魂得救了，超脫了，自由了，可以飛翔了。」

　　這是歸去的老陳原留給這個世界的遺響了。

　　　　　　　　2006年7月20日午後寫畢，7月26日下午改定。

好人好書

　　有的時候，好書是不經意間就來到面前的。比如眼前這一本陳原寫的，三聯95年印行的《記胡愈之》，就是。記不清是在一種什麼情形下買的，這在我的買書讀書經歷中也是少有的，買的時候竟然沒有好好注意，那就是說，是第六感覺的書幫我挑的。昨天，正在讀的回望周作人叢書中的《周氏兄弟》突然不見了，手足無措間找事做，這書就來到了手上，輕輕翻動，我心飛揚，欣喜又一次發現。

　　陳原寫了這麼一本書。這是我不曾想到的，不知道買書的時候是怎樣想的，這陣書拿在手裡的時候，第一個反應就是這麼一問。慢慢讀下來，這位當年作了長時間中華書局商務印書館（聯營）「行走」的書人竟然是全國世界語協會的秘書長，書主胡愈之竟然是全國世界語協會的理事長。記得今年五月，我在下榻的河南大學學術交流中心門口見到歡迎來自全國的世界語者的標語橫幅時，曾經閃過一個疑問的念頭，何謂世界語？看了陳原的書，才知道，這世界語，是胡愈之的希望、理想、武器，和精神境界。也是陳原的希望、理想、武器，和精神境界。雖然不是他們的全部。

　　《記胡愈之》只有十萬字。有三十四個小標題。以人的名字為標題的有十一個。可讀性非常強。讀下來，我也知道了不少的事情。

　　陳原說：「我在海外同幾個知友窮聊憂國憂民救國救民的智者群像——他們一個個地浮現在我們的腦際：從張元濟到

胡愈之。」他引了普魯塔克的話說自己的回憶：「最顯赫的業
績不一定總能表示人們的美德或惡行，而往往一椿小事，一句
話或者一個笑談……更能清楚地顯示人物性格和趨向」。合上
書冊，就想，陳原似乎是兌現了自己的追求的。這冊書，也是
智者的著作。

當年，胡愈之1913年開始學世界語，1927年在同伴們
被捕或者被活埋的情況下，流亡法國，後來無法生存，在莫
斯科世界語者的幫助下遊歷俄都，1931年回國後寫成《莫斯
科印象記》，在當時的讀書界造成很大影響，海內外翻印很
多，「是十月革命後在我國宣傳蘇聯的基本影響較大的專著之
一。」後來，胡愈之所做的事，多和世界語有關。

大出版家陳原的這冊書還是圖文並茂的，比膾炙人口的
《書林漫步》及其續編毫不遜色，甚至拿在手裡的質感還要好
些。書影自不必說，就是手跡和注解，也都很別致。照片更彌
足珍貴，比如上海江西路商務印書館最初的廠屋，怕已是絕響。

當然還有掌故和軼聞。「王雲五在商務印書館的辦公室
裡只設一椅一桌，沒有多餘的一把椅子或凳子；職工找他或
他招職工來談問題，都站在那裡交談」，「三言兩語就結束
了」，「王雲五講究資本主義的效率，認為這樣的辦公室布
置，才是最講求效率的。」王雲五後來和胡愈之談崩了，是王
讓胡編《東方雜誌》，胡要出特輯《新年的夢想》，發表不滿
意國民黨的文章，王以為商務會因此而被封門，魯迅其實也跟
胡愈之說，「本來連夢想這樣的特輯也不必搞──魯迅自己就
沒有給特輯寫稿。」四角號碼的發明者是高夢旦和王雲五，
「這是商務印書館編譯所長高夢旦等人『發明』，由當時任商
務印書館總經理的王雲五加以完善的。」

《記胡愈之》裡有一個小標題是〈書目〉，說的是《民國時期總書目》的編纂事情。陳原說，曾任北京圖書館副館長的左恭說過一句名言：「只要有名字，有作者，天下沒有找不到的書！」「只要有書目，什麼書的下落都能追蹤到。」近年來，讀書漸多，對於書目書，自己是興趣越來越大了。對書目的用處，也似漸有所悟了。我們這個民族，從古就有書目的編輯習俗。漢代劉向有《別錄》二十卷，其子劉歆有《七略》七卷，西晉荀勖有《晉中經簿》十四卷，唐代毌煚編有《古今書錄》四十卷，宋代王堯臣有《崇文總目》六十卷，清代則有《四庫全書總目提要》二百卷。陳原說，胡愈之是在1959年提議要編民國總書目的，1961年開始了民國總書目的編纂，1987年《民國總書目》印出一些分冊，此時胡愈之已經去世一年多了。有資料說，北京圖書館1978年著手編輯《民國時期總書目》，1992年全部定稿，經歷了十五年。書目文獻出版社於1986年開始陸續出版，1995年全部付梓。筆者以為陳原的說法應該更準確些，只是陳原不知道，這部書的全部出版，已經是完成了的。他曾感歎說，「人生實難」，完成這部大書目該不知到哪一年了。

　　陳原也寫了愛羅先珂。幾十年裡，胡愈之都叮囑陳原在去蘇聯的時候打聽愛羅先珂的消息。但是，這位在中國知識分子中赫赫有名的盲詩人，在自己的祖國和整個歐洲卻被漠視到了打聽不到任何消息的程度。愛羅先珂是因為魯迅的介紹而在中國聞名的，愛羅先珂結識魯迅，又是胡愈之介紹的。我記住的是陳原背誦過的愛羅先珂〈為跌下而造的塔〉中譯本裡的句子：

　　　　世間有許多人犧牲了他們的青春，犧牲了他們的一
　　　　生，以從事建造；他們建造了高塔，為的是自己從這
　　　　高塔上跌下來……

犧牲了青春，犧牲了一生，去幹這種可笑的事情的人，世間多著哩，而我自己也是其中的一個：我曾經建造過一座高塔，後來便從這高塔上跌下來，我曾經建造過一所宮殿，後來卻又燒毀它，可是，真要謝天謝地的，我從塔上跌下的時候，竟沒有跌死，宮殿燒毀的時候，我也沒有燒死了。但是，這是怎麼一回事，你能猜得透嗎？

愛羅先珂的話讓我想起了陳原寫過的「鬧劇」。那是1967年4月29日，胡愈之、薩空了、葉士籟幾個人被紅衛英雄架成「噴氣式」批鬥，其罪狀與邏輯是：「世界語提倡和平——主張和平就是和平主義——和平主義必定害怕戰爭——害怕戰爭就是向帝國主義屈膝——向帝國主義屈服即修正主義——修正主義是我們的大敵——罪該萬死！罪該萬死！萬死！萬死！」

這些老胡老陳們啊，不是「犧牲了他們的青春，犧牲了他們的一生，以從事建造；他們建造了高塔，為的是自己從這高塔上跌下來……」的人麼？不是「犧牲了青春，犧牲了一生，去幹這種可笑的事情的人」麼？紅衛英雄們不正是他們自己培養的麼？幸運而滑稽的是，之後的五一節，胡愈之又被邀請上了天安門，同偉大領袖及其親密戰友還有中央文革的首長們一起，共度了佳節。這不又是「真要謝天謝地的，我從塔上跌下的時候，竟沒有跌死，宮殿燒毀的時候，我也沒有燒死了」的翻版麼？

那麼，今天的我們是否又可以問了：

「但是，這是怎麼一回事，你能猜得透嗎？」

我們是否還在繼續一個新的輪迴：

「世間有許多人犧牲了他們的青春，犧牲了他們的一生，以從事建造；他們建造了高塔，為的是自己從這高塔上跌下來……」

不過，我們可能要幸運得多，我們「真要謝天謝地的，我從塔上跌下的時候，竟沒有跌死，宮殿燒毀的時候，我也沒有燒死了」的機會，或者更為幸運的機會，要比那時候的人多很多，因為時代和人類，畢竟是要向前走的。

書的開篇，陳原在代序中有話，當然他說的是別一本書，但書情人情，卻實在是一樣的：「書是好書，人是好人，作者譯者都是好人，雖已平反，卻早含冤逝去；為了這些好人，前些年胡愈老和老葉讓我設法促成它問世；此刻我正在請人加緊校訂，可胡愈老走了，而今老葉也來不及寫序就走了，這個世界是多麼無情啊！」陳原是2004年10月26日辭世的。現在，出版過「漢譯世界名著」的智者陳原離開這個世界也已經三年，這個世界真是無情。可是，讀好人的好書，動憶念之情，不也更有情意麼！

2007年11月12日晚間寫畢。

孫犁之遊記觀

　　現在出遊的人多了，常常見到大家記遊的文字。自己讀書弄文，也喜歡出去走走，回來後，也常寫一些不關痛癢的文字，讀到一些當世大家的鴻文，也常惴惴焉不能心安，所以就想尋些遊記作法之類的，來給自己壯壯膽子，指指路子，試圖寫得好一點。結果是找而不得。正好，又讀到孫犁了，並且有似乎相關的句子，竊喜，就抄了下來。

　　1983年8月17日，孫犁追記往昔所遊，寫了一篇奇妙的文字，題目是〈一九五六年的旅行〉，記述了那年五月，一個人過的「黃金周」，半個月之內先遊濟南，後南京，再上海，最終從杭州返回天津，不久大病的旅行。

　　文末，孫犁題有跋語，憶念青壯歲月，平生烽火，感慨良多。

　　我以為特別值得注意的，是孫犁跋語中關於遊記的一番話，他說：「古人云，欲學子長之文，先學子長之遊，此理固有在焉。然柳柳州〈永州八記〉，所記並非罕遇之奇景異觀也，所作文字乃為罕見獨特之作品耳。范仲淹作〈岳陽樓記〉，本人實未至洞庭湖，想當然之，以抒發抱負。蘇東坡〈前赤壁賦〉，所見並非周郎破曹之地，後人不以為失實。所述思緒，實通於古今上下也。以此觀之，遊記之作，固不在其遊，而在其思。有所思，文意能為山河增色也，無所思，山河不能救助文字。作者之修養抱負，於山河文字，皆為第一義，既重且要。」

幾個月前曾買到一本辛德勇先生的新書《讀書與藏書之間》，內中收有一篇文字，題為〈《江省圖》與徐霞客的神話〉，裡面說，「對比一下《金瓶梅》與《徐霞客遊記》，在二者之間似乎可以找到某種內在聯繫，即一些人流連於花叢粉陣之中，一些人奔走於名山勝水之間，其不務世事泛濫形骸的本質，卻是一脈相通，不過是明末的『世紀病症』的不同體現而已。」「徐弘祖即因束書不觀，一味瘋跑，追求所謂探奇測幽，才誤把許多早已為人所熟知的地理知識，矜作自己的發現，鬧出了很大笑話。若是妄自揣測人們行事的深層動機，在時下過分推崇徐弘祖並且想要步其後塵成為現代徐霞客的人當中，恐怕也有一些因感到從頭積累知識從事研究太難而想借此一夜之間成名成家者。」

　　一身冷汗之餘，我不禁深深佩服起了孫犁。「遊記之作，固不在其遊，而在其思。有所思，文意能為山河增色也，無所思，山河不能救助文字。作者之修養抱負，於山河文字，皆為第一義，既重且要。」真是振聾發聵，有了這個「思」，山河都可增色，別的還怕什麼。這徐弘祖蒙譏，可能還是「思」不夠，他該想一想，垂四百年後，別個的看法的。

　　「范仲淹作〈岳陽樓記〉，本人實未至洞庭湖，想當然之，以抒發抱負。蘇東坡〈前赤壁賦〉，所見並非周郎破曹之地，後人不以為失實。所述思緒，實通於古今上下也。」本來無一事，何處惹塵埃。多事的徐霞客，「束書不觀，一味瘋跑，追求所謂探奇測幽」，與「流連於花叢粉陣之中」同等，這是要深以為戒的。他要是不「束書不觀，一味瘋跑，追求所謂探奇測幽」，如范仲淹那般寫來，該有多好。不過，誰救助了徐霞客，使得他四百年後還安享尊榮？而又四百年之後，誰個還能夠被人提起，哪怕是譏諷呢？

　　因而，讀孫犁，思，以徐霞客為戒，不要「束書不觀，一味瘋跑」，或者可以免去一些過錯？可是，「欲學子長之文，先學子長之遊，此理固有在焉」一句，也還言猶在耳呵。今後，自己還出去跑嗎？有機會的話，可能去。沒有機會，創造機會也要去，只是帶上書，觀起來，思起來，「帶一本書去巴黎」，之後再寫，或者不寫。

2006年8月7日下午。

孫犁推崇的文士七件事

　　晨間讀孫犁先生的耕堂讀書筆記，有些感觸，已經寫在書頁上。言猶未盡的，是〈讀唐人傳奇記〉筆記一篇。

　　在耕堂讀書文字中，唐人傳奇是一個被多次陳說過的話題。先生此次發而成為撰述，也可以說是「郁郁乎文哉」了，共七節，凡五千言，前列先生整理綜錄的魯迅論唐傳奇的意見六則，以為「可謂發其端而盡其意矣」，中間行文敷衍的，主要是魯迅之言：「小說亦如詩，至唐代而一變。源出於志怪。」「麗於詩賦，旁求新途，藻思橫流，小說斯燦。」後加以長跋。時間是1990年8月29日。

　　孫犁以為，「唐人的小說，已經超越單純的記錄，進入複雜的創作活動。小說的境界，已經不只是客觀世界的描繪，而湧進了作家主觀的想象。」後面還有推重的話，說是「在中國文學史上，獨放異彩」，等等。

　　唐人傳奇之所以取得這樣的成就，孫犁歸其功於那個時代文人的文化素質：「唐代文人的文化素質，實不一般，表現在詩歌創作上，已經有目共睹。這些文士，多是從幼年就用功於此，有些人，甚至是幾代相傳。他們重讀書，重旅行，重交友，重唱和。互相鼓勵，互相幫助，共同提高。文化素質的提高，必然引發道德、道義的提高。必然引發豐盛的想像力，引發出高尚的意象。高尚的人品，才能有高尚的想象；卑劣者，只能有卑劣的想象。其文章內容、風格、理想，自不相同。」

顯然，孫犁把「重讀書，重旅行，重交友，重唱和。互相鼓勵，互相幫助，共同提高」七件事，看作了唐代文化以詩歌、傳奇為代表的繁盛基礎，把文人素質的提高看作是作品「獨放異彩」的決定性因素。孫犁還說：「唐代文人，在一種較高的文化素質根基上，創作小說，自有可觀。又因為在詩歌領域的想象力，已經非常發達旺盛，表現在小說創作上，亦必不同一般。」

孫犁說的是大唐時代，我們也喜歡盛唐氣象，那麼孫犁說的，好像也還適合於我們。

我輩識字人，多的或生計維艱，或日月有憾，或蹇於仕途，或僅可溫飽，失意時多，得意處少，錢少，總不夠使用，這些都不說了，識字後最糊塗的想法，明知是錯了，卻還要堅持的，就是死讀書，認死理，並自得其樂，樂過了，還有心裡所嚮往的，立德立言立行，往往許多年無所成就，離妙境，當然就更遠。於是就想得點幫助。在所有的幫助中，我看好孫犁，或者說，孫犁的書，適合我讀。

比如在天涯社區，在各種媒體，出版社，閒閒書話，在天涯書局，我們便做起了春秋大夢。想一砥勵，想一獲益，受到鼓舞，既然是夢，怕還多些。物以類聚，人以群分，果然還有許多有趣的朋友。想在這裡先得到一個書香社會呵。

從先生的話看，一重讀書，二重旅行，三重交友，四重唱和，五互相鼓勵，六互相幫助，七共同提高，是讀書人達成好素質的可操作途徑。也是個好的辦法。把這七件事定作自己的一個座右銘，修正生活中的一些行為，生活會充實起來，也就有目標一些了。這七件事，對嚮往文事，愛讀書，想提升自己的人來說，也是好事。因為容易，所以好辦，因為喜歡，所以願做，孫犁為我們指出的，是一個坦途。問一問自己，哪一

件事沒有做好，補上來了，就是一件快樂的事，哪一件事已經做好了，就已經進入了一個快樂幸福的時刻，小有成績，慶賀一下，祝福一番，再努力。大唐時代文士們的佳績，就建立在這樣七件事上，充實的人生，也會建立在這樣的七件事情上。

重讀大家都知，不用再說。旅行得有條件，多說心裡生煩。重交友，重唱和，實際是平日沒有「重」起來。身處商品時代，人們重錢輕友，理無可辯，但既是讀書人，既然愛讀書，也這樣起來，可能就錯了，這就是孫犁提醒的意義。書話書局裡高友如雲，雅潔似松，在這裡說談笑有鴻儒，往來無白丁，不會是虛言。至於互相幫助，共同提高，已經是自然而然的事。

說到這裡，不免又想多說幾句。朋友相交，貴知心，貴通情達理，貴如飲春醪。曾國藩有言，表揚之聲盈耳，則滿眼生機，反之則滿目肅殺矣。倘若大家都作周公瑾，相交如飲春醪，則福自己也福別人。程子是皇上的老師，學生折一柳枝，也要批評，小題大作，徒壞雅興，就是敗人也敗自己了。良言一句三冬暖，惡語傷人六月寒，本無利害，何苦相傷。為愛好來，為讀書來，想求個舒心，就要一堂和氣，滿面春風，做君子不做小人，有文化更有修養，才不枉讀書一場，不枉為書香熏染中的文人雅士。

扯遠了，打住。還是要記下孫犁的「重讀書，重旅行，重交友，重唱和。互相鼓勵，互相幫助，共同提高」七件事，並努力實行之。

　　　　　　　　2006年8月2日晨讀札記，3日改定。

晚年孫犁的志趣

一、心志：散放餘光，有所輝照

1991年8月21日晨記的《文集續編序》：「積習難改，別無所能。一息尚存，仍當有作，不敢有負於讀者。」

1994年3月29日上午，《佩文齋畫譜》書衣題云：「大難不死，平生多次，上天既不厭其生存，自當努力，散放餘光，使之有所輝照。」這似乎可以算作晚年孫犁的心志了。以下兩通信札文字可以為注：

翻看老人1993年9月13日致徐光耀的信，見有這樣的記述：「我大病一場，幸得生存。」「今年春節，我的病急轉直下，發展很快，到五月二十四日晚，忽然休克。當時我一人在屋，非常危險。次日，被迫住院。先是看內科，又延誤一些時日，後經專家會診，方弄清楚是什麼病症。」

1993年5月3日，致徐光耀的信云：「近一時期，我一直為疾病嚴重困擾，精神大差，已從石家莊把大女兒叫來照料我。」此後則真的如1995年1月30日上午寫就的《曲終集》的後記所言「後來身體逐漸病弱，力已不能從心。」

《曲終集》後記又云：「人生舞台，曲不終，而人已不見；或曲已終，而仍見人。此非人事所能，乃天命也。孔子曰：天厭之。天如不厭，雖千人所指，萬人詛咒，其曲終能再

奏，其人則仍能舞文弄墨，指點江山。細菌之傳染，虮虱之癢痛，固無礙於戰士之生存也。」

想起南朝劉義慶《世說新語·規箴》中的故事了，「遠公在廬山中，雖老，講論不輟。弟子中或有惰者，遠公曰；『桑榆之光，理無遠照，但願朝陽之暉，與時並明耳。』執經登坐，諷誦朗暢，詞色甚苦。高足之徒，皆肅然增敬。」

好一個「甚苦」。晚年的孫犁先生也「甚苦」。但心和遠公是相通的。志業的並垂，也是相通的，但大家寂境，克當者少。

復想起那個更為有名的故事了：「葉公問孔子於子路，子路不對。子曰：『女奚不曰：其為人也，發憤忘食，樂以忘憂，不知老之將於云爾。』」在孫犁先生的心靈世界裡，「舞文弄墨，指點江山」依舊是一息尚存的不了之情。薪火代代相傳，精神先生不輸於夫子。「細菌之傳染，虮虱之癢痛，固無礙於戰士之生存也」，也是先生生命態度的又一回展現，以讀書和寫作為生命的老作家，豈能夠輕易的放棄自己一輩子的追尋，要棄，那也得又是一部《山海經》，又一個美麗動人的故事：「夸父與日逐走，入日，渴欲得飲。飲於河、渭，河、渭不足；北飲大澤，未至，道渴而死。棄其杖，化為鄧（桃）林。」或者是又一部《列子》，又一個歷久彌新的故事：「夸父不量力，欲追日影，逐之於隅谷之際。渴欲得飲，赴飲河渭。河謂不足，將走北飲大澤。未至，道渴而死。棄其杖，屍膏肉所浸，生鄧林。鄧林彌廣數千里焉。」

1991年8月4日上午，孫犁在〈文慮〉中寫下了這樣的句子：「近年來了客人，我總是先送他一本《風雲初記》，然後再送他一本《芸齋小說》。我說『請你看看，我的生活，全在

這兩本書裡，從中你可以了解我的過去和現在，包括我的思想感情。可以看到我的興衰、成敗，及其因果。』」

那麼，今日我們所讀的孫犁書，該就是「彌廣數千里焉」的鄧林了吧？

二、趣味：願意看一些苦行、孤行的書

1993年10月12日，致徐光耀的信稱：「我的身體，手術後已過百日，總的情況還算不錯。基本上生活又恢複了老樣子，每天弄弄書，也看不了多少。現在可看的書報很少，我正在看李屏錦送我的，一個日本和尚到唐朝取經的書──《入唐行紀》。我願意看一些苦行、孤行的書。這比《大唐西域記》和《法顯傳》還有趣，因為他在中國的幅員上行走。文章，恐怕一時寫不成了，不是絕對不能寫，是不願再沾這個邊，想就坡下驢。」

1993年3月27日致徐光耀：「我說的有趣味的書，指的是讓人開心的書。高雅的如《太平廣記》、《閱微草堂》之類，通俗的如《雜纂》（李義山）、《笑林廣記》之類。」「你可能看過這部書（《笑林廣記》），雖然不登大雅，我以為是笑話書中的精品。其中當然有不少庸俗的內容，但我並不認為那是『下流』，較之當前的黃色小說，藝術高超多了。可惜看不到新出的版本。過去鄉下還有一種小石印本。」

1992年4月13日〈野味讀書〉：「我一生買書的經驗是：一、進大書店，不如進小書鋪。進小書鋪，不如逛書攤。逛書攤，不如偶然遇上。二、青年店員不如老年店員；女店員不如男店員。」「讀書與窮愁，總是有些相關的。書到難得

時，也才對人有大用處。『文革』以後，我除紅寶書外，一無所有，向一位朋友的孩子，借了兩冊大學漢語課本，逐一抄錄，用功甚勤。現在筆記本還在手下。計有：《論語》、《莊子》、《詩品》、《韓非子》、《揚子法言》、《漢書》、《文心雕龍》、《宋書》、《史通》等書的斷片，以及一些著名文章的全文。自擁書城時，是不肯下這種功夫的。讀書也是窮而後工的。」「我對野味的讀書，印象特深，樂趣也最大。文化生活和物質生活一樣，大富大貴，說穿了，意思並不大。山林高臥，一卷在手，只要惠風和暢，沒有雷震雨，那滋味倒是不錯的。」

一輩子的趣味，孫犁沒有改變，改了的時候，也有不得已的時侯，但那已經是另一回事。最後歲月裡在病榻間沒有寫文字的孫犁，情形和《談愛書》裡說1956年病中的孫犁相彷彿，結果也沒法說，那是不能苛責的：「我的一生，雖說是與書結下了不解之緣，中間也有間斷。1956年秋末，我得了嚴重的神經衰弱症。經過長期失眠，我的心神好像失落了，我覺得馬上就要死，天地間突然暗了一色。我非常悲觀，對什麼也沒有了興趣，平日喜愛的書，再也無心去看。在北京的一家醫院醫治時，一位大夫曾把他的唐詩宋詞拿來，試圖恢複我的愛好，我連動都沒動。三個月後，我到小湯山療養院。附近有一家新華書店，裡面有一些書，是城裡不好買的，我到那裡買了一部《拍案驚奇》和一本《唐才子傳》，這證明我的病，經過大自然的陶冶，已經好了許多。半年以後，我又轉到青島療養，住在正陽關路十號。路兩旁是一色的紫薇花樹。每星期，有車進市裡，我不買別的東西，專逛書店。我買了不少《叢書集成》的零本，看完後還有心思包紮好，寄回家中。吹過海風，我的身體更進一步好轉了。」

三、看淡：爭個什麼？

1993年3月15日致徐光耀：「近日身體有急遽下坡之勢，前幾天，本來寫好給您的一封信，後因其中情緒不佳，就廢置未寄。我願意在心情好的時候，給您寫信。」「當前，『研討』，『慶祝』，已流為形式。」「『花錢買名聲』，尤其是『花別人的錢，替自己造聲勢』，我極不願意為，而恥為之。」「我們苦難一生，到了晚年，還爭個什麼？特別是和『別人』爭個什麼？那會有什麼用？」「多加保重，少生閒氣，看點有趣味的書。」

1982年，孫犁在《芸齋瑣談》也曾說：「不為一時之名，亦不期後世之名。」

四、長樂：愛書之情，至死不渝

1983年9月8日晨雨間寫的〈談讀書〉：「我現在喜歡讀一些字大行稀，賞心悅目的歷史古書，不喜歡看文字密密麻麻，情節複雜奇幻的愛情小說，但這卻是不能強求於青年人的。反過來說，青年人喜歡看、樂意寫的這樣的小說，我也是寧可閒坐一會兒，不大喜歡去讀的。」這心情，這情緒，夠閒散的。

1983年9月19日夜記的〈談愛書〉：「我的生平，沒有什麼其他愛好。不用說聲色犬馬，就是打撲克、下象棋，我也不會。對於衣食器用，你都看見了，我一向是隨隨便便，得過

且過的。但進城以後，有些稿費，既對別的事物無多需求，舊習不改，就想多買書。其實也看不了許多，想當一個藏書家。『文化大革命』期間，有人說我是聚浮財，有人說我是玩書。玩人喪德，玩物喪志，玩書又將如何呢？這就很難說清楚了。黃丕烈、陸心源都是藏書家，也可以說都是玩書的人。不過人家錢多，玩得大方一些，我錢少，玩得小氣一些。人無他好，又無他能，有些餘力，就只好愛愛書吧。我死以後，是打算把一些有用的書，捐獻給國家的，雖然並沒有什麼珍本。」玩一把的孫犁，也就是「就只好愛愛書」的孫犁，身後還要捐獻的孫犁，是值得好好玩味的。

1994年1月20致衛建民信：「我近來的工作是：每天站在書櫃前，觀察包紮舊書的報紙，如有的太髒太舊，則取出重新包之。換下的舊報紙，多為1974年，其上文字多為「批林批孔」，已成歷史文獻，偶爾讀一些，啼笑皆非。當然，也翻翻所包的書。」「另外，鉛印平裝或精裝，立著放久了，書頂即變黑，整治之法：用細砂紙打磨之，就乾淨多了。我近用此法，整修商務舊版書多種，頗為得意，也證明我愛書之情，至死不渝了。」這份感情，這種生活，對一個83歲的老人來說，已經有太多的意思包含其中，無須再說。

1993年2月21日致徐光耀信談百花版《孫犁文集》：「（出版社）校對了三遍，我又親自把續編三冊校樣，從大局看了一遍。所以最後結果，還算不錯，書出來以後，我很滿意，也很高興。您也看出，還算校得認真。書據說賣得還不錯，現已漲價到三百元，黑市且有售價四五百元者。不管怎樣，出版社不賠錢就好，據說還有些盈餘，再印些續編的普及本，已供應曾買第一版五卷本文集者。現在印書很難，我們希望不高，於生前能看到這麼一部印本，也就心滿意足了。過

去，我們的作品，不是只能在牆報、油印石印的條件下發表嗎？時到如今，也該知足長樂了。」

可以視作封筆妙品的文字是孫犁1993年11月1日寫下的〈題文集珍藏本〉：

> 一九九二年十二月四日，我剛吃完早飯，走出獨單，百花文藝出版社的社長還有一位女編輯，抱著一個紙盒子，從樓下走上來，他們把《孫犁文集》這一部書，放在我的書桌上，神情非常嚴肅，連那位平日好說好笑的女編輯，也一言不發，坐在沙發上。

> 這是一部印刷精美絕倫的書，裝飾富麗堂皇的書。我非常興奮，稱讚出版社為我辦了一件大事、一件實事。女編輯鄭重地說：「你今天用了『很好』、『太滿意了』這些你從來很少用的詞兒。」

> 我告訴她：我走上戰場，腰帶上繫著一個墨水瓶。我的作品，曾用白灰寫在岩石上，用土紙抄寫，貼在牆壁上；油印、石印和土法鉛印，已經感到光榮和不易。我第一次見到這樣華貴的書。

> 有好幾天，我站在書櫃前，觀看這一部書。

> 我的文學的路，是風雨、饑寒、泥濘、坎坷的路，是漫長的路，是曙光在前、希望的路。

> 這是一部爭戰的書，號召的書，呼喚的書；也是一部血淚的書，憂傷的書。

> 爭戰中也含有血淚，呼喚中也含有憂傷，這並不奇怪，使人難過的是；後半部的血淚中，已經失去了進取，憂傷中已經聽不見呼喚。

漸漸，我的興奮過去了，忽然有一種滿足感也是一種幻滅感。我甚至想到，那位女編輯抱書上樓的蕭穆情景：她懷中抱的那不是一部書，而是我的骨灰盒。

我所有的，我的一生，都在這個不大的盒子裡。

孫犁1992年1月9日寫過一篇文章，題目是〈文宗〉。內中推崇魯迅先生，樹魯迅為一代文宗，說「魯門，是真正的龍門」，說魯迅「能做的，全都做到了」。徐懋庸寫給魯迅的信裡的話，「人誰不愛先生？」是三十年代青年人的一種心聲，假如把這句話移在這裡來說孫犁先生，也該是合適的。

2006年8月1日晚間寫畢。
今日重感冒調瓶子三組，於病中三昧有特殊感覺。
病床上再讀孫犁文集，愈加欽服先生毅力，
知先生是大勇者，大智者，大福者，為人所難及者。

孫犁的《曲終集》

　　1990年9月8日，孫犁給衛建民寫信說：「我的消夏之法，即為寫作，雖汗流浹背不止。」在先生離開這個世界四周年的時候，我得到了久覓未見的《曲終集》，展讀以紀念先生，並消酷暑，豈不快哉。

　　我有幾種先生的集子。最早入手的是《孫犁散文選》，人民文學出版社1984年版。之後陸續購到的，有1983年由北京三聯書店出版發行的《書林秋草》，九〇年代的《書衣文錄》。1992年係百花文藝出版社出《孫犁文集》八冊珍藏本限量發行兩千套並在版權頁上蓋有孫犁名章的那套書的時候，我無錢也無緣買下，遺憾就留了下來。後十年，即2002年，百花文藝出版社在老人駕鶴西去一百天之際，經過精心籌劃和組織重新出版了平裝八卷本的《孫犁文集》，印三千冊，包括了先生在小說、散文、詩歌、戲劇、理論、雜著等方面的精華，這一版承襲了原先版本的編輯體例和特色，以分類編年的方法編輯成書。文章的排列，都以作者文尾所著的時間或發表先後為次序，並在書後附有《孫犁著作年表》。這書的裝幀也接近孫犁的為人愛好，沒有很特別的裝飾，白色裡代有淡淡的黃色，清新而淡雅。封面為孫犁親自題寫的書名，封底是老人手跡。孫犁的印章也在書前書後，小章紅紅，一如老人關懷人生的熱心腸。這部《孫犁文集》，是得到孫犁本人肯定的，他認為這套文集最具代表性，他曾不無感慨地同友人講：「我這一輩子也就留下了這幾本書。」又三年，我見到這套文集

的時候，人民文學出版社2004版的《孫犁全集》11冊已經出來了，但我知道，最適合我的，還是這套《孫犁文集》。我以書價280元的八折，抱回了我心儀已久的《孫犁文集》。不過，我還知道，耕堂劫後十種中的最後一種，《曲終集》裡的文章，在文集中沒有都收進來。

所以，當小32開本，共二十一萬字，淡黃樸素潔淨的封面上方畫著一個句號，綠色做了封底，厚厚實實的百花1995年一版《曲終集》到我手上的時候，喜悅之情，是不用言說的了。儘管這是當年半年內的二印本，但想到這是先生見過的封筆之集，就更覺珍愛。

孫犁先生在給肖復興的信中說：「讀書煩了，就讀字帖；字帖厭了，就看畫冊。這是中國文人的消閒傳統，奔波一生，晚年得靜，能有此享受，可云幸福。」讀孫犁先生的書，給我的感覺總是這樣舒服，能平我心，靜我氣。看先生的書，我取隨便翻翻的態度，翻到哪裡算哪裡，很輕鬆。也許，孫先生可能不滿意這樣的話，因為他曾說過：「我的文學之路，是風雨、饑寒、坎坷的路，是漫長的路，是曙光在前的路。」那部盒裝珍藏版的的八卷本《孫犁文集》出版後，他自己曾有評說，以為是「一部爭戰的書，號召的書，呼喚的書，是一部血淚的書，憂傷的書。那是我的骨灰盒，我的所有，我的一生，都在這個不大的盒子裡了。」然而風煙散去，質樸不過的孫犁給我的，就只是明淨清澈，還有回味了。我也不願意把自己弄得憂國憂民似的，苦苦惱惱，六根火燒。

孫犁先生是智者。假如借用佛家的話說，他是預知時至的。換言之，他非常理性的安排好了人的生命最後時刻所能夠安排好的事，不留遺憾的離開。說好的十本書他編就了，自

已的文集也出好了。他在《曲終集》裡的〈買《朱子語類》記〉中曾經這樣說：「由他人寫文章，記錄一個人的言行，多不可信。因為他人寫文章，有他個人的愛好有他個人的功利，已非客觀。且言行重當時當地，及當事人感情心理。外人之記於異日，已隔一層，況各有不同之立場乎！」「魯迅的言行錄，沒有做成，人們了解他，就得去讀他的書，此魯迅之幸也。而有些人，願意叫別人寫寫自己，蓋不深知文墨者。」我對先出的《孫犁文集》和後出的《孫犁全集》也固執地持有這種想法，盡管這個想法不合時宜，全集也不是他人寫的文章。我總覺得，先生見過並肯定的文集，更接近於真實的孫犁，也於我們更親切一些。

天涯書友恕堂在〈讀《曲終集》〉中說：「書裡流露出的老輩文人的從容、自信的風度」。「知堂立『簡單』為文章最高標準。劉緒源說孫犁書話有周作人式的苦趣。他們都說得極對。」「孫先生本是淡泊之人，走到文學生涯的最後一程，落筆更加樸素簡潔了。如小說，最短的一篇僅千餘字。篇幅短了，文章卻沒有乾枯瘦癟，而有了簡靜的意態。讀了，彷彿是聽一位老人悠悠地講述著生活長河中的段段往事和些許感悟。幾篇讀書記尤是如此，如〈甲戌理書記〉中《清人考訂筆記》：『線裝八冊。無用之書。明知無用，而仍印行。好古之士，無時無有。有人印，即有人買，又怪何人？甲戌。』全文不足五十字，但寫得迴環曲折，變幻多姿，樸拙中包藏著腴潤，既要言不煩，又啟人回味。」說得很中肯。

孫犁晚年的所謂「論戰」文字〈「病句」的糾纏〉、〈當代文事小記〉、〈文場親歷記摘抄〉、〈我和青年作家〉、〈我與文藝團體〉、〈我觀文學獎〉、〈反嘲笑〉和〈作家的文化〉等八篇文章，也都收在《曲終集》裡。對孫犁

晚年的那場所謂論戰，讀書界關注的多。《曲終集》也因此有了特殊的意思。在網上鍵如「孫犁晚年的一場論戰」，便會搜到相關的信息。對手只有一兩個人，說的也不過是文字的修改之類，叫做一場「論戰」，是有些玄乎了。同任何常人一樣，先生對個別人的不滿是有的，但要說先生因此而對人世間對人生就沒有了信心，我卻不大相信。那些文字就實際內容看，也還是對人生對現實的針砭，也是生活的反映和折射。論者有以為先生晚年「回顧過去，充滿傷感；面對現實，一腔憂憤；展望未來，感到幻滅」的，我覺得是說錯了。晚年的孫犁心態如何，他的書應該是我們最好的解說者。《曲終集》是1995年11月印出的，那年的孫犁已經是八十五歲。1991年7月2日，孫犁曾對衛建民說歐陽修是個「純淨的文人」，我看孫犁也是。收入《曲終集》的孫犁〈文集續編序〉一文有言：「積習難改，別無所能。一息尚存，仍當有作，不敢有負於讀者。」多麼堅強的老人啊，晚年孫犁仍以寫作為生命的執著，對讀者也依舊一往情深，「不敢有負」，失了赤子之心，不懷古道熱場，不會執著的。「幻滅」了的人，似乎也不會這樣。對一個從1976年，也就是他六十三歲那年，又開始生命中的創作期，留下十本書數百萬言後在九十歲離開人間的老人，作為讀他的書而受益的人，我只有敬仰。

　　《人民日報》文藝部編輯劉夢嵐曾在2004年7月11日的《天津日報》副刊「滿庭芳」發表〈近之如春──追憶孫犁同志〉一文，裡面說，1994年5月前後，一位不認識的作者給孫犁寄來了一幅國畫，「樸而不華，淡而有味，清清白白，綿甜香脆。」，他把它鑲在鏡框裡，又千方百計打聽到地址給人家回了信。那次她見到的孫老「十分高興」。劉夢嵐說：「孫老在《曲終集》出版之後，雖也曾『再奏新曲』，但卻身心漸

衰，曲聲漸弱，及至1996年春節我去看他時，他只能坐在臥室裡見我了。後因病重，搬到兒子曉達家住，我去看他時，他躺在床上，似乎連說話的力氣都沒有了。1998年孫老住院後，我不敢再去打擾，後來問過曉達，他說你可以去看，於是我去醫院看過他三次。前兩次見他氣色還好，我問他是否還認識我？他說：『哪能不認識呢？』聲音很亮，臉上還浮出了笑容。我說：『北京的朋友都很惦念您，希望您安心養病，早日康復。』他問了北京友人的情況，還沒忘記問我的身體，又讓看護大姐給我拿橘子吃。但當我看到他用顫抖得十分厲害的雙手捧吃雞蛋的樣子時，心裡一陣酸痛。一個以讀書和寫作為生命的作家，如今除了起來吃飯、解手，剩下的就是閉著眼躺在病床上了。他是真的累了，但我想他的腦子並未休息，也許他在回首自己走過的那條『是風雨、饑寒、坎坷的路。是漫長的路，是曙光在前、希望的路』？也許他又在為自己早年離家遠行，未對父母、髮妻、兒女盡責而自悔？臨別時與老人握手，覺得他的手很溫暖，也還有力。不想2002年春節再去醫院，孫老突然衰弱了許多。開始他還認識我，點了點頭，過了一會兒就糊塗了。」「後來我想開了，因為留在我記憶裡的，將永遠是活著的那個朗聲大笑的孫犁，是那個蹲在地上剪鬍子的老大爺」。這應該是符合真實情況的晚年孫犁。

孫犁自己寫的《曲終集》的後記不長，抄在這裡，算做筆記：

> 錢起詩：「曲終人不見，江上數峰青。」本集之命名，其由來在此。友人有謂為不祥者，我也曾想改一下，終以實事求是為好，故未動。

自一九八二年《晚華集》出版，朋友們以「每年一本」相期許，當時亦自知奮發，預定生前再寫「十本小書」。最初數年，尚能如期完成。後來身體逐漸病弱，力已不能從心。以本集稿件而論，其最初剪存者，為一九九二年一月，目前截止，則已是一九九五年一月了。粗略計算，十本小書，雖已完成，然用的時間，不是十年，而是十三年。

　　集內文章，不再評論。讀者都是故人，自去理會好了。唯當說明者，書中有十六篇文章，於編輯珍藏本時，出版社已提前收入。今天編印此書，照顧過去體例，仍按編年輯存。出版社是一家，自無異議，對於已購珍藏本的朋友，則應交代如上。

　　人生舞台，曲不終，而人已不見；或曲已終，而仍見人。此非人事所能，乃天命也。孔子曰：天厭之。天如不厭，雖千人所指，萬人詛咒，其曲終能再奏，其人則仍能舞文弄墨，指點江山。細菌之傳染，虮虱之癢痛，固無礙於戰士之生存也。一九九五年一月三十日上午。

世間已經無孫犁，我們還喜歡讀孫犁。讀孫犁，是快樂的。

2006年7月30日。

曹聚仁的《文壇五十年》

一

王國維詩云：「但解購書那計讀」，又見了曹聚仁先生的幾本書，就一如既往的買了下來。這其中，第一本就是《文壇五十年》。書前1996年8月的出版說明稱：

> 《文壇五十年》係我國現代已故著名記者和作家曹聚仁先生的一部回憶錄性質的著述。此書最初於五○年代中期由香港新文化出版社出版。由於當時的印數和發行範圍有限，大陸廣大讀者很少有人讀悉。此事距今已有四十餘年。今徵得作者長女曹雷同意，並授權首次在大陸由東方出版中心出版。曹聚仁先生與二十世紀中國文壇的許多著名學者都有著交往，本書真實而生動記述當代文壇的一些重要的人和事，這些文壇軼事無疑是研究現代中國文學史一份珍貴的資料。這也是我們今天重新出版此書的一個緣由。整理這部著述時，我們發現原書存在不少疏漏，這次出版，我們作了認真的校勘，但有些地方，為保持原書面貌，只加注以示正誤。此外，原書分「正」、「續」兩集，為方便讀者閱讀，此次出版，將兩集合併為一。茲此說明。

書八折。我知道，我又一次撿了一個大便宜。

二

　　著名老報人馮英子曾為曹聚仁題詞：「行萬里路，無愧記者；寫百本書，不負此生。」曹氏一生寫下了四千萬字，在我的書架上，只有三聯版《萬里行記》、《萬里行二記》、《中國學術思想史隨筆》、《文思》，東方出版中心的《文壇五十年》、《魯迅評傳》，是我的心愛之書。三聯出的《北行小語》、《書林新話》、《文壇三憶》、《曹聚仁雜文集》，上海書店出的《書林又話》，上海人民出的《聽濤室人物譚》、《天一閣人物譚》、《上海春秋》，我都沒有。不過，《聽濤室隨筆》於1970年在香港《晶報》連載後，更名為《國學十二講》在香港出版，1986年北京三聯書店出了增訂本，改名為《中國學術思想史隨筆》，這樣，我的遺憾就小得多了。曹氏1950年在香港定居後，他在大陸是受禮遇的人，但他的著作在1949年到改革開放前在大陸所出極少。

　　根據北大遊學代言人柳哲寫的〈曹聚仁為祖國統一大業貢獻了畢生精力〉所述，曹聚仁與蔣經國曾經過從甚密，為其辦過《正氣日報》，並做過蔣經國孩子的家庭教師。1956年7月，曹聚仁來到北京，根據毛主席建議，周恩來總理、陳毅副總理在頤和園請曹吃飯。1958年8月23日金門炮戰前幾天，毛澤東主席接見了曹聚仁，將金門炮戰的底細，主要是打給美國人看的，以避免美國人插手使台灣劃海峽而治，讓曹聚仁設法傳遞給蔣氏父子。曹聚仁也答應將消息傳給蔣經國。當時曹聚仁可能沒有與蔣經國直接聯繫上，或者出於別的什麼原因，但

他為了執行毛主席交給的特殊任務，在迫不得已的情況下，後來在新加坡《南洋商報》以記者「郭宗羲」的名義，發表了金門炮戰的消息。周總理對此事有些不滿意，當時周總理十分重視保密工作。

曹聚仁曾經給胡適寫過信，勸他回大陸，被斥為妄人。

曹聚仁以為自己可以藏之名山的思想，是他曾經反覆強調過，又在《我的讀書經驗》中說的「我讀了三十年，實在沒有什麼經驗可說。若非說不可，那只能這樣：第一，時時懷疑古人和古書，第二，有膽量背叛自己的父師，第三，組織自我的思想系統。若要我對青年們說一句經驗之談，也只能這樣：『愛惜精神，莫讀古書！』」

三

乍讀曹聚仁先生的《文壇十五年》，還覺得是現在的新書呢。其實，這書是1954年香港新文化出版社出版問世的。從人們思想的接受程度看，1997年6月上海才出一版。這個時間跨度，就是思想界回頭的跨度。說來辛酸，梁漱溟、胡風、彭德懷、劉少奇、老舍，還有一大批人、一大批書、一大批文物、一大批事業，文化大革命，都是這個跨度的的代價。不過，小民還是應該慶幸，要是不讓你回頭，不是照樣看不到，照樣學大寨麼？

這書的「新」很多，我只記很少的一些，算作是保留讀過後記憶裡的一點痕跡。

四

　　曹聚仁說，「我們也承認周作人在文學上的成就之大，不在魯迅之下，而對文學的理解之深，還在魯迅之上。」周作人晚年的作品，有一多半是經過曹聚仁之手在海外報刊發表的。

　　但是，就又記起曹先生1940年11月13日以〈從陶潛到蔡邕〉為題寫的話來了：「這番話，也可以用來作周作人的評議。無論誰替周作人作怎樣維護的話頭，終不能說出周作人必不能離開北平那圈子的理由，更無人說出他非出賣靈魂不可的理由。說來說去。還是『己私未忘，而寵辱之情，移於衰老也』！周作人也竟做了漢奸，知識分子的操守，真不容易說了呢！有人說，現在知識分子事仇作伥，不獨周作人一人，你何獨苛於周作人而必嚴加責備？說來還是顧亭林那句老話：人人可出，而他不必可出。周作人乃是五四運動以來的青年導師，文化界的白眉，連敵方的文化人都以為他將清高介守，不肯出山的，而今竟出山（應該說出苦茶室）事敵，我們怎可以不加嚴厲批評呢！我鄭重地說，周作人是『蔡邕』，不是『陶潛』；國法具在，應當付之典刑！」

　　這是因為「沈從文先生近在國文月刊（三期）談習作，叫青年們從周作人、魯迅作品學習抒情；其中說到周作人的人生態度，『似因年齡堆積，體力衰弱，很自然轉而成為消沈，易與隱逸相近，精神方面的衰老，對世事不免具浮沈自如感。』又引了我的意見，說周作人是『由孔融到陶潛』。」「我們喜歡陶潛之為人，多少由於愛好他的詩

篇而來，其實他的處世態度，並不足為法的；我們是生活在社會網之中，社會問題便是我們自己的問題，我們怎能不管不問呢？掛冠而去，不為五斗米折腰，都是讀書人使性子的辦法，有什麼可取？社會上有一兩個陶潛，或者有人覺得有趣，或者可以出賣清高；若有了十萬個陶潛，那就不知要糟到什麼程度，亂到什麼程度。焦循說得好：『人不可隱，不能隱，亦無所為隱。用周公孔子之學而不仕，乃可以隱稱；然有周公孔子之學，則必不隱。許由、巢父、沮溺之流，自負其孤子之性，自知不能益人家國，托跡於山溪林莽以匿其拙，故吟詠風月則有餘，立異矯世，苦節獨行則有餘，出而操天下之柄則不足。……是故耕而食，鑿而飲，分也，出則為殷浩房琯，貽笑天下，宜於朝則朝，宜於野則野，聖人之藏，所以待用也，無可用之具而自托於隱，悖也。』他這話，不僅罵盡了如袁中郎一流的假隱士，也罵盡了陶潛一流的真隱士；吟詠風月則有餘，操天下之柄則不足，即是陶潛一流人的最好考語。」

而焦理堂，恰好又是知堂所推崇的人物。陶潛的被我們熱愛，又是怎樣的合情合理。

這做人，真也難。活人難，死人也難。今天的人難，過去的人，也難。

國家給了周作人以生路，曹先生給了晚年的周作人以發表文章的機緣。文人的生命，是以文字的發表問世為標志的。真到了後來，在文字上，曹氏並沒有將知堂老人「當付之典刑！」判刑的時候痛快，讀書的時候，也痛快。

這些看似矛盾的問題，又是這書給我們提供的。

五

這書竟然以吳稚暉為開篇人物。吳稚暉竟然以「放屁放屁，真正豈有此理」為處世精神，這精神竟然又成就了吳稚暉的盛大志業，這志業的開首語竟然是「文學不死，大亂不止」。

曹聚仁說，「吳老先生，從清末以來，一直是國語運動的領導者，1913年，主持讀音統一會，審定了注音符號，到後來提倡拼音文字，他說國語文學，那還是士大夫穿的皮鞋，為了一般種田人著想，用國音符號拼方音，那才是走泥路的草鞋。他是一個最了解民間文學的新文學家，他叫我不要讓別人牽著鼻子走，他是東方的伏爾泰。」

還是這個吳稚暉，他居然是社會改革的一個先導者。「他希望社會上改變風氣，不崇古而尊今，不尚文而重工，書房都變成工作所，客來，請在工作板凳上講話。那麼中國就會有希望了。」原來，吳稚暉們也愛國，也想讓中國好，這是我先前所不知道的。

胡適曾經有折扣地評說過吳稚暉：「近八十年來，國內學者大都是受生計的壓迫，或政治的影響，都不能有徹底思想的機會。吳先生自己能過很刻苦的生活，應酬絕少故能把一些大問題細細想過，尋出一些比較有系統的答案。在近年的中國思想家中，以我個人所知而論，他要算是很能徹底的了。」

吳稚暉在《一個新信仰的宇宙觀及人生觀》中說：「凡是兩手動物戲裡的頭等名角，應當有清風明月的嗜好，有神工鬼斧的創作，有覆天載地的仁愛。換三句粗俗話是怎麼呢？便

是：吃飯、生小孩、招呼朋友。」曹氏對此評價說，吳稚暉是像劉姥姥靠在柴堆上曬日皇（太陽）那樣咀嚼的風格出之，「誠為現代中國不可多得的奇文」。

我們錯過這吳稚暉，又是多少年。吳稚暉於我，是今天才「出土」。

六

一百年過去了。一百年前的人做啟蒙，一百年後，啟蒙的事還沒有完。英國的傳教士李提摩太，美國的林樂知、李佳白，在同治年間就開始在中國傳教了。他們竟然是最先向清王朝敬獻了維新政策的人。「那位寫《盛世危言》的鄭觀音，也就是在宣揚發揮李提摩太的主張。」「康有為的維新具體政策，也還從（他們的）這一大批譯者中得來。」「他們都是為了新中國文化的孕育，而盡產婆職責的。」他們為康梁變法開了路，年輕的康梁，在他門的感染下開啟了近世中國變革的大門。

後來，王國維寫《人間詞話》和《紅樓夢評論》，立論根據也多出於叔本華。他山之石，天上盜火，造就了後來的洪流。

梁啟超有言，譚嗣同的學問，三十以後，頗有進境，他的詩歌，卻未必比三十年前更好。梁啟超詩云：「詩界千年靡靡之風，兵魂消盡國魂空。集中什九從軍樂，亘古男兒一放翁。」梁氏有一首很奇特的詩歌，題為〈舉國皆吾敵〉，詩裡說「先知有責，覺後是任。後者終必覺，但其覺今匪。十年以前之大敵，十年以後皆知音。」這就是那時領軍人物的氣象。

然而，代表那個時代青年們的懷抱，寫下了「慷慨赴燕市，從容作楚囚；引刀成一快，不負或少年頭」名句和總理遺囑的汪精衛，也給歷史留下了深沉的思索。

還有清末的士大夫，以為國家民族的衰敗，是官僚主義造成的。他們全力抨擊的，也是官場的黑暗，這些，是那時包括小說在內的幾乎所有啟蒙作品的題材。但今天，這些也還是大問題。

那麼，有永遠的事嗎？要有，那就是啟蒙。思想上的啟蒙，永遠都不會過時。

2006年7月7日。

關於鄧之誠

　　鄧之誠先生是古人，我來這個世界的前兩年，先生已不在塵世間。後許多年，我也不知道鄧之誠其人。包括上大學，最有名的老師給我推薦的書，也不過是《管錐編》，無一言半語及得先生。知道鄧先生是因為張中行，張中老在他的書裡面多次寫到鄧先生。然而那也是住世九十八年的張中行先生的晚年，可以慶幸的也不過是和老人同是一個天，同是一個地的自慰而已，然而我已很知足。

　　鄧之誠青年時代就嗜好六朝書史，後攻文史。這是很叫人嚮往的事，他後來一路博覽，寫成《骨董瑣記》正續編，後是《三記》，再合，成為《骨董瑣記全編》。初在北大講課，講稿寫成《中國通史講義》上、中兩卷，三○年代初被選為《大學叢書》之一種，更名為《中華二千年史》又二十年，續成下卷，全書始告完成，逾二百萬字。太平洋戰爭禍起，先生與陸志韋、洪煨蓮等遭日軍囚禁，期間於獄中詠出詩一百零五首，成《閉關吟》，再後來再寫出獄中所遭受的非人待遇為《南冠紀事》。之後閉門讀書，寫出亦提要亦札記膾炙人口的《桑園讀書記》。五○年代，鄧先生寫出取材以宋人為斷的《東京夢華錄注》，晚年撰成《清詩紀事初編》八卷，收六百篇人物小傳，為中年以後精力貫注之作，於清初人物與文獻的考訂為不刊之論。

　　先生之書，寒齋所收，幾近大半。所缺的《東京夢華錄注》曾經在網上買過，錢也給了店家，先說是有，後說是

無，再後來存問，之後是書款被退了回來，在店家如釋重負，在我則是遺憾留在心頭。千萬里之外的友人得知此情，便多日流連在孟元老反覆回味吟詠中的的街頭巷尾，為我找書，盡管沒有蹤影，可那份溫情和感念，已足可以媲美並立於世間最美好的物事之林。

世上書多，說開卷就有益，也不盡其然，有的人讀了有的書後是會後悔的，有的雖不後悔卻實在是讀得很苦，苦也就罷了，最怕的是讓人誤入歧途，那些傳教般就多與此相類，讀過的人身心被染，最後變成幽靈般徘徊，那是很惋惜的。對於有著「天下第一閒書」之稱的《骨董瑣記》，鄧先生自己也是情由獨好的書寫了幾十年，編訂工作也幾乎貫穿了他的一生。我手邊的《骨董瑣記》是作者之子鄧珂在點校整理後由北京出版社1996年6月一版一印的精裝本子。張中行在〈常翻看的《骨董瑣記》〉裡說，所談偏於大，所謂有關國計民生的《廿二史札記》，讀後所得的不過是「知曉」，《骨董瑣記》中不少的人和事物是微末的，常常是無關於國計民生的，可是讀後所得的卻是「思念」。好一個思念，詩三百，也不過是「思無邪」而已。張先生說《骨董瑣記》，是「我總覺得，於考史之外，它還有以雨露滋潤生活的大用。」我是心甘情願領受這份因思念而有的雨露滋潤的。

至於這思念，特別是讀《骨董瑣記》之中之後發古之幽情的必要，張先生認為「可以用反問作答，舉步遊觀，安坐看小說、戲劇，有什麼必要？正面答，這是由『天命之謂性』來，其表現是『生年不滿百，常懷千歲憂』或者說得玄一些，是己身的一切，處處都是有限，卻渴望無限。辦法是想盡辦法、用盡力量求擴充，求豐富。由基礎往上層說，搞對象生孩子穿耳掛環、圍領加帶，出國旅遊，幻想往生淨土，直到

看《紅樓夢》，陪著林黛玉落淚，追根問柢，不過都是這一套。與坐車船旅遊相比，看《紅樓夢》之類是『神遊』。神遊者，身未動，而也到某種境中經歷一番是也。這某種境幾乎都是美好的，在現實中想往而難得的，所以雖非現實而大有價值。瑣記所記古人古事物，是昔日有過的境，其中也不乏可歌可泣的，所以也就大有價值，從而與其他性質的著作相比，也就更值得一讀。」「由泛論回到己身，我是常人，因而也就有想望，又寂寞，甚至煩惱。找積極出路，難，還常常苦於沒有魄力。但跋者不忘履，怎麼辦？常常是翻開這部瑣記，為片時的神遊。陳子昂詩有『前不見古人』之句，比如看到陳維坤賣書事，想到昔日，就像是前見古人了，這古人是真的，其獲得也許超過看《紅樓夢》吧？」

《負暄瑣話》裡有專文，是談鄧之誠的。其中說自己經過鄧先生舊居的時候，總要向裡面望望，「院子很大，古槐陰森，坐北一排房陳舊而安靜，推想那就是寫《古董瑣記》的處所。十幾年過去了，還有什麼痕跡嗎？」在為包括《五石齋小品》在內的北京版現代學人小品文叢所作序言裡，張中行說自己並未見過鄧之誠，只是在他身後買到了他的遺硯。張中老，於鄧之誠及其著作，算得上「三致意焉」了。

雷夢水也在文章裡說，自己是受過鄧之誠先生的指點。在《書林瑣記》裡，我們找得到書商和讀書人之間經典而溫馨的往昔，也看得到鄧先生春風化雨的藝林沾溉。對張中行先生走紅有首倡之功的周汝昌，更曾經大受鄧先生之益。周汝昌研習《紅樓》時，受教於鄧。那日說紅樓，鄧先生輕描淡寫地說，《永憲錄》裡有曹家的事，此書流傳甚罕，知者不多，圖書館有一部抄本，可去一查。周將書借到手，翻看之餘，「不禁大驚」。憑書中所記，他感覺終於找到了曹氏家族的秘

密。張中行還說，「《鷦鷯庵筆塵》是曹雪芹好友敦誠的手跡，是有關紅學的珍貴材料，《浮生六記》作者沈復的畫，也是世間所僅見，鄧先生本諸寶劍贈烈士之義，都慷慨舉以贈人，可見為人的寬厚與博大了。」

鄧之誠留下來的故事多，弟子師友多有記述，撮錄幾則備忘。

鄧之誠走進燕京大學課堂的時候，身著藍布長袍，瓜皮小帽頂上打著紅結，腳上一雙「老頭樂」棉鞋，腿帶捆在腳脖子上。他空手而來，不帶隻文片紙。他往講台上一站，摘下帽子，放在講桌上，深深地向眾人鞠躬，腦門碰到桌面，然後說：「同學們，我來看看你們。」一口西南官話，溫文爾雅。七十多年前，此種繁文縟節，在鄧之誠那裡從不省略。他堅持舊禮，四十歲起便手執藜杖，不苟言笑。即使被人稱為「鄧老頭」，他也欣然點頭。後人稱他「為人為學，頗有古名士風」。

劉茜〈王鍾翰：一生「酒考」雍正〉一文這樣記述九十三歲高齡的清史專家王鍾翰的話：「當時的燕大裡，住著幾位外國老太太，每個周五晚上她們都到臨湖軒跟司徒雷登聊天，向司徒雷登彙報一些學校裡的『小道消息』。有一次，我喝醉了酒，過馬路時摔倒在馬路邊，被那幾個老太太看到了。她們添油加醋地跟司徒雷登打小報告，並提議取消我的獎學金。司徒雷登就找到了我的老師洪業先生，洪先生說：『這好辦，王鍾翰最聽鄧之誠先生的話，我告訴鄧先生，讓鄧先生處理他。』鄧先生聽到這件事，打電話到我的宿舍裡，讓我去他家裡。我『嗯』了一聲，並不說話，心想這下要挨批了。結果到鄧先生家，他在桌子上準備了一小杯白乾，一兩不到，問我：『你昨天喝酒啦？那再喝一杯！』然後說：『你如

果想喝酒，我家裡有的是，你隨時都可以來喝酒嘛！』意思就是告訴我在外面喝酒要有度。我喝完那杯酒，鄧先生說：『好了，你回去吧』，其他隻字不提。」這件過去近七十年的小事，王鍾翰記了一輩子，從那以後，王鍾翰同樣嗜酒，八十多歲時還能喝半斤白酒，但是酒再未影響過他的工作和生活。

鄧之誠好藏書，偏偏鍾情於清代禁書，所藏甚豐。他還喜歡收藏清末民初人像和風俗照片，並以此名聲遠播。據學生回憶，很多打鼓的、賣破爛的專門為他收集照片送去，他出高價收買。這些東西也幫過鄧先生的忙，抗日戰爭時期，燕大被占，鄧先生被捕入獄，出獄後，他惟靠鬻字、典當、借貸以維持一家生活，拒絕替日偽工作。

八十二歲的南京大學卞孝萱教授新書《現代國學大師學記》裡曾用洋洋五萬言的篇幅專論鄧先生的《清詩紀實初編》，以為鄧先生是以詩證史中黃宗羲以降的傳人，也是和陳寅恪先生並稱的大師。

聞說鄧先生未刊手稿尚有《滇語》，二十萬字，述其幼年遍歷滇中所見所聞，尤詳於滇邊諸少數民族，是研究西南少數民族歷史的可貴資料，不知何日能夠面世。

鄧先生日月之光，不以我之筆拙而生輝或者有損，可是我卻因之而歡喜。草螢之耀，也自志其存生，我寫此記，也還有聊申敬仰的意思。

2007年6月5日上午寫於高考前夕。

張舜徽的兩種書

一、《清人文集別錄》

近來讀張舜徽先生的《清人文集別錄》，忽然覺得，先生的書，其實是可以當作人生的教科書來讀的。也還可以當作「清人學案」來看的（抑或學術史？）。甚至，跟大思想家黃梨洲的《明儒學案》、《宋元學案》相比，也遜色不多。當然，如果把先生的另一部著作《清人筆記條辨》和這部書合起來看的時候，效果會更好。何況，先生還有那麼多的著作。

我先買到的是遼寧教育出版社2001年出版的「新世紀萬有文庫」第九輯中的《清人筆記條辨》，這是張舜徽先生「覽涉清人筆記時所作的日札」。但其規模見識，已令我有瞠目結舌般的驚喜。我知道，自己是又一次找到了一座學術寶山。之後，夢寐間所牽念之物中，就有了一本《清人文集別錄》在。

得到《清人文集別錄》的時間，是2006年2月21日。那些天，剛好是春節之後不久，精力和心情，都處在比較好的一個時段，我於是得以觀賞心愛的書。書是華中師範大學2004年3月出版的，第一次印刷，32開本，印了三千本，四十九萬字，二十一印張634頁，價45元。蘭色封面上用特大宋體字豎排的「張舜徽集」格外醒目，之後的銀白書名也豎排挨著，只是字號要小一些，張先生的手跡和印章，都在旁邊。封內勒口上，有張先生的肖像，亦青蘭相間，栩栩如生。捧書而

讀，喜不自勝。華中師範大學此次印行的張舜徽先生著作第一輯，中除了這一本之外，還有《廣校讎略》、《漢書藝文志通釋》、《清人筆記條辨》、《中國古代史籍校讀法》、《中國古代史籍舉要》、《中國文獻學》幾種，都是我所想望的好書。

我覺得，張先生《清人文集別錄》寫作的角度，除了知人論事之外，最主要的是他對向學、有志於用世精神的褒揚。而且，他的選材也很有特點。在《夏峰集》（十六卷，道光廿五年大梁書院重刊本）一篇中，他在歷數了孫奇逢傳奇般的經歷後，評其人生，說孫奇逢活了九十二歲，「自少居貧困學，饔飧不繼，則食糠屑以自活。刻苦自勵，以底於成。故其平生教人之語，亦多歸於激勵。使有志者能自拔於窮困，隨其才之大小，各有所樹立。」他還大量摘錄了孫氏論學的語言：「饑餓窮愁困不倒，聲色貨利浸不倒，生死患難考不倒，人生之事畢矣。」「學者動言目前為貧所苦，為病所苦，為門戶所苦，為憂愁拂逆所苦。不知學之實際正在此。貧病拂逆，種種難堪處，不可輕易錯過。若待富貴安樂始向學，終無學之日矣。」「人生最不堪之境，曰蹇、曰困、曰坎，然敗小人而以成君子。」「能處人所不能之事，能忍人所不能忍之辱，能堪人所不能堪之憂，其中必有大過人者。遇事便束手，被辱即動心，逢憂愁輒動氣，人可得而顛倒之、驅役之。儒生俗士之淺淺者耳。」張先生對這些話有個評價，說是「讀之令人氣壯。真足以起廢立懦，愈於庸常語錄之書空談心性者萬萬也。」這是先生披沙揀金所得者，對有志向學而又處境困難者來說，這些話無疑就是一筆財富，一種動力。鄧之誠先生的《清詩紀事編》裡收有他將中年以後精力貫注於其中的詩人小傳，其中也有孫奇逢六百字的小傳一篇，拿來和張先

生的對讀，也很有意思。鄧先生著重寫孫氏生平，也述其志趣，並有評語稱：「奇逢詩文，不事藻繪，而胎息深厚，情意真摯，似南宋人所作。」顯然，這一評述和張先生所述者是有所不同的。對孫奇逢生平的敘述，兩人也不盡相同，張先生說「晚歲移家輝縣夏峰村，闢兼山堂，讀《易》其中，而率子弟躬耕自給。」這是鄧先生沒有說到的。鄧先生說孫「才足以應變」，滿兵入境時「所過無完城，獨奇逢堅守句容不下。」這又是張先生沒有說到的。兩位都是一代宗匠，從他們的敘說中，我們或許也會得到一些別樣的啟發。

在張舜徽先生的筆下，前人治學方法的介紹也佔有很大的比重。《勉行堂文集》的作者程晉芳魚門先生的先世因業鹽致富，家道素豐，他喜歡聚書，以致於因為這個花盡了錢財。他是乾隆十七年進士，後來又做了吏部主事，參與了《四庫全書》的纂修，書成，升為翰林院編修。這樣一位人物，竟然於乾隆四十九年六十七歲時在貧病交加中客死關中。斯文漫滅，良可歎息。對此人建樹的評說，張先生是借翁方綱的話說的，「翁方綱亟稱其篤守程、朱，為後學所宜矜式。」程、翁二人所見有同，因而翁方綱引程為「桴鼓之助」。在張舜徽先生那裡，程氏讀書的方法，被推為「勤於讎對，而常有新悟，斯亦潛心乙部者用功之楷式矣。」評價相當高。那麼，程是怎樣讀書的呢？張先生詳細做了說明：「晉芳治史之法，每好取相近之書，以比勘其同異。讀范氏《後漢書》，則取《三國志》校之；讀《漢書》，則取《史記》校之；讀《唐六典》，則取杜氏《通典》及《新、舊唐書》校之。」這不是在為今天我們的讀書指路嗎？

如果說《明儒學案》對今天的讀者來說，讀起來不那麼容易上口的話，那麼，我讀張舜徽著作時所遇到的情況形就不

一樣了。《清人文集別錄》作為現代人的著作，讀來很適合我們的口味。也可以這樣說，張舜徽先生完全是用現代人的眼光，為了現代學術的發展而進行寫作的。在談到《編籙堂文鈔》的作者黃紀之及其作品的時候，張先生不無深情地敘述了這位家貧乏書，因為借書抄書而成就了學問的善學飽學之士的學術建樹，也講了隨園老人「憐其貧處之館而飲食之」並借書給他，供他讀供他抄的書林佳話。讀來令人不覺神往，並且興味盎然。這已經帶有把優良的學術風尚向後傳遞的意味了。

對人物的品評，是《清人文集別錄》的又一特色，並且，這個特色隨處可以見到。開篇第一個人物，就是大名鼎鼎的錢謙益。因為他的氣節問題，他曾被諸多史乘列入二臣傳，為士林所不恥。張先生不這樣看。他說「昔賢常稱不以人廢言，況錢謙益有大名於當時，固未可存而不論也。」他還說錢讀書極廣，所學浩博無涯，「當時閻若璩以學問雄海內，而生平所最欽服者三人，自顧炎武、黃宗羲之外，則謙益也。又曾列謙益十四聖人之首。」張舜徽以為，錢謙益的許多看法，「與顧、黃所言，如出一轍」，他大聲疾呼道：「後世薄其為人，遽輕其書，過矣。」這已經把錢謙益推到了明末清初最傑出的人物行列中了。這是很中肯的意見，把孩子和髒水一起倒掉，是很不合算的，先生這是在為新時代的學術指一個正途。這裡，我想到了我們對知堂老人和他的文字的態度。新的學術時代，第一位的可能還是一個氣度問題。

《清人文集別錄》對人物的評價很有個性。張先生沒有做好好先生。他在《平園雜著內編》（十四卷，道光六年刻本）一篇中對林有席的批評就很不客氣。林氏是乾隆十七年進士，曾任東湖縣知縣，活了九十二歲，但他醉心八股，張舜徽對他的斷語是「文格甚卑，無往而非八股之氣。」「不足語

乎學問之事。」「雖登大耄，而竟以三家村學究終，非不幸已。」《崇雅堂稿》（十卷，崇雅堂全集本）一篇，純然是對作者王植的一份批判書。王植是康熙六十年進士，授廣東知縣，官至知州，以衛道自任。此人「得一知縣，乃亦沾沾自喜，形諸筆墨，」甚至以被人護擁，坐轎多人闢道，雖紳士也稱之為父母官等事為可高興者，「是豈講理學者所忍置諸齒牙者哉。非特令人鄙其器小，抑且俗惡不堪矣。」因為對王植學問的考察，張先生連王植的「其祖若父」，也表示了極大的不滿，以為王植的「所詣不深」全然是因為他們對王植早期教育的「陵躐而施，失緩急之序」所致，這種行為，「非特欺世，亦已欺其子孫矣。」因為王植文字的不足觀，連帶著，張先生在篇末還對為王植《崇雅堂稿》作序的一代宗匠王鳴盛進行了批評，指出他對王植文集介紹的語言諸如「有天下義理之學，有考據之學，有經濟之學，有詞章之學。求其本末兼該，華實並茂，為一朝文人之冠者，惟先生庶幾足以當之」之類的話，說得太過頭了，不是王植所能夠當擔得起的。張先生並且進一步推測，「兩人未嘗謀面，且未必親覽其文，徒以植之侄灼，出鳴盛門下，慕其名而乞為此稿撰序。鳴盛應俗為文，不免揄揚逾實，失之簡率耳。」這實際上已經是在是在批判學術腐敗。如果聯想到我們今天的學術界實際，就又不能不驚訝，歷史原來真的就是「驚人的相似啊」。

二、《愛晚廬隨筆》

　　1911年生在湖南沅江的張舜徽先生，曾於1946年秋，受蘭州大學校長辛樹幟之聘任到蘭大任教。其時辭職回到長沙的

原西北師範學院院長，曾馳函新任院長易價聘請張舜徽兼任西北師範學院中文系教授。從而，張舜徽和甘肅結下了深厚的學術之緣，後人如我者，得讀讀先生著述，就平添了不少親切。

在張氏著作中，《愛晚廬隨筆》是我常放在手邊翻讀的好書。

曾周〈張舜徽其人其學其書〉一文所說的話，後來被廣泛地用於賣書網站的售書廣告了，這些話說得準確：「《愛晚廬隨筆》是一部文史、哲藝、學術知識方面的隨筆集，或評古人之成敗得失，或論舊籍之高下良窳；或析文字，或談訓詁；或及周秦諸子，或涉歷代儒林；或言養生之道，或語為文之方，內容廣泛，闡述精到。著名作家孫犁曾說這部《隨筆》『內容廣泛，經史文藝，無所不包，於近代史料為詳。所記充實有據，為晚清以來，筆記所少有。』」

我知道，張先生是通人通家，《愛晚廬隨筆之一‧學林脞錄》裡說，他自己年輕的時候，仔細讀完正續《通鑑》後，進而研讀全史，也就是廿四史，每天一卷，花了整整十年，才竟全功，還寫下幾十厚冊的札記。那時沒有標點本，他是用圈點法讀完的，而且：「自《二十四史》三千二百五十九卷之大書讀畢，而膽識益進，其後讀《全上古三代秦漢三國六朝文》、《全唐文》、《皇明經世文編》之屬，悉輕蔑如小書短冊矣。」他並得出結論：「讀大部書，必有耐性，有恒心，而後能堅持終始，克奏膚功耳。」他自己是一輩子也不後悔這樣的選擇的：「為學而不厚植其基，則無以遠大。」哦哦，通家是這樣造就的。

我覺得，《愛晚廬隨筆》最大的好處是離自己近，也親切。這主要是從書中文字的平實可用，可操作性強這方面說的。比如書裡面談讀書之法的地方就比較多，而且這些辦法對

我就很有用，相信對不少愛書的人也一樣有用。在《讀書備忘之法》裡，就有關於撮抄著書的介紹，從中可以知道古人讀書，最重要的方法就是撮抄。實際上他還說到了《資治通鑑》編寫過程中的撮抄之功。張舜徽在《愛晚廬隨筆》裡不但述說著別人的做法，還在時時舉著自己的切身體驗作例證。他說自己早年讀諸子百家的時候，就用了兩個本子，一個叫做內篇，凡是有關修身養性的文字盡行摘錄，一個叫做外篇，凡是有關治人立國的文字盡行錄入。這樣的文字摘錄多了之後，「則取之左右逢源。非但收融會貫通之益，抑亦讀書備忘之一助也。」現身說法，加上先生仰之彌高的學術榜樣，圈點佳書，自然喜不自勝。《愛晚廬隨筆》收入了可以列入內篇的不少文字，時常翻閱，這些當年激勵和鼓舞了張舜徽的文字，想來也會對今天的我們產生意想不到的效果。

《愛晚廬隨筆》還為讀者推薦了不少可欽可敬的人物。談到張履祥的《楊園先生全集》五十四卷時張舜徽說：「余平生最喜誦習其書，早歲既嘗摘錄其嘉言，成為《楊園粹語類抄》矣。晚年撰《清儒學記》，即以張履祥居首，聊以寄吾服膺之誠耳。」他說張履祥是百世楷模，是在艱苦卓絕的環境下講學著述不倦的遺民。張履祥學博識高，從教三十餘年，不想以空言著書，但他論學的話卻大都明白精切，益人意理，他是能知能行的人，講究農桑，寫有《補農書》。張履祥是極為勤奮的人，是在耕讀兩方面都取得大成就的人。在《楊園先生全集》中的《願學記》、《備忘錄》、《初學備忘》，《訓子語》、《言行見聞錄》裡，警句名論，曾見疊出：「治生以稼楷為先」，「門人當務經濟之學」，「能稼穡則可以無求於人，無求於人則能立廉恥。知稼穡之艱難則不妄求於人。不妄求於人則能興禮讓。廉恥立，禮讓興。而人心可正，世

道可隆矣。」：「近世以耕為恥，只緣制科文藝取士，故競趨浮末，遂至恥非所恥耳，若漢世孝悌力田為科，人即以為榮矣，夫耕則無遊惰之患。」「耕與讀又不可偏廢，讀而廢耕，饑寒交至，耕而廢讀，禮義遂亡。又不可虛有其名而無其實，耕焉而田疇就荒，讀焉而詩書義塞。」「心粗性急，讀書之戒，改之為貴。」「此身在天下，與人並立，不為人轉移，即能轉移人，無終止之勢。」「人須有恆業，無恆業之人，始於喪其本心，終於喪其身，然擇術不可不慎，除耕讀二事，無一可為者。」「只守農士家風，求為可繼，惟此而已。」「無財非貧，忘稼穡為窮，無官非賤，廢詩書為賤，治生無他道，只務本節用一語。」這些話，得一而認真奉行，也會讓人受益無窮的。因為《愛晚廬隨筆》的推崇，我也買下了一套《楊園先生全集》，閱讀的時候，一面高興於好書惠我，一面為由於問津者少而書價很低而竊喜。張舜徽評價楊園文字的時候說：「良由履道堅貞，不惑於物，一歸平實，不尚高奇，所以感人者深矣。」愚以為，對《愛晚廬隨筆》，也可作如是觀。

張舜徽說，他經常翻的書是《朱子語類》。他是受到父親影響而終身研習朱子的，他並且把自己讀朱子的筆記摘錄收入了《愛晚廬隨筆》。讀到這些修身進德的文字，我由衷地高興。慧業習重，在根深蒂固地接受了看不慣一切，只崇尚自己自主的我看來，朱子們的迂腐和陳舊，早已是不值一說的問題。今日能受張先生文字的洗腦之教，自以為是幸運的事。要慶幸啊，差一點，我和最好的精神營養擦肩而過。浩劫已經是一百年，再受愚弄的的原因，還是所見者少，所知者少，所讀者少。《愛晚廬隨筆》裡收入的這一類文字還有《諸子書中有裨治學修身之精言》、《諸史所記有裨飭躬治人之精言》等。

當然《愛晚廬隨筆》裡也還有我一時未感興趣的內容，我寧願說是未能理解的，因為先生的文字是他學養的一個方面，妄以他的書來強適我的口味，是很可笑的。比如他說到的兩種《湘軍志》，還有遺失在蘭州的敦煌發現的楊貴妃的手跡以及工藝書畫體育武術類事情等等，都不是淺淺如我者所能全都領會得來的。然而，明珠一寸，鑒照六合，智者當能從中發現自己歡喜的成分的。我且把這好書藏將起來，慢慢受用好了。

2006年3月12日至2007年3月8日。

錢穆先生

　　錢穆先生離開我們已經有十七年了。錢先生生前，我們和他共同呼吸著這個世界上的空氣，享受著陽光，可惜那時，我們不知道那時候陽光，那時候空氣的珍貴，當然，知道了珍貴，也未必會怎樣去珍貴，並能珍貴得了的。

　　這兩年，年齡在漸漸增大，閱歷在漸漸增多，對錢先生知道的也多了些。三聯、商務版的錢穆系列書多起來了，廣西師大版的錢穆的書也多起來了，別處的還有不少。

　　慢慢讀，漸漸想，細細品，就見出了久違的先輩錦鏽華彩來。在人世間走了九十六年的錢先生，自學成才，沒有師承，艱苦自勵，他本人本身就是一座豐碑，一個向導。九十六年風風雨雨，九十六年人生歷程，風流散去後，前塵影事只化成了一疊疊厚書，一篇篇珠璣文字。

　　於是翻開書冊。錢先生寫下的二千多萬字，我才是剛剛開始要讀啊。說少，也讀了三十年書，今天才剛要見錢先生的文字，欷何如哉，欷何如哉！困難時節，錢氏的《國史大綱》洛陽紙貴，傳遍天下，一篇引文寫出，中華學人何其鼓舞，歡喜踴躍。一部《中國近三百年學術史》出版，三百年間的風翻雲覆，清濁厚薄，亦復日月一新。還有《先秦諸子繫年》，還有《新亞遺鐸》，還有《中國思想史論叢》。我們還能說些什麼呢？

　　在錢先生筆下活起來的人物，何止千百。但給我們印象極深的孔子、朱子、顧炎武、顏元他們，卻是真真實實地在為

我們的現代和當代，做起貢獻來了。如錢先生所說，他們的刻苦、堅貞、強毅、篤實、博綜，他們的少勵艱苦，晚臻耄壽，有體有用，形成多方面圓滿完整人生，「其為人立身與成學著書，皆卓然有以起後也」的令人敬慕的人格精神，將如日月同輝般久遠影響於我們民族，強健於我們的精神。

　　說錢先生的書是寶貝，說錢先生人是寶貝，都不是虛言，先哲苦心，長待後人體察。每一覽及，就都要長一番見識。日月常在，也日月常新，但願錢先生的書常在手邊，也願錢先生畢生弘傳的先祖文化，光大精彩於我們的手上。

關於施蟄存

　　孫康宜曾經問施蟄存，人生的意義何在？九十一歲的長者起初報以無言的微笑，接著就慢慢地答到：「說不上什麼意義。不過是順天命，活下去，完成一個角色……」這些記述在陳子善新編的《夏日的最後一朵玫瑰》裡。

　　2003年10月17日，施蟄存百歲華誕，華東師大舉辦祝壽會暖壽，著名詞學家、澳門大學施議對教授那天對老人說，你一生「詞學上等於兩個龍榆生，文學上等於兩個魯迅。」「一人抵二人，一世當二世」。一生彷彿做了別人幾輩子沒有做好的事。雖說是敬詞，卻也有晚輩的評價在。一個月後，施蟄存離開了這個世界。

　　辦《現代》，冒險發表魯迅〈為了忘卻的紀念〉，推薦《莊子》、《文選》給青年讀，惹魯迅不高興，知道魯迅以豐之餘的筆名著文，不敬，論爭，贏得「洋場惡少」之名，友誼變成怨隙，卻始終保有對魯迅的敬意。鼎革後蒙不白之冤至開放時。施蟄存挺了過來，中國文人中多了一個壽星，文化史上留下了窗開四面的不老傳奇。施蟄存本身也成了一部社會史，讀之，亦「非但可以博聞多識，繼承薪火，亦可仰諸老輩之堅貞風度」，想往一回「舊雨新雨，相見並歡」的風流日月。

　　施蟄存在談到張伯駒《春遊瑣談》的時候說：「1958年至1976年間，中國知識分子黃楊厄閏，大受衝擊，剛烈者一死了之，怯懦者隨緣忍辱，惟曠達者猶能夷然處之，不改其樂。」他還有一篇文章，題目就叫〈紀念傅雷〉，是在傅雷去

世後二十年的時候寫的,對老友的遭際,自然感同身受,但話語已平淡了許多:「我知道傅雷的性情剛直,如一團乾柴烈火,他因不堪凌辱,一怒而死,這是可以理解的,我和他雖然幾乎處處不同,但我還是尊敬他。」「傅雷之死,完成了他的崇高品德,今天我也不必說『願你安息吧』,只願他的剛勁,永遠彌散於知識分子中間。」情,在其中是濃縮了的。手邊的這本《往事隨想》,封底有施蟄存介紹性的話語:「由於我個人性格急躁,沒有耐性,缺乏鍥而不捨的精神,再加之生活條件的不穩定,我治過許多學,可是卻只走了兩段路,沒有完成治學的全程。因此,至今不名一家,在文學研究工作者中間,我只是一個三腳貓。我把我的經驗貢獻給青年學者,祝願他們審慎決定研究課題,一段一段地走完治學的全程,不要像我一樣的見異思遷半途而廢。」

經歷了那麼多的災難,過後是輕鬆自然,安定祥和,百年歷程。施蟄存活出了人生的極致。

《施蟄存散文選集》的內容提要裡說:「這是一位曾經被曲解、遺忘的作家寫下的,不會再被遺忘的作品。」《書邊雜寫》裡,谷林老人說那是情文兼至,言短意長的句子。老人並以施蟄存用過的〈我的愛讀書〉標題為題,談說施蟄存的書。為了這個,我找齊了施蟄存的書,享受著。谷林在以〈名豈文章著〉為題的文章裡說,讀施蟄存的《唐詩百話》,「乃不覺獲致一種誼兼師友的情感。」

俱往矣,施蟄存還有谷林們,讓人懷想的前輩。

可是,他們的文字都在,那都是情文兼至,可以獲致誼兼師友情感的文字。可惜些的,是看不到《施蟄存七十年文選》裡說到的精品了:「『文化大革命』前期,我在『牛棚』中每日寫的『日記』,由紅衛兵收去貼在學生宿舍樓下的

大黑板上，惹來了許多學生的『欣賞』。那些只佔抄本薄兩頁的文章，可能有不少很妙的小品文。」現在讀到的，是《昭蘇日記》、《閒寂日記》。

施蟄存的小品文究竟有多妙？這裡抄〈匹夫無責論〉來欣賞：

> 顧炎武是一個明朝的亡國遺民。明朝之亡國，沒有人要顧炎武負責。可是他卻心血來潮，說了一句替昏君、暴君脫罪的話：「天下興亡，匹夫有責。」四百年來，有不少「匹夫」，把這句話奉為座右銘，儼然把「天下興亡」的責任放在自己肩膀上，人人自以為「天下興亡」的負責人。
>
> 我，也是一名「匹夫」，卻實在想不通。
>
> 看看歷史，天下興，是堯舜、禹湯、文武、周公的功勞，也說不上責任。天下亡，是桀紂、陳後、隋煬、宋徽的責任，自負盈虧，都和「匹夫」無關。
>
> 匹夫既不能興國，也不會亡國。天下興亡，對匹夫來說，只是換一個奴隸主罷了。
>
> 然而竟有許多匹夫，吵吵嚷嚷，要幹預天下興亡，自以為天下興亡，少不了他們。結果是天下既不興，也不亡，而匹夫們卻死的死，逃的逃了。因而我曾賦詩一首，曰：
> 天坍自有長人頂，玉碎寧勞瓦塊傷。
> 冬去春來成歲序，匹夫何與國興亡？

他的妙語多，我，是見了就想記下來，可是辦不到，就再抄：「孔孟思想，是一種思想呢，還是兩種思想？天下沒有兩

個思想相同的人，孔孟思想，畢竟還是兩家。孔孟、老莊、申韓，都是被司馬遷硬捏合攏來的。他們原來都是自成一家。」他是灑脫的，比如，谷林對陳子善編了一本《閒話周作人》，以「閒話」說知堂頗為不滿，說是不妥，他可好，來了一篇〈閒話孔子〉，並且說：「於是，我老了。重讀《論語》，進入第三個階段。我發現孔子並不是什麼偉大的『聖人』，也不是『思想家』，也不是『哲學家』，他只是一個政客：在春秋戰國時代，幾乎所有的知識分子都奔走於王侯之門，獻策求官，孔子也是其中之一。」還有的就是賦得永久的「疑」：「我怎麼能說永久？」「哪有永久鞏固的安定團結的國家？」「我不信世界上有能治百病的萬應靈膏。」這些都在同一篇文字裡。

他在〈收穫一九九二〉裡說到廖沫沙的時候說：「此人胸襟十分寬宏，氣度十分高朗。想不到文化大革命居然會培養出兩位幽默詩人，一位是散宜生，一位是廖沫沙，他們都活下來了。」施蟄存也是胸襟十分寬宏，氣度十分高朗的人，也活了下來，還活得很好。他懷疑，他博學，他「窗開四面」，東窗文學創作，南窗古典文學研究，西窗外國文學翻譯和研究，北窗金石碑版之學。苦難生涯，反而造成一代奇人。

他是明白自己的責任的，他也寄希望於後來人的明白事理。他在寫給楊迎平的信裡說：「文史哲學者，是一個時代的文化精神所寄，沒有這些人不行，有這些人而不用或不起作用的也不行，高等院校的文史哲教師必須自重，了解自己負有祖國文化的歷史任務，萬不能因物質生活條件不好而放棄自己的職責。今天，我看得出來，了解自己的任務的高校教師，是不會下海的，已經下海的，證明他們本來沒有能力繼承或創造祖國的文化。」他幾十年蝸居斗室，活動範圍受限，可是他的

學術研究從來也沒有停止，他給後人留下了好樣子。李輝在〈人格掃描裡〉裡評說施蟄存：「對於他這樣有成就和經歷的人，功名於他的確是非常淡薄的，顯赫也好，沉默也罷，任何時候他從沒有停止過他的文化創造。」

斯人難得，滄海有珠，千年局外爛柯山。《施蟄存文集》展卷之時，想到那些過去了的，不禁心馳難抑，這些過去了的，都是美好的回憶嗎？

2009年3月29日。

此日三月三，是修契事也的日子，也天朗氣清，惠風和暢。

朝山歸來，友誼朋侶，續得文章。日之夕矣，樂生書香。

關於范泉

　　常去西寧，過青海師大的時候就想，范泉在這裡生活過，那個房子裡留著他的痕跡。這樣的想法，給人一種莫名的親切和安慰，平添出高原古城的一份安寧，一份書卷氣。青海高原是善待了自己的兒女的，一如先輩不嫌棄後人。那麼多落難的人來了，又離去了，他們的心裡，都裝著高原，沒有忘了高原。

　　范泉在青海的生活，收入《文海硝煙》的〈我在青海三十年的文藝活動〉一文曾有如下的記述：「從1958年12月到1989年6月（我帶的最後一批研究生通過了答辯），我在青海三十年來的主要文藝活動，可以歸納為四方面：一是畫了許多以毛主席像為主要內容的水粉畫和油畫；二是編寫腳本並攝製了五部幻燈故事片，給電影院放映；三是編了三年的語文月刊；四是培養了兩批六位中國現代文學專業的碩士生。」「從1983年到1989年，我帶了兩批六位中國現代文學專業的研究生。我和第一批研究生一起，完成了《中國現代文學社團流派辭典》的科研項目。我把研究生帶出青海省，讓他們認識了一批現代文學老作家，如臧克家、蕭乾、端木蕻良、駱賓基、周而復、歐陽山、樓適夷、艾蕪、柯靈、王西彥、許杰、施蟄存、賈植芳、林煥平、蹇先艾、李何林、葉聖陶、任鈞、陳伯吹、蔣錫金等，其中李何林、賈植芳、陳鳴樹、王永生、許杰、錢谷融等十多位專家教授，根據我的要求，給我的研究生講了課，拓展了他們科研的廣度和深度，完成了對現代

作家樓適夷、施蟄存、端木蕻良、駱賓基、李劼人的研究，通過了論文答辯，取得了碩士學位。」「回顧這三十年間，最初的二十年，我連訂閱一份《參考消息》，也被批鬥一個半月，當然，再不敢閱讀什麼文藝書刊，寫什麼文藝作品了。事實上，我不僅被人們看作『廢物』，甚至一直被定性為『壞人』，誰來重用我，誰就是『重用壞人』，喪失階級立場，不免被揪出來批鬥。我所屬縣的一位文教局局長，賞識我掌握外語，精通漢語拼音，讓我在全縣小學校長學習班上講授漢語拼音，結果在『文革』中以『重用壞人』的罪名，讓他在冰天雪地裡赤腳掃雪。長期來我一直在基建工地上當施工員、出納員、保管員、拉運磚瓦的押運員、司機招待員、守護工地的夜間巡查員，十足成為麻將牌裡的「百搭」，什麼都幹。造反派指令我繪畫和攝影，那是歪打正著，使我冒險幹了一些文藝工作。現在想想，這二十年來的生活，倒是非常豐富多彩，不僅使我看到了炎涼的世態，也使我交結了一些真心護衛我的朋友，比如曾經救活過我的喇嘛尼瑪、和我一起同住了九個月的小偷拉官卜、在農村勞動時不把我看作摘帽右派的老媽媽，她們的高潔的靈魂，都是我今後寫作的上好題材。今後，我一定要寫一些在青海底層生活裡使我至今仍然清楚看到的閃閃發光的人和事。」

《難忘斯緣》該是范夫子散落在世間文字於身後的第一個結集了吧，我願意看到還有更多的出現。書名的寓意很好，夫子若在，也一定為會為這本文集的名字叫好。他復出後的文章〈紀念和保衛魯迅先生二三事〉是發表在1982年9月15日的青海《中小學語文教學》上的，我後來知道這不是他出來後最早的文字，也沒有見過此後不久停刊了的這份刊物，但在《難忘斯緣》中新時期新生後的范泉文字裡，這是最早的。

范泉對魯迅的感情是大家都知道的，他以「紀念和保衛」來說魯迅的事，敬仰程度是可想而知的。青海有幸，留得斯人斯緣，後來者有幸，讀得《難忘斯緣》。

《難忘斯緣》是董寧文兄所編的「有名的開卷文叢」第三輯中的一種。寧文兄曾經給我寄贈過一本《范泉紀念集》，那是欽鴻、潘頌德編纂，中國三峽出版社在2000年范泉離開人間後出版的，裡面收入了前輩、親友、師弟及家人的懷念之作，讀來催人肝膽。還有一些珍貴的照片，也讓人想往前輩風儀，臨風長憶。這回悅讀的《難忘斯緣》，是毛邊本，也是寧文兄寄來的。斯人已逝，簽名自然已不可能，想到這裡，每每悵然久之。

范泉（1916-2000），原名徐煒，上海人。享有盛名的文學編輯家。范泉上世紀三〇年代由新聞界起步涉足文壇，抗戰時期和四〇年代後期擔任上海永祥印書館總編輯，主編過多種報刊、叢書，其中《文藝春秋》是那時上海最有影響的文藝刊物之一，這份刊物上發表作品的作者，幾乎是當時國統區大部分重要作家。五〇年代初，范泉入黨，此後在肅反運動中被捕，審查兩年後無罪釋放，但黨籍已除，家已破，人已散。1957年，范泉被劃為右派，發往青海勞改。七〇年代末，他被平反，安排在青海師院中文系任教，此時他已六十二歲。八年後的1986年冬，七十歲的范泉從青海調回上海，擔任上海書店總編輯。又十年，范泉主編的二千萬字、三十分冊的煌煌巨著《中國近代文學大系》出版，1997年9月，《中國近代文學大系》贏得國家圖書獎中最高一級的榮譽獎。1993年，范泉主編的《中國現代文學社團流派詞典》在江蘇文藝出版社出版，影響很大。范泉一生，和許多學界名流結下了深厚的友情，因而在復出後，寫下了大量的文學回憶錄，《文海硝煙》是范泉的

作品集，那是黑龍江人民出版社文壇漫憶叢書中的一本，出版社的叢書介紹文字中說：「二十世紀的中國文壇，風雲翻捲，波瀾起伏，陰晴變幻，冷暖交替，總是與中國社會大小氣候的悶抑舒暢、嚴緊寬鬆相隨相各。許許多多癡情文學的男女老少，置身這樣的境況氛圍，分別以生旦淨末丑的角色和追求登場獻技，舞文弄墨，斟字酌句，布局謀篇，紡織出五音交響、七情洋溢的麗文華章，營造了中國文學綿延發展迢迢長程中不乏自豪、也不乏思索的一段歷史景象。不少二十世紀中國文學歷史的創造者和見證人，先後將各自的文學生涯和文壇見聞付諸筆紙，寄託對流逝歲月的紀念，也為文壇歷史留下了雪泥鴻爪，夕拾朝花。」《文海硝煙》擔得住精華文字的稱譽。

范泉本身是個多產作家，僅三四〇年代出版的，就有小說集《浪花》，散文集《綠的北國》、《創世紀》，論著《西洋近代文藝思潮講話》、《文學源流》，童話集《幸福島》、《哈巴國》以及譯著《魯迅傳》、《魯賓遜飄流記》等凡三十餘種。

《難忘斯緣》由范泉相交數十年的忘年交，1947年生於上海，現為南通市《江海縱橫》雜誌執行副主編學者欽鴻先生編就。欽鴻熟悉范泉遺存的所有資料，對范泉的生平、思想極為熟悉，對范泉的品德、業績有著深刻理解，他編有《范泉編輯手記》、《范泉紀念集》，是范泉研究中最值得稱道的人。欽鴻在《難忘斯緣》的編後小記中說，「這裡收入的二十七篇散文」，「大略是作者一生讀書、寫作、編輯的心路側記吧」。欽鴻對開卷文叢為《難忘斯緣》留出的的出版位置表示了很深的謝意。其實范泉的文字，是值得住開卷一讀，讀了也一定會受益的。

范泉的眼光值得我們看重。《難忘斯緣》中收有1990年范泉寫的〈呂思勉紀實〉。盡管嚴耕望曾說過，講到前輩史學家，呂思勉先生也是一個大家，居常認為誠之先生當與錢穆及陳垣、陳寅恪並稱為前輩史學四大家。然而大眾對於呂思勉的學術卻似乎看冷淡許多。呂思勉是錢穆的老師，1941年夏，錢穆回鄉省親，呂思勉邀其回常州第五中學講演，錢穆從命，錢穆與師長比肩而立，說出了那段著名的話：「此為學校四十年前一老師長，帶領其四十年前一老學生，命其在此演講。房屋建築物質方面已大變，而人事方面，四十年前一對老師生，則情緒如昨，照樣在諸君之目前。此誠在學校歷史上一稀遘難遇之事。今日此一四十年前老學生之講辭，乃不啻如其四十年前老師長之口中吐出。今日余之講辭，深望在場四十年後之新學生記取，亦渴望在場四十年之老師長教正。學校百年樹人，其精神即在此。」范泉很看重史學家呂思勉關於歷史的思考，他說呂氏在《白話本國史》第一版裡「認為秦檜是愛國者，岳飛則是一員不接受朝廷節制的驕橫武將。」經過分析論證後，呂思勉得出的結論是：「我說秦檜一定要跑回來，正是他的愛國之處。始終堅持議和，是他有識力，肯負責任之處。能看得出撻懶這個人，可用手段對付，是他眼力過人之處。能解除韓（世忠）岳（飛）兵柄，是他手段過人之處。」後來在1933年「國難後第二版」裡，為防止翻案論證被別有用心者利用，呂思勉的改正語句為：「只因秦檜主和，招回諸將，解除兵柄，又把最反對議和的岳飛殺了」。范泉說：「茅盾在1941年《筆談》第三期上發表的〈談一件歷史公案〉，分析了宋金雙方形勢，認為宋高宗當時唯有出於議和一途，而且必須殺害代表流亡貴族利益的首要人物岳飛以後，才能苟安於半壁江山。」文章說：「殺岳飛，實在是他們（高宗和秦檜）兩個串

王莽是歷史上的反面人物，范泉說呂思勉寫了《白話本國史》，是把王莽從十惡不赦的泥坑裡拉出來的人，因為呂思勉說王莽是「社會革命家」。經過考證的呂氏認為王莽井田的建立，剝奪了大地主的利益，貿易貸款方面的改制，抑制了豪商巨賈的重利盤剝，保護了小商小販和勞動人民的利益。因此王莽改制的指導思想，確實是為民謀利，他的篡漢自立，也是為了實現自己的抱負。在人格上，呂思勉盛贊王莽兩袖清風，大公無私，勤奮工作，為實現自己政治理想而獻身的精神，他不無惋惜地說：「咳！王莽這種人，在政治上雖然失敗，他的道德，他的人格，畢竟是深可敬仰的。」古人關於王莽的詩說：「周公恐懼流言日，王莽謙恭未篡時。向使當初身便死，一生真偽復誰知？」這大約是公論，可是范泉所表彰的史學家告訴我們的王莽，又是另一個樣子，所以有疑，或許是讀書人可取的態度。從這些地方看范泉，書友筱堂君品《管錐編》時所說的「眼極冷而心極熱，看似若無其事，不動聲色，而歌哭無端字字真，一往而有深情者也」的話，範夫子也受之無愧。

在《難忘斯緣》裡留下了身影的，不僅僅有魯迅、茅盾、巴金，也還有「最後衝刺」的艾蕪，出淤泥而不染的朱自清，親切有加的葉聖老，百歲老人蘇局仙，台灣作家楊雲萍，不幸遇難的許壽裳，九旬高齡的陳子展和伍蠡甫，以作品走向世界的葉君健，還有的就是范泉日記中的施蟄存，魯迅夫人許廣平，以及范泉的母親，夫子的恩師潘旦予等人。范泉寫下的青海三十年生活斷片之四〈夜鬥垃圾坑〉也收進這本書

了，那是范泉被分配到魯沙爾一所中學裡教書的事。那所中學在山腳下，范夫子在那裡經歷了近乎原始狀態的生活。那日子的確不是人過的，不過我還要說的，是那裡今天也還有野狼出沒，依舊條件艱苦。在1995年寫成的〈書緣〉一文裡，范泉深情地回憶了自己和上海圖書館的書緣，其實，那篇文章也濃縮著范泉一生的書緣和人緣。讀罷唏噓，我們既為能讀到書中收錄的〈綠的北國〉中的文字而慶幸，也為那個血和著淚的年代而郁悶，書啊，帶給人的不僅僅是享受，也還有思考和沈重。

夫子已矣。欽鴻有言：「但他的文字還在我們中間流傳。」

2007年7月2日下午寫畢。

張中行

　　九十八歲的張中行先生走了。友人說，又一位民國老人走了，所剩的已不很多。

　　人們說張愛玲是民國世界的臨水照花人。然則張中行老人是我們民族的世紀良知。

　　朋友向我推薦讀張中行的時候，我尚不知張老為何方神聖。當我讀到張中行的文字後，不禁迷戀萬分。

　　在一所大學的圖書架上，我抽出《月旦集》，恨不得一口吃下去。後來，我知道網上有賣，就將可以找到的張老著作一網打盡了。前兩天，《負暄三話》我剛剛收到，這是相見已晚的書。翻開來讀，儘管許多篇章曾經寓目，但我還是覺得興味依舊，不同的是多了親切，多了懷念。

　　《順生論》是哲學書吧？我沒有在這書裡讀到高深和艱澀，我覺得那是老爺爺在拉家常，在絮叨著，受教的孫輩有的是開心和知足。這位崇奉自由的長者，給我留下的最深的印象，是疑。在人生的艱苦裡，疑，是可靠的護身法寶了。

　　知堂老人的書被許多人愛著，書卷文明和市場經濟撐持了知堂的書，對許多的喋喋不休忿憤者來說，這現象不好，更多的人保持了緘默，但大家都買著存著這些書，讀著這些書，或明或暗的揣摩著這些書。張中行站了出來，一而再，再而三的說起了知堂，並且公然聲稱，受益於知堂思想，得益於知堂文字：「至於我自己，讀文談文，雖然總是到兼容並包的態度，對於周的主張特別重視。原因有三：一是

認為，用平實的語言寫自己想到的意思，是學文和行文的正路；二，這境界很高，達到不是容易，而是很難；三是可以利用它救粉飾造作，以無明文淺陋的時弊。」說到知堂散文的寫作特點，他又說：「像是家常談閒話，想到什麼就說，怎麼說方便就怎麼說。布局行雲流水，起，中間的轉移，止，都沒有幹什麼，好像只是興之後至。話很平常，好像既無聲（腔調），又無色（清詞麗句）可是意思卻不一般，又不晦澀。話語中間，於堅持中有謙遜，於嚴肅中有幽默。處處顯示了自己的所思所信，卻又像是出於無意，所以沒有費力。總的一句話，不像是坐在書桌前寫的，像個白髮過來人，冬晚坐在熱炕頭說的，雖然還有餘熱，卻沒有一點火氣。」知堂何以能這樣？張中行說：「一是豐富的知識；沒有這個就無可寫。二是洞察的見識，就是前面提及的一以貫之，材料的取捨，對有關事物的態度和評論，都憑這個。三是長期鍛煉之後的思路的既條理又靈活，筆活動，跟著這個人走。四是前人的表達方法（包括組織、選詞、造句以修辭）積累，比喻是各種工具，都在於手邊，有需就可以隨手拈來。五是手勤，幾乎無日不寫，於是就熟能生巧。六也許最重要，是對文章的好壞有所知，知著化為堅定的主張，然後是筆永遠順著這個指針走。以上幾項相加，會表現為散文的成就。」我抄這許多，用意無非是覺得這很重要。

　　我以為，有這些文字，今日讀書界才對得住八十年來知堂留下的文字。份量極重，命意也好，這是先生以身傳法，在給浮躁的文壇指路。知堂有這麼一個學生，可以說「足矣」了。我把中行先生和季羨林先生並觀，看作是燕園荷池蓮花上演音的仙人，有他們，則塵世間就有清涼。二老極相推重，互相有專門寫記對方的文字，讀之，才知道高人是什麼樣的。杏

壇雙璧，學術之幸。讀先生們的書，恍然有不知今世何世之感。毛潤之詞云：「一篇讀罷頭飛雪」。我讀二老文字，也有「山中方七日，世上已千年」的感覺。張先生曾有這樣的敘述文字：「久住成府的人告訴我，街北偏東有兩所大宅院，鄧之誠先生多年住在靠東的一所。我有時從那裡過，總要向裡望望。院子很大，古槐陰森，座北一排房子陳舊而安靜，推想那就是寫《骨董瑣記》的處所。十幾年過去了，還有什麼痕跡嗎？」熱愛鄧先生文字的我，每每展讀此一段落，就不免悵然嚮往。

與楊沫的遇合是一椿公案，先生打破沉悶，一訴心情，淡淡然，也讓關心的人有所了解。先生不出惡言，全人情誼的胸懷，深深感染著讀到的人。

先生是得道者。《禪外說禪》初刊的時候就引動了中國學術界。通達的人生見解，來源於通家碩儒的學術修煉，經過煉獄的智者，為人世奉獻的，是充滿了喜悅的智慧，得之者有福。西方聖境中的金蓮花，九品結籽，該托著先生，燦爛安祥地升飛於寶池金地了。

先生是厚重的，先生行雲流水般的文字，俯首簽名給小書店不知名讀者的高誼，是溫暖人心的世紀之風。

劉德水兄寄來他和孫郁編的張中行紀念集《說夢樓裡張中行》，我很喜歡，以為是老人給我的又一份馨香。戴建華兄寄來《順生論》毛邊本，我視為人世間最好的禮品。先生的書齊了，私淑先生，是一份靜好、安詳與平和。

谷林

　　釋迦三藏十二部經典，世尊有承問而說者，有無問而自說者，問與不問，都是佛祖慈悲心懷的流布——世出世間這就有了普度眾生的寶筏，惠及人間多矣。張阿泉也有功德無量的一問，這一問，引得八十五歲的長者谷林先生金口玉言，妙筆生花，寫出《答客問》一書。甘露灑出，潤澤蒼生無數。谷林是一道風景，《答客問》也是讀書人的「葵花寶典」，書中有寶，隨緣會心，受益處也應無窮。

　　筆者不揣淺陋，謹將書中有關養生的內容作一條貫，名之曰「養生谷林」，以娛身心。倘若能於談資生活有用，則我更為歡喜。

　　人和人交往，要講緣分，人與書遇合，也講緣分。我在書店見到並買下谷林先生的《淡墨痕》以後，讀，就喜歡上谷林的文字了。之後，就開始找他的書來讀了。幸運得很，我買下了剛剛出版不久的《答客問》、《書簡三疊》，都是谷林的。《開卷文叢》的執行主編董寧文還給我送了一張有谷林親筆簽名的《淡墨痕》精美書簽。我得到這些的時候稍稍晚了點，這表明了我的愚笨。但我還是很高興，很慶幸的，我和敬慕的前輩，尚生活在同一個藍天下，共同沐浴著同一年同一月同一天的同一縷陽光，這有多麼好。能夠領受其教，敬仰其風采，又有多麼好。打住，該說說谷林先生的養生之道，回到題目上來了。

谷林生於1919年12月12日，距離筆者寫這篇文字的今天，已經有八十七年了。八十七歲的谷林先生，神清氣爽，才情過人，華章疊出，好書一本一本的寫出，聳動讀書界，要說沒有一套養生的辦法，人也不大相信。

在《答客問》初版本中，第95頁上，谷林談到了自己的養生之道，這就是：

其一，「清心寡欲」，「淡泊名利」。

這話，原不必多講，看谷林的文章、照片，都可以見到答案。谷林的一生，谷林寫下的所有文字，似乎都是這八個字的注解。

其二，「適當運動」。

谷林說，這「適當運動」，「包括見於形體的運動和不見於形體的運動。」這句話裡面有玄意，在第65頁，谷林曾說，「起居較有規律。早起約在四五時之間，夜睡約在八九時之間，每日散步半小時，按摩半小時。已堅持多年。」第129頁又重複了這個意思，並有所補充：「中午休息一小時」，「上下午各讀寫兩小時，上午做一次保健按摩，約一小時，下午在院子裡散步半小時。」這該是「見於形體的運動了」。需要說明的是，作為布衣文化代表的老人，谷林的「保健按摩」是自己做的，推想，是按照書上的指點來進行的，我手頭有人民體育出版社七〇年代末期出版的一個小冊子，就叫《保健按摩》，實際上是現代版的「八段錦」，另外，學識淵博的谷林老，對高濂的《遵生八箋》也是很熟悉的，傳統文化中關於養生的書本不會少，傳統中國文人的養生之道，見於形體的，在博學多識谷林老的身上，應該是用足了的。那麼，不見於形體的運動呢？我覺得，該是第94頁谷林的話了：「五〇年代以前，多病較弱，七〇年代以後，較健朗，『老來俏』中

間一段，大概得算作『修正調整』年月吧。」這裡說的是他三十歲以前，五十歲以前，和五十歲以後的事。在第95頁，谷林又說，「七〇年代以後，似乎思想境界又多了點解放，體雖未『胖』，心確較寬。」這裡的「修正調整」和「心確較寬」，算得上「不見於形體的運動」了嗎？第107頁的谷林說：「我把早起當作青春恢復來看待。」對整個生命歷程的體驗，谷林說是完滿的輕鬆，「有一種絢爛過後復歸平淡的靜謐安詳，回望蒼茫，內心清涼如水。」這應該是「不見於形體的運動」的極致了。關於這些話的理解，第106頁還有一段精妙的文字可以幫助我們：「但我漸漸悟得，一切的『小』惟有消融入『大』，方能圓滿實現，我極賞趙樸初居士兩部詩集的題名：《滴水》和《片石》。那麼，就把入海返山當作我最後的願望，於有生餘年，力求分寸之進吧。」剛好，這兩本書我都見過，是趙樸老的詩詞集，印的很樸素，所以讀這些話的時候，我的心裡便也酸酸的，輕輕的。

這其實已經不僅僅是個鍛煉身體的問題了。河南佛學社印行過一本美國女士露意絲茜・海寫的書《生命的重建》，裡面引述了一位八十五歲的老人要求自己每天要做的五件事，內容是：

> 做對別人有益的事。
> 做對自己有益的事。
> 做不想做而應該做的事。
> 鍛煉體力。
> 鍛煉心智。

《答客問》第131頁，谷林也有類似的話：「凡有價值的工作都應該做，值得你把渾身解數都使出來。如果能一邊想著對旁人是否有所幫助，一邊想著對自己有所促進，我以為這也可以算是正人君子了。」

其三，「還該有一點關心社會的『憂生憫亂』的積極性。」

谷林是舉重若輕了的。他說是「該有一點」，何止啊。第54頁談到處世的態度與方式時，谷林說：「如果還要勉強擠一點『千里之志』出來，無非指望人我之間能更增加些溫暖和寬容，同情和理解。」我在讀這一段文字的時候，用筆寫下了這樣一些字眼：「大哉夫子，大哉千里之志！止此幾句話，就是一部大文章，這文章的題目可以是〈谷林之志〉。倪雲林詩云：『喟然點也宜吾與』。師表萬世的孔夫子，也不過說自己的志向和曾點相同而已，也就和著這些年輕人遊遊水，唱唱歌，乘乘涼，讀讀詩之後歸來而已啊，那麼谷林的『憂生憫亂』而且是有『積極性的』，還要在人世間『更增加些溫暖和寬容，同情和理解』這樣的志趣，小麼？」

問題的關鍵還在於，谷林的回答，是在張阿泉問到谷林「長壽的根本」的時候，他特意「以為還可以補充」了「適當運動」之後，又說的「我的意思」。那麼，這個「我的意思」，實際上就是對「不見於形體的運動」的一次延伸和解說了。更要緊的，是谷林把這個看作是長壽的通則之一。

其四，努力「掙扎」。

谷林說，他自己對於養生「沒有什麼獨得之秘，只是努力『掙扎』，爭取靠近這些『通則』（筆者案，通則即前述三項內容），以求得個人的身心安康。」這，實際上已經是一種

向上努力的積極進取的態度了，換言之，老人一生，都沒有放鬆過對自己身心鍛煉的要求。這裡雖然說的是谷林鍛煉身體的事，可如果說這就是谷林的人生態度，也未嘗不可。

其五，注意飲食平衡。

谷林說他自己「在生活方面能作息有序，注意飲食平衡。」這應該是一輩子的心得體會了。在第64頁，谷林寫下了這樣的話：飲食「無非略取較清淡的而已。」在第129頁，谷林則說自己「吃的很普通，沒有特別的調養。我不沾煙酒」，「主體風格大概比較清淡，素淨，軟熟，總之，也就是一般老年人的飲食。」在第48頁，谷林追述往昔的生活時說，從五〇年代以後，「我的生活也單純，下班以後無非抓一份報刊閒書以當茶煙。」這都是老百姓的生活，沒有大紅大綠的日子，也能活出自己的境界，老百姓有谷林先生這樣的境界，不也可以知足嗎？

陳原在〈無題〉裡談到谷林的時候，說了這樣的話：「這人也是寧靜的，淡泊的，與世無爭的，絕不苟且的，誠懇到無法形容的。」揚之水在〈綠窗下的風景〉一文裡也說谷林「常年著一件中式藍布褂，不煙，不酒，口無所嗜，不急，不躁，不慍，不爭。」陳原和揚之水的這些話可以相互印證同一個谷林。種瓜的得瓜，種豆的得豆，谷林以最普通的生活態度活出了百姓人生的極致，年登大耋，實在已勝過了許許多多的肉食者。

2006年3月19日。

【卷二】

夢裡蘇州枕上書：
王稼句《看書瑣記》閱讀印象

　　數十年前遊蘇州，旅途中結識的朋友為我，一個肩挎背包的學生留影，黑白分明，園林景勝，人也精神。幾年前遊蘇州，煙雨迷蒙，執妻子之手，在虎丘「說法台」和「點頭石」邊解說「生公說法，頑石點頭」的故事，平添鄉情之思。生公是晉代高僧竺道生，《佛祖統紀》上說，他是鳩摩羅什的高足。鳩摩羅什是我們甘州涼州的大師，後涼以十萬大軍請來的國師。後涼和北涼，是在張掖建都的。當時，大乘佛法的根本經典之一，北涼曇無讖翻譯的《涅盤經》（全稱《大般涅盤經》）只部分譯出，傳入南方，經裡有言，除一闡提（斷絕善根的人）外皆有佛性。道生則堅持認為「一闡提人皆得成佛」，守舊者視道生之言為邪說，擯出僧團。道生因入蘇州虎丘山，傳說他曾聚石為徒，講《涅槃經》，說到一闡提有佛性，石頭也都點頭贊許。以後全部《涅槃經》傳到南國，果然說到了「一闡提人有佛性」，人們這才佩服他的卓越見識。頑石點頭的傳說便傳了下來。在夢裡，那生公石竟又成了三生石，唐朝名士李源與圓澤和尚在此三生踐約，兩人同遊峨眉山，途中圓澤辭世，死前與李源約定十三年後的中秋之夜相見於杭州的天竺寺。十三年後李源信守諾言，專程赴杭州踐約，見一牧童騎牛而至，口唱竹枝詞：「三生石上舊精魂，賞月臨風不要論，漸愧情人遠相訪，此身雖異性常存」。這是東

坡居士《僧圓澤傳》裡的故事。生公石的遺跡，三生石的夢境，生公說法的真實，三生石上的精靈，蒼涼的故事和醉人的傳說交融起來，把我生命中的情愫和蘇州，連了起來。

因為愛書，就又讀起了吾家丕烈公的藏書題跋，丕烈公是在蘇州懸橋巷居住的。還有玄都觀，還有范仲淹，還有柳如是，還有葉德輝，周瘦鵑，還有陳從周，葉聖老，當然現在加上王稼句。這蘇州，和愛書的人總也割不斷，「我看青山多嫵媚，料青山看我應如是」。

實在想蘇州了，就找關於蘇州的書，就找到了王稼句先生和他的書。王稼句說自己的文章走的是周作人路子，這點合我心意。王先生在《硯塵集後記之一》裡曾言：「本集所收大都是讀書的札記；這類文章，知堂老人寫的，我最為服膺，學之也是東施效顰，望其項背而不可及。」知堂老人提到過清人的《煎藥漫鈔》，王稼句以買到此書為可喜的事。陳學勇在〈讀書人的境界〉裡說，知堂有《藥味集》《藥堂雜文》《藥堂語錄》行世，也用過筆名「藥堂」。王稼句有本散文集書名也就叫《煎藥小品》。當今青年文人，崇尚周作人文章，且頗具才分而得其遺韻的，我知道北方有止庵，南方有王稼句。王稼句一身文人風采，文筆飽蘸性情，看似質樸、散漫卻從容閒適，情致溢出。「止庵另有長處，但文章的親切是稍遜於王稼句的。」

就我而言，先喜歡魯迅，最喜歡知堂，而後就是王稼句了。

找到了《王稼句序跋》，再找到王稼句，之後，我就變得非常富足。燈下窗前常自足啊，我的日子，也平添了無盡的歡喜。我有了稱得上富足的王稼句著作簽名本。夢裡蘇州枕上書，著作等身的王稼句，以《蘇州山水》、《姑蘇食話》、

《蘇州舊夢》、《古保聖寺》、《三百六十行圖集》、《蘇州文獻叢鈔初編》、《蘇州舊聞》、《浮生六記典藏插圖本》、《西湖夢尋典藏插圖本》、《江南古橋》、《漫遊隨錄圖記》（點校本）、《三生花草夢蘇州》、《消逝的蘇州風景》、《晚清民風百俗》、《煙雨同里》這些好書，快慰了我的蘇州情節。

2000年7月19日，王稼句先生寄贈的新書《看書瑣記》又擺在我的案頭了，是毛邊本，山東畫報社本月一版一印的。手持箋刀，窗外的雨聲伴著書聲，暑夏清涼伴著書中美意，醉心的我歡喜盈盈。想起今晨收到的稼句先生郵件：「岳年先生：大札拜悉。書收到就好，我正擔心學校放假，書無人簽收，或就有可能遺失。今年蘇州天氣較往年更熱，做不出什麼事來。想來你那裡要涼爽得多吧。專此布覆，順頌安好。王稼句謹覆7月20日。」詩意和喜悅是不待言說的。想蘇州於我，也可以稱得上厚遇之至了。

關於這書的命名，稼句先生在後記裡說，止庵給他發來過一篇〈知堂與「書話」〉的文章云：「周氏1928年作〈閉戶讀書論〉，其中有云：『宜趁現在不甚適宜於說話做事的時候，關起門來努力讀書，翻開故紙，與活人對照，死書就變成活書，可以得道，可以養生，豈不懿歟？』十六年後作〈燈下讀書論〉，則歸結為：『蓋據我多年雜覽的經驗，從書裡看出來的結論只是這兩句話，好思想寫在書本上，一點兒都未實現過，壞事情在人世間全已做了，書本上記著一小部分。』其間所撰大量『看書偶記』，乃是『吾道一以貫之』。凡此種種，求諸他人『書話』，幾不可得。彼此本非一路，是以毋置高下；然而此書雖冠名『書話』，讀者還當別具隻眼。以『閒適』論，『書話』多半有些閒適，知堂文章卻未必閒

適也。」王稼句先生說：「知堂的話，給了我一個明白的解釋，原來我寫的，就是廣義的「書話」，也就是知堂說的『看書偶記』。我的疑慮也就沒有了。不但如此，這本書的書名也有了，我讀書雜格嚨咚，印象也瑣碎極了，寫出來自然擺脫不了一個『瑣』字，也就以『看書瑣記』名之。」

這書是怎樣寫出來的？「幾乎每天午後，我常常拿一本書，倚著軟塌，隨便翻翻，自己是當作休息的。特別是從天高雲淡的涼秋，到那暖風爛漫的杏花天，晴朗的日子，陽光透過窗戶照進來，暖洋洋的，看著看著也就有點迷迷糊糊，前人說的負暄之樂，大概就是這樣的。看得的內容，終然也飄飄忽忽，過後的印象只依稀有點影子罷了。」《看書瑣記》小引中的這段文字，約略說了一些。但如果以為先生僅僅是在消遣，那就又看錯了。有人看書，僅僅是看，王稼句的看書，是如知堂一般的看。看過之後「選取一點因緣，生發開去」，之後便是「文章爛然」，這一點，前面已經說了一些。採得百花釀成蜜，這才是王稼句的看書和寫書。

近來無聊，翻出上海書畫出版社1985年出版的法帖臨塗米元章的《蜀素帖》，《吳江垂虹亭作》已經寫了半年時間。此詩未收入米集，若非此帖，幾已失傳：

> 斷雲一片洞庭帆，玉破鱸魚金破柑。
> 好作新詩寄桑苧，垂虹秋色滿江南。

《看書瑣記》中有一篇〈垂虹秋色滿江南〉，從這首詩起，談起北宋時的「天下絕景」垂虹橋，那古代南中國最早的「南京長江大橋」。此一篇，有圖有文有字有畫，寫了歷史沿革，也寫了人物掌故，幾乎把關於垂虹橋的所有往古資料，一網打盡

了。此一篇，真《蜀素》之功臣，垂虹之頌歌。我讀到後豁然開朗的心境，確然一言難盡。在同書的〈瓷器上的時尚〉一篇裡，王稼句品評藍天出版社2000年出版的羅文華《不要小看民國瓷》一書的時候說：「書中還不時引述一些別人的書或文章，這種寫法正對我的胃口，我可以『按圖索驥』地去找讀，開拓自己的讀書視野，不斷豐富、延伸這方面知識。」其實，王稼句的書也更是這樣，廣泛梳爬，仔細鉤沉，提供給讀書人的，自然是知識和談助，雖不一定要安邦定國，卻一定能資益興味。我把稼句先生的文字，和詩三百，和知堂老人、鄧之誠先生的同觀，以為是可以幫我「多識蟲魚鳥獸」的。

王稼句在《看書瑣記》有一篇談文震亨和他寫的《長物志》的文字，考證細密，大可補史傳之不足。文震亨是文徵明的曾孫，文氏家族為公認的蘇州最有文化影響的家族之一。王先生說：「在高濂《遵生八箋》之後，李漁《閒情偶寄》之前，若論態度之瀟灑、文字之簡約、結構之清晰、事理之明暢，前後兩種都不及《長物志》。」高濂的書，李漁的書，我都是有的，也經常翻的，感覺都好，現在我也要「『按圖索驥』地去找讀，開拓自己的讀書視野，不斷豐富、延伸這方面知識」了。好在王先生進一步告訴我，這《長物志》，《四庫全書》裡有，這就好辦，《四庫全書》的電子版，我剛好有一套。想來，我又有一段有意思的好時光過了。王稼句說：「《長物志》裡的生活雖然已經悄然遠去，但它的情愫，它的精神，還絲絲縷縷縈繞著人們的心靈，當然並不是所有的人都會有這樣的感受的。」王稼句引用過的知堂老人〈北京的茶食〉中的話，確實很適合我們的這份追求：「總之關於風流享樂的事我是頗迷信傳統的。我在西四牌樓以南走過，望著異馥

齋的丈許高的獨木招牌，不禁神往，因為這不但表示他是義和團以前的老店，那模糊陰暗的字跡又引起我一種焚香靜坐的安閒而豐腴的生活的幻想。我不曾焚過什麼香，卻對於這件事很有趣味，然而終於不敢進香店去，因為怕他們在香盒上已放著花露水與日光皂了。我們於日用必需的東西以外，必須還有一點無用的遊戲與享樂，生活才覺得有意思。我們看夕陽，看秋河，看花，聽雨，聞香，喝不求解渴的酒，吃不求飽的點心，都是生活上必要的——雖然是無用的妝點，而且是愈精煉愈好。」

　　還有和《長物志》一樣有趣的書，和文震亨一樣有趣的人，這就是計無否計成與他的《園冶》。《園冶》，王先生在〈計成和《園冶》〉中說，「被尊為世界造園學的最古名著」。其作者計成，也因此書而彪炳於歷史。但計成和他的書卻因為阮大鋮的欣賞和扶持而被埋沒了近四百年。「歷久不彰」的《園冶》在有清三百年間竟然只有李漁的《閒情偶寄》裡說道「女牆」的時候有一語提到，此後流落日本。上世紀三〇年代，《園冶》才回歸中土，為人所漸知。要知道，江南和蘇州園林的風華絕代，是因為有了計成才有的。王稼句在他的文章裡告訴了我們所可能知道的關於計成的事，太精致了。

　　忽然想起鍾叔河先生在〈《知堂書話》序〉裡曾經引用過張岱〈《一卷冰雪文》後序〉中的文字：「昔張公鳳翼刻《文選纂注》，一士夫詰之曰：『既云文選，何故有詩？』張曰：『昭明太子所集，於僕何與？』曰：『昭明太子安在？』張曰：『已死』。曰：『既死不必究也。』張曰：『便不死亦難究』。曰：『何故？』張曰：『他讀得書多。』」

王稼句也「讀得書多」。「讀得書多」，這文章之好，
也就是自然和沒有辦法的事了。

2006年7月22日寫畢。
時細雨多日，江南酷暑，法國高溫，
張掖則甘涼如意，正人間仙境也。

阿泉的書

「誰也無法解釋天才的存在，我們只能更好地去欣賞他。」阿泉所引趙紅瑤在《巨匠的肖像藝術》一書後勒口上的文字，一直縈繞在腦際，不肯離去，今天我來說阿泉，這句子蹦出來，竟然覺得很貼切，彷彿早就在那裡準備好，等著我使用一般。

我沒有想到阿泉竟然是這樣的大氣，圓通。收到阿泉寄來的大信袋時，我一時沒有反應過來，怎樣有了這樣好的運氣，一下子見到了這樣多的阿泉。和阿泉的相識，是由於一篇文章，我算得上以文結友了。

「岳年先生書林添葉」「岳年先生燈窗閒讀」「書的蔭涼是我們生命當頭的一片綠蔭」，這是阿泉分別在他的《掌上珠璣》、《草原文明》和《躲在書籍的涼蔭裡》幾本書上題寫著的佳意無限的話，字跡朗然，疏闊雅潔，時間是2006年5月6日，地點是泉齋。半月之後的5月22日，我收到了這些書。我在日記上記下的句子是：「阿泉之書，人間妙品，我得一讀，幸之至也。」想象著阿泉書寫時候的心意，我欣賞著妙手偶書的好字。不能說這就是舒體，但給我的感覺是入眼舒心。

看著封葉上的阿泉，我不禁歎聲而出，好一個灑脫的男兒。「集中什九從軍樂，亙古男兒一放翁」，放翁而後，「集中什九讀書樂」，在我的書齋中，至性至情的阿泉來了。

阿泉的書，是在廟裡買下的豎著題有「佛光普照」金字的紅「佛燭」的點染照耀下寫出的。

在那篇讀谷林的文字裡，我寫了這樣的話：「釋迦三藏十二部經典，世尊有承問而說者，有無問而自說者，問與不問，都是佛祖慈悲心懷的流布——世出世間這就有了普度眾生的寶筏，惠及人間多矣。張阿泉也有功德無量的一問，這一問，引得八十五歲的長者谷林先生金口玉言，妙筆生花，寫出《答客問》一書。甘露灑出，潤澤蒼生無數。谷林是一道風景，《答客問》也是讀書人的『葵花寶典』，書中有寶，隨緣會心，受益處也應無窮。」我把善問的阿泉，視作文化薪火的傳遞者，搶救者。

阿泉寄來的三本書裡，我最喜歡的是由龔明德先生擔綱作策劃和責任編輯的《躲在書籍的涼蔭裡》。這書和《流沙河短文》同一封葉裝幀格調，大家手筆，不凡自然。書面以藍白間有淡灰或黑設色，雅氣得很。阿泉斜倚書山，笑看於我，我則與之心契。雖然藍的部分少，我卻覺得是青天，雖然白的層面不多，我卻感覺是淡淡的雲彩，清爽極了。

「一到夜來陪漢史，千春朝起展萊衣」。勤讀的阿泉欣賞弘一法師的讀書觀，視之為醍醐灌頂，我則更喜歡阿泉「2000年7月30日黃昏寫畢，31日向晚改定。秋意漸起，書窗外是深藍色的天空，泛紅的雲朵和涼爽的風」的寫意。

每思舊友取書看。讀阿泉，就有一些奇想。我與阿泉，相見遠隔千里，相知是在心裡，這相思，也取書看吧。謬託知己，誠人生一大快事也。我給自己斟上酒，乾一杯。

《躲在書籍的涼蔭裡》有十三篇「撫物思人」的文字，阿泉說「人比書精彩」，「書比人長壽」。說的真好。突然記起祁爾光《澹生堂藏書約》裡的句子了：「若能長保書萬卷，千載終不為小人」。〈吳點點投我以書〉是十三篇中的第一篇，記述了阿泉曾多次念及，讀書博雜，才情過人的奇女子吳點點。顏之推說，欲識人之多，見事之廣，非讀書不可。阿

泉也主張，要「遠求海內單行本，快度人間未見書」，吳點點就是他在北京的海淀圖書城購書時結識的朋友。那天的阿泉，因買書掏盡了兜裡的鈔票，可是仍然有不少好書難以撒手，吳點點在旁邊看得感動了，就說改日可以為之代買（她自己的錢也花光了），此後就是聯繫，買書，書信往還，成了摯友。……阿泉評說點點的文字「拈花隨意，隨便說破了深刻的奧秘」。推崇她「點點看書，很少進行理論分析，完全憑直覺，靠心性的感悟，童言無忌，卻往往一語道盡天機。這是點點的清靈過人處，更是讀書的最高境界。」而阿泉，「在晨昏讀書至佳處時，偶爾會禁不住想及巴蜀煙雨中的點點。」他說「點點是我飄萍生涯中遇到的一位真正的朋友。」點點後來名花有主，並有彩箋遙致阿泉，在結束處點點說：「人緣也許可以了斷，書緣是長存的。」阿泉則三歎感慨：「其實，書緣何嘗不是一種人緣？書緣於人緣如何分得清楚？是書不如人，還是人不如書？」在書裡面，提到點點的地方有好幾處，可以說是「三致意焉」了。阿泉期望久違的點點能看到自己書裡的文字。點點，成了阿泉書裡最動人的一處風景。要是不算褻瀆，真該早許多年祝願阿泉和點點的幸福。

　　阿泉不願意寫長文字。他喜歡「月照波心一顆珠」含咀無窮的文意。他在〈查志華洗盡鉛華〉一文裡對查志華有一個祈願：「不要寫得太少，也不要寫得太多，約略平均每五年結成一帙，則可。」他的幾本書，多是這樣的佳構。不過，《躲在書籍的涼蔭裡》一書十七萬字，我只用了兩天的空餘時間，就讀完了，感覺就一個字，好。

2006年6月8日初寫，7月13日改定。

時近正午，陽光從雲間灑下，涼熱相宜，人間樂趣，正當此時也。

滿眼春風讀徐雁

　　兩年前，我寫過一篇文章，用了一個頗為扎眼讀題目：《我不能不讀徐雁》，惹得不少書友用別樣的眼光打量。那題目是仿了陳子善《你一定要讀董橋》那部書的名字，雖說僅僅是字面上的，可又不僅僅是為好玩。董橋的書，是愛好文字和古意的人讀的，徐雁的書，說真實話，就是上天準備了讓愛書人讀的。

　　十四年前，徐雁「攜婦將雛」，「抱著壯志未酬熱血涼，原來官場不讀書」的失望，離開在京城供職的國家機關回了「家鄉的首府南京」，那之後，他「寂寂寥寥揚子居，年年歲歲一屋書」，並且以三年自著一部書，「旁逸斜出」數十部的豐碩成果，挺起了一個有志讀書人的腰桿子。當年曾國藩評價說俞曲園是拼命寫書的，李鴻章是拼命作官的。在我看來，徐雁也是拼命讀書的人，不過，他樂此不疲，讀有成果。當然，他這種拼命，是深為讀書人所熟知的的非常快樂的事情。一個人拼命要做、而且是「幸福並快樂著」做的事，大約就沒有做不好的。

　　又是南風吹拂時，滿目春山讀我書。這書，就還是百讀不厭的徐雁。

一

　　在一個偶然的機會裡，我得到了徐雁的《開卷餘懷》和他主編的《六朝松隨筆文庫》裡的部分書。我在《開卷餘

懷》的扉頁上書寫自己名字的同時，也寫下了這樣的字樣：
「好書讀來心神怡」，我知道這是在附庸風雅，可好書在
手，不寫點什麼也不自在，這已經是積習難改了。也有一個可
笑的理由，就是覺得孫犁、黃裳他們是因為沒有在書上蓋下印
章或者寫下名字，後來就使許多書回不了家的。一次出差，在
書店裡見到了徐雁主編的又一部叢書《讀書台筆叢》，那次已
經買了不少書了，帶不動了，我於難以割捨中只買了他自己著
的《書房文影》後打包而歸。可是在心裡，也還始終惦記著
《筆叢》中另外的九本，很幸運，我在天涯書局找到了賣這些
書的地方，喜氣洋洋的我在春節期間買下了它們。《中國舊書
業百年》出版了，尋遍書店無著，當我在網上看見有得售的時
侯，就在第一時間下了訂單。如願以償的時刻，最讓我動心
的，不是別的什麼，而是封內照片下作者介紹後面的著作者通
聯電子郵箱，這是一個心裡面裝著讀者的人啊，忘記了是誰說
過的話，一個眼睛不向下看，不管讀者的作家，無論如何也高
尚不到哪裡。我得不到徐雁的簽名書，試一下吧，給他發個郵
件，很快地，郵件來了，他說書不要寄了，可以在今年的八月
就近見一次面，那時，他要到我們這裡來。

在之後的交流裡，徐雁通過電子郵箱發來了他關於「書
卷氣」的文字，讓我倍感親切。他還說，可以為我找一些資
料，還有書。在一次會議上，見到並結識了徐雁的弟子童翠萍
幾個人。後來，小童奉師命寄來了我極想讀又找不到的《中國
讀書大辭典》。今年元旦前見到小童，又說起了這書，小童
說，《中國讀書大辭典》這書，連徐雁先生處也沒有了，這
本，也是在舊書店裡買下來的。買書贈書，本也平常，可這一
本書這一件事，卻已另見風致，另可感懷了。徐雁先生的書，
見到的或者知道可以買下的，我都有了，而且也都喜歡。

我近乎成了一個追星的人。不過，這星是徐雁。我幾乎買下了能夠買到的徐雁和有關徐雁的所有的書，看遍了網上關於徐雁的所有文字。我在剛剛買回並讀著的《舊時書坊》後題寫道：「愛屋及烏，因為要讀徐雁，便將徐雁領銜的這本書和與這本書有關但關系不大的閒趣坊另外六本書都買了回來，這在本身財拙力拙而又買書不止的我來說，是有些勉為其難了。但誰讓我以書為命呢。因為愛書，就要讀這個徐雁，因讀徐雁而一次次傾囊，真是無可奈何，也不可救藥了。然更可喜，可樂，亦復欣欣然也。」

　　在徐雁的書裡面，《故紙猶香》是新出的一部很特別的書。誠如書中「高高的故紙堆」一輯的第一篇標題所言，這書真是「書蠹魚的一場盛宴」啊。在這部書裡面，「線裝書現代傳奇七章回」一篇又最富可讀性。這人竟然想出了用這樣的方法來界說書香，又一次讓我們領教他的出手不凡了。在「楔子」首引翁森《四時讀書樂》詩章開篇以後，「吳稚暉文壇號召古書扔廁，郝樹侯師範深造無所適從」；「曹聚仁高論不讀線裝書，柳詒徵反譏揚言焚書客」；「黃侃憤洋裝戲言中西，盧前惜雕版別話書林」；「晦庵愛線裝坦陳優劣　耕堂戀古書無分青皂」；「適之千金市骨求水滸，自清遠涉重洋記淘書」，「北平廠甸稻孫徵舊書　南疆避地賓四失琳琅」；「毛澤東晚年讀書愛古裝，錢存訓海外著文記絕技」等七章依次排出，大快我之朵頤。拍案叫好之餘，我禁不住要「浮一大白了」。徐雁淘書的經歷集合成〈北京潘家園淘書記〉、〈海上淘舊書記〉、〈金陵淘舊書記〉、〈合肥淘舊書兩日記〉等五篇都收在書裡，這也是我所愛讀的。

　　在《滄桑書城》裡，徐雁有一篇文章，題目是〈保衛藏書樓〉，我因為沒有這本書，不知道作者是咋寫的，但我

知道，徐雁的工作，當得上「保衛」二字。他所做工作的要義，就在於和深藏於書香故紙中的先哲魂魄們一起，再壘「厚重國體的思想基礎」，塑造「民族的靈魂與性格」。他是以自己的知識和能力參與著我們民族性品格的熔鑄，他做得扎扎實實有聲有色。「天一閣」門楣上高懸著四個大字：「南國書城」。我想，我要選送一個東西送給徐雁的話，就也選一塊匾，大書「南國書城」，或者寫一幅字也行。只可惜，我的字沒有分量，不然就好了。不過，我把這個心願寫出來，也是一樣的，畢竟，這也是來自草野民間的聲音啊，吾家黃宗羲先生早就說過，仁義是存於草野的。

二

今年春節前，徐雁先生發來手機短信告知：「已經寄贈您一冊毛邊本新書《雁齋書事錄》」。

《雁齋書事錄》收到了，拿在手裡歡喜，是自然的。展卷要讀，是情誼厚重。讀下來，見到的是人世風塵，生活不易，讀書不易，著書，更不易。燈下閒餘披覽，便覺得這書可以勵志，可以添生活情趣，可以見到從平凡到卓越。一天也沒有懈怠的徐雁，是親切的，值得敬重的人。

在《逝者如斯：壬午年的人生實錄》，也就是2002年的日記裡，我讀到了徐雁是年6月3日關於給朋友們寄書的一段文字：「上午在家繼續整理贈書。每每新著問世，一一題簽、蓋章（如此次鈐印『同聽秋窗』、『徐雁』），包裝後送郵局，頗費時日。此『書生人情』，怠慢不得。蓋積年月所欠各地師友、書友情誼，正待此舉一償耳。」「午後三時許坐66

路車到古林郵局寄書。凡二十一件，如台北隱地、澳洲夏祖麗，北京姜德明、張樹華、李國新、彭程，長春潘蕪，南京謝秉湖，蕪湖荊毅、老汪，深圳何春華、吳晞，武漢謝灼華、羅紫初、吳永貴等，手提三口袋，約重三十斤，踉蹌而行，總計付出郵資百元（尚未掛號也）。」

　　諸葛武侯說臨表涕零，我自然不會這樣激動。然而先生寄出的書中，也有我案頭放置者。前面提到的《中國讀書大辭典》，這冊《雁齋書事錄》，也一定是經歷了這樣的「踉蹌而行」，方來到我的面前的。推而廣之，我受這樣的厚賜，哪能就輕易忘懷。鍾叔河、龔明德、王稼句、自牧、董寧文、張阿泉、譚宗遠、古農、鄒農耕、蕭金鑒、深圳一石、劉學文、呂浩、李傳新、劉德水、范笑我諸君子都為了我的書「踉蹌而行」過。更多的人，也都為我「踉蹌而行」過。徐雁說：「積年月所欠各地師友、書友情誼，正待此舉一償耳」。這其中的情誼，是無價的。然則我想不感動，都辦不到。我彷彿看到了雁齋書燈，和燈下勞作的人。看到了那些好人，又想到了曾經引稱過的艾青的詩：「為什麼我的眼裡常含著淚水，因為我對這土地愛得深！」

　　時下的人好說心路歷程，《雁齋書事錄》也記錄了憂樂歌哭真實的徐雁。在香港的徐雁是歡樂的，可是也不乏凡人皺眉的窘境：1999年5月，徐雁一行赴香港參加《中國思想家評傳》香港首發式。21日晚餐，「未意點菜時，發現譜上價昂至極，復躊躇低語計畫久之，終未宜貿然退出也，乃點以價格較廉之葷素三四種食之，未飲啤酒、飲料。人多而量少，終未飽肚而出。途中一行均有若『陳奐生上城』之唏噓。」此後也還有為吃而慮的記錄。民以食為天，名家也不例外。當時徐先生

一行實際是南京大學的高層代表團，在港飲食也如此之難，讀之可會心一笑。

2002年1月2日，徐雁造訪來燕榭，和黃裳會面。此前徐雁知道，裳翁惜字如金，在黃裳贈送給程千帆先生的著作上，「十餘年如一日的在扉頁上題寫的只是『千帆先生教正』六字，然後落款而已。」徐先生幾人也「紛紛從包裡取出書來，請黃先生簽名。」徐雁說：「我預作準備，先呈上一部《來燕榭讀書記》，同時送上一片紙，上面寫著杜甫〈江村〉詩句：『自去自來堂上燕，相親相近水中鷗。』黃先生一看，把紙條收了起來：『何必寫那麼多？』提起筆來僅留下『為秋禾先生題』六字，簽名後是『辛巳冬』；隨後在《榆下說書》扉頁上寫『為金陵雁齋主人題』，簽上名後是『二〇〇〇，元旦』。我只得苦笑著示謝。想起十多年前，我為我的第一部讀書隨筆集《秋禾書話》請到唐弢先生題寫書名以後，便慕名以序相擾，貿然寄去了書稿。不久得先生一短信，表示難以承命，話盡管說得客氣，可是慳於用墨，總不免令少年氣餒。後來在學界走動多了，方知先生素性。此番識荊，愈知援筆千言者，未必可接談百語也。」徐先生名滿天下，遇此故事而無憾，君子行也。知此，讀書人在遇到冷淡的時候也可以阿Q一下，給自己打打氣。

徐雁也還是血肉之軀，常人所遇的一切，他也在經歷。那一天，他記下了這樣的句子：「自6月15日（周六）以來，忙於瑣務俗事，既鬱悶寡歡，心煩意亂，而腦中復茫茫然如霧如雲，見紙生厭，『日錄』遂廢。」然而他畢竟又是徐雁，「近二三日來方重新入靜入定，而讀寫思路復歸流暢。」「暑日無君子，余自入夏以來，在家均赤膊短褲，方感通體暢愉。又客廳、雁齋均西向，下午驕陽入無空調之書房，悶熱

難耐，此後『日錄』幾乎均為赤膊敲盤而出，故名『暑日日錄』也相宜。」一個奮戰酷暑的雁齋主人，躍然紙上。我們可以說了，徐雁是這樣煉成的。

由於是日記，私乘性質明顯。書中的天倫親情也自然時時閃現。太倉是老家，靖江是祖籍，路過心動，牽腸掛肚，以翻閱《靖江風情》聊作安慰。看到母親纏綿病榻，不禁憂從中來，家人電話消息，告知慈親平靜安寧，便大感欣慰。這些都是字裡行間浸透了的恩義。女兒子晨生日，記得從香港給帶回小禮物，定書。妻子譚華軍四十「大壽」，日縈於心，行動上是先吃長壽麵「暖壽」，而後給出編書選題，和愛女「子晨共鼓而勵之」，且在日記中「三致意焉」，作為最佳禮品。斯可謂伉儷情深，志同道合。更為可述者是夫婦共讀父母來信文字，譚君大呼妙語時的情景，不啻仙家洞天玉照也。細味老父勉勵：「日志從四十歲開始，到九十歲，能寫五十年」，誠書香人家親切有味之妙語也。可置座右，可銘萬世。

2002年7月8日至26日，徐雁和妻女去銀川，那是去探望病重的岳父譚安全。老人身後，徐雁「傷感中擬一輓辭：『少年從軍行，征南戰北，跨過鴨綠江；晚歲塞上老，心繫東西，魂歸榮成灣。』」離開的那天，徐雁「徵得岳母同意，從岳父書架上取走一冊《中國百科年鑒（1980年卷）》，留作紀念。」「近四時半，余家三口在岳父遺像前三鞠躬，黯然辭別岳母，赴銀川火車站。行囊五件頗沈重：旅行拉箱一隻、紙書盒一件、寧夏紅酒一件、背囊一件、車上食品一大袋。送行者為大姐、大姐夫、二姐夫、鳴童、玉臻夫婦。」此行之沈重，已然無法估量。那一年11月底，慈母病危，椎心徹骨之痛使得日記失記，記得在後來出版的巨著《中國舊書業百年》中，徐雁曾有文字述及，以之告慰母親。再後來，

2006年11月28日，徐雁復念及「一稿可題〈媽媽的花兒你慢點兒落……〉，以為吾母逝世三周年祭，往事歷歷，不覺淚水奪眶。」赤子之心，已躍然矣。

《雁齋書事錄》中記錄了作者南往北來，多為工作，但更多淘書的熱情，那是一個超級書迷親近或創造書香文化的真實過程。徐雁的文字不只從書中來，實在也是從萬里山河中來。

《蒼茫書城》等「三書底定」，「乃決」有嶺南五市之行。人是讀書人，所以行也便是訪書。結交者，自然也多書界卓然大家。在書蟲們看來，這樣的出行，這樣的書情，便是幸福。看的是圖書館，好書店，買的是自己喜歡的書，思考的是「雁齋主人素喜學府掌故」，藏書中此類書甚多，「他日得閒或可著一書，曰《紙上的學府》」之類的問題。跟著讀，過程也就是繼續快樂和幸福的旅程。

「進門見一慈目和顏老者正在弄孫，動問之後得知此即主人歐陽文利先生也。於是寒暄，贈上《徐雁序跋》，……名片上已是新址矣。」以此善緣，作者後來寫下洋洋萬言，內分上中下三篇的〈香港「神州舊書店」淘書記〉，大飽讀書人眼福。此中的奇緣更是說也說不清。「樓梯側旁底板上碼放著一批似乎更不受老板重視的書，我沒有放過，低頭掃視之餘眼睛頓時直了：張秀亞《海棠樹下小窗前》，台北星島出版社1984年6月出版本！想1985年春，我在中國人民大學紅三樓見習於人大出版社為編輯時，正是這部作者侄子的家藏本，激發了我在書話路上的寫作自信和對於台灣文學的愛好濃趣。……《海棠樹下小窗前》──當年我朝思暮想的愛物啊，不料廿年之後竟於此舊書店邂逅！真是歡喜教我如何說……」共同著這樣的喜悅，讀這本書，是怎樣的享受呢？而文末陳子善的喟歎，似可作為一種心情說明：「下次如有機會重到香港，一定

要再造訪新『神州』，問一聲『歐陽先生，別來無恙？』相信他又會笑嘻嘻地捧出一大堆舊書讓我挑選……」這樣留下身影的書人，在徐雁的書裡，在在多有。

徐雁在台北淘書，得到了久念中的李志銘《半世紀舊書回味：從牯嶺到光華商場，1945-2005》一書，是高興的。但「真要與隱地、與爾雅出版社緣慳一面了？鬱悶中不免泛起一層層的悵緒。」遊觀台大中文系老主任臺靜農故居「歇腳庵」，「見道旁三兩株椰樹挺拔獨立，頓發余生也晚，墓木已拱之悲。」

隱地有隨筆集《快樂的讀書人》，也在徐雁念中，我們看《雁齋書事錄》，感受最多的也還是讀書人的快樂。他是把書房把課堂搬到大地山河間的，那些流連書肆中的情景，那些師生同樂的淘書快活，還有鮮活靈動的筆觸，都是讀過後讓人懷想不已，忘不了的。

2008年2月25日，18:36初稿；2008年3月2日，18:09改定稿。

譚宗遠

　　譚宗遠先生在他的新書《燈心草》上為我簽名的時侯，是在夏日氣候宜人的蒙古草原，今天，我在燈光明亮的弱水軒書桌上寫這篇文字的時侯，時序已經是冬天雪飛的時節。窗外飄飄的雪花，是北國初冬裡漂亮的風景。在溫馨的屋子裡，我忍不住想要給千里之外的宗遠兄發一封信，送上我衷心的問候和祝福。

　　說起北京《芳草地》主編譚宗遠，大家都知道這是一個愛書而品格高尚的人。我們相識在夏天，宗遠兄的《燈心草》開篇就是〈夏令小品〉，這讓我想起了汪曾祺的散文集《人間草木》裡的〈葡萄月令〉來了：「葡萄裝上車，走了。去吧，葡萄，讓人們吃去吧！九月的果園像一個生過孩子的少婦，寧靜、幸福，而慵懶。我們還給葡萄噴一次波爾多液。哦，下了果子，就不管了？人，總不能這樣無情無義吧。十月，我們有別的農活。我們要去割稻子。葡萄，你願意怎麼長，就怎麼長著吧。十一月。葡萄下架。」閒淡中的滋味，閒適中的意味，悠悠長長的。宗遠兄寫道：「芭蕉扇。入夏了，妻從街上買回來兩把芭蕉扇。」「在闊人眼裡，芭蕉扇是不登大雅之堂的東西。」接下來他說到了智取生辰綱裡的歌唱，說到了拉車的駱駝祥子，還有北京城裡的老太太，還有濟公活佛，孫悟空，後來還說到了拿著芭蕉扇上了盧山的豐子愷先生。總之是說了這芭蕉扇的平民性，幽默性。這平平凡凡的

破破爛爛的芭蕉扇，在宗遠兄的筆下，簡直就是記人事、寫風景、說文化、述掌故的無上妙品。

〈夏令小品〉裡有西瓜的位子。在宗遠兄寫西瓜的文字旁邊，我習慣性地用紅筆圈畫之後，注下了這樣的話：「這個題目該由我來寫的。家父在日，年年種植西瓜，苦累異常。不過父親為我們摘下自己種的西瓜的時侯，那份高興，也是深深印在心裡的。收穫時徹心甜透，父親歡心，天倫之樂，無過於此者。」三年前的今天，父親離開了這個世界，寫到這裡，我的懷念，和宗遠兄筆下的西瓜聯繫在一起，情不能已。宗遠兄說：「如若在水果中推選果王，我願投西瓜一票。」他有他的道理，我有我的心情，然而投票的效果，應該是一樣的。當然，宗遠兄歡賞不置的金聖歎的話也還引人神往：「夏日，於朱紅盤中，自拔快刀切綠沉西瓜，不亦快哉！」

在〈草原日記〉裡，我寫到過愛書的宗遠兄：「老譚是回族，大家以宗遠兄相呼，我也從眾。聽說內大的旁邊有古舊書，宗遠兄就要去看。我正好在側，便陪他前往。」「時間已經十二點了，宗遠兄還是挑書不止。院內的二層樓上還有幾個舊書店，是打聽到的，宗遠兄自然不會放過。再上樓，我已經有些走不動了，就坐著歇息。宗遠又發現了楊絳的《幹校六記》初版本，還有好書。但我是發現不了啦，只好隨著他，陪著他。他看得正仔細，彷彿要找盡所有的好書。我心裡直犯嘀咕，宗遠兄啊，你住在朝陽區，每周都去潘家園，已經藏書幾萬卷，被你漏下沒有收到的好書還能有多少呢，你還要找多少啊。」「下午一覺醒來，已經是接近四點。聽說宗遠兄他們又去淘書了。」江蘇泰州的書友姜曉銘在見到這些文字的時侯，忍不住拉開記憶的閘門，流瀉出動人的句子：「從黃兄文中又看到宗遠兄淘書的身影。去年在潘家園宗遠兄帶我們淘

書，他提著大燈在前面開道，照著一堆堆書讓一幫書蟲盡情淘書。」曉銘兄說的是2005年10月14日至10月16日宗遠兄在在北京朝陽區文化館舉行「第三屆全國民辦讀書報刊研討會」期間的事。那是宗遠兄和他主持編政、在國內讀書界產生了廣泛影響的《芳草地》雜誌，邀集全國愛書讀書的人們雅集的一次盛會。袁鷹、文潔若、張守仁、謝大光、牛漢、朱正、姜德明、陳子善、桂苓、林莽、梅娘、止庵、韋泱、劉宗武、黃成勇、李傳新、謝其章、康健、靳飛、王稼句、徐雁、董寧文、自牧、于曉明、阿泉、阿瀅、蕭金鑒、王金魁、馮傳友、陳克希、譚宗遠、姜曉明、楊棟他們都到會助興，勝友如雲，那一回的宗遠兄可是夠風光的，北方淪陷期文壇最多產的才女之一，戴過「漢奸」、「右派」帽子，八十五歲的梅娘以孫嘉瑞的名字出席會議，譚宗遠向大家作的介紹也自成風景：「1942年，北平的馬德增書店和上海的宇宙風書店聯合發起『讀者最喜愛的女作家』調查活動，在上海的張愛玲和在北平的梅娘雙雙奪魁。從此，便有了『南玲北梅』之譽。今天與會的同行朋友，也都是廣大讀者的代表，能有幸見到在文壇沉寂了半個多世紀的梅娘先生，還真是一種難得的緣分……」梅娘參會，是因為她寫過的回憶好友雷妍的文章〈往事依依〉。這文章曾投送給多家報刊，均未被採用，而《芳草地》收到後就悉數發表了。她來，就是為了感謝譚宗遠做的好事：把雷妍，這位久被遺忘的很有才華的北京女作家介紹給讀者朋友們。那一回，宗遠兄還帶大家到報國寺和布衣書局淘書，並參觀了八道灣魯迅、周作人故居和老舍故居。姜曉銘說的，就是這事。在許多愛書人的記憶裡，那次會議和宗遠兄，已經是一個永久美妙的亮色。

宗遠兄是真愛書的。可他對書也還不僅僅是愛。套用一回他寫的〈王世襄與《錦灰堆》〉裡的話說，那就是假使他的愛好止於此，自然活的也很開心，但頂多不過算個有生活情趣的老北京，談不上事業，我們也不會知道他。但他有更要緊的一面，那就是他還寫文章寫書、編雜誌編書。散文集《風景舊曾諳》、《寂寞的纜繩》和《燈心草》是讓人不忍釋手的卷冊，《亞運·朝陽》、《沸騰的涼水河》、《朝陽區農民作品選》、《酒仙橋的傳說》、《我還沒有西裝》、《三地集》、《鳳朝陽文叢》等11本也是叫人熱血沸騰的書。湖北少年兒童出版社在2000年出版的《嚴文井文集》四卷約百萬字，也是經過他的手編選而成，那是在我們這個浮躁的時代，為孩子所做的不多的有益的事之一。作為特約編輯，他還為作家出版社出版的《康熙王朝》、《大宅門》、《壯志雄心》等書，做了文字潤色。在我手邊的《新編鼓樓春風瑣記》八巨冊版權頁上，也赫然印著特約編輯譚宗遠的大名。當然，十幾年來編出的《芳草地》，也不能不算在其中。宗遠兄啊，你到底搞了多少書呢？

　　《燈心草》裡收有一組讀書的文章。〈不可居無書〉和〈最樂是讀書〉是前面的兩篇。據〈不可居無書〉自述，「近十幾年，我和書的關係更是到了如膠似漆的地步，睡前看書，如廁看書，出差看書，連電視都不常看，以便使看書更有保證。每讀完一本書，我就登記一本，一年下來，少則讀五十幾本，多則讀七十幾本。當年結婚時，我的書只夠填滿一個小書架，現在十個書櫃還裝不下。我不是專家學者，不為研究什麼課題，更不為附庸風雅，混跡於讀書人的行列，我看書純粹是一種愛好、一種習慣。我不是聰明人，有人能從書中學到很多東西，把這些東西變成自己的血肉，世事洞明，人情

練達；我不成，我讀書遺忘的要比記住的多得多。但我願意這樣讀下去，直到疾病或死亡迫使我不得不放下書本的那一天。因為只有閱讀，才能夠讓我腦筋開竅，明白事理；也只有閱讀，我才覺得生命的充實和有益。」把書當成了如膠似漆的人，把讀書當成了習慣和生活的人，該是個什麼樣的人呢？〈最樂是讀書〉裡說：「放翁老人詩曰：『開編喜見平生友，照水驚非曩歲人。』把書比作老友，是非常確當的。只有讀書，才是人生最快意的事。」「就在這無聲的閱讀中，歲月從身邊溜走了，容顏變老，二毛叢生，但我至今不悔，反覺得借讀書消磨時光，值！我開玩笑說，如果在我面前放上一摞書和一個女人，讓我選擇的話，我會毫不猶豫地撲向書，而不是女人。」話都說到這個份上了，這人的嗜好，已經沒法說了。袁中郎在他寫給徐漢明的尺牘裡說：「獨有適世一種其人，其人甚奇，然亦甚可恨。以為禪也，戒行不足；以為儒，口不道堯、舜、周、孔之學，身不行羞惡辭讓之事；於業不擅一能，於世不堪一務，最天下不緊要人。雖於世無所忤違，而賢人君子則斥之惟恐不遠矣。弟最喜此一種人，以為自適之極，心竊慕之。」看來，宗遠兄也是這適世之人中的一個了。不過他有能，務事，賢人君子願意親近，十大家心願「慕之」的人。

宗遠兄的文字樸實，人也如同其文。他說「我不贊成對楊朔散文的簡單否定，他的作品也許有這樣那樣的缺點，但他的態度還是真誠的，文章影響了一代讀者，以至許多人下筆都在有意模仿他，形成了所謂『楊朔模式』。何況，他的文筆確實美，很少敷衍成篇，今天看也還覺得不錯。劉白羽也如是，有些東西不成，但散文確有一些好的，如《平明小札》和一些讀書筆記都還可看。」這些有見地的話，引起了我的關注

和思考。在內蒙，我們曾經見到了一套藍色精裝本的《劉白羽散文集》，宗遠兄看起來似乎很喜歡這套書，老板也不好好讓價，我就想買下來送給他作紀念品，後來，宗遠兄以印刷中的油墨透過紙來使得閱讀不便為由謝絕了，現在想起來，我還直有些後悔，這書，該拿下來讀一讀的。我在《草原日記》裡還留下過這樣的文字：「宗遠兄給我推薦了1982年10月花城版的《耕堂散文》，我說我有《孫犁文集》，他說不可以只買一種本子的，好在價也不高，便放進了書袋。此外還有上海文藝1981年11月一版一印的茹志鵑散文集《惜花人已去》，安徽人民1985年5月一版，1984年5月二印的吳泰昌《藝文軼話》（葉聖陶題簽，孫犁作序），也都買下了。」現在面對這些書，我很高興當時能夠聽進去他的話，我沒有錯過這些個和書的約會。

在《燈心草》的跋語中宗遠兄說「我的文章大抵都是在昏暗的燈光下寫的，其分量輕微也如燈草。」我要說的是，燈心草很有用，宗遠兄的書也很有用，至少對我是這樣，可以讓我思，讓我興，讓我觀，等等。宗遠兄對一個朋友的幫助牢記在心，說「他對我的恩德我永遠也忘不了」，我覺得可能說得過頭了些，可是洋溢在這話裡的真誠，卻是我也忘不了的。

2006年11月29日傍晚寫畢於弱水軒。時天際彩雲流過，風物靜好。

于曉明日記

　　自牧兄從濟南寄來了新出的《日記雜誌》和他的新書，于曉明兄從北京寄來了文史出版社出版的他的新著《茶歇集》。今日何日，今夕何夕？我得如此善緣，書已雙至了，福也雙至。歡喜踴躍，是佛家常說的話，我借來表達收到好書後的心情，也很貼切。《茶歇集》是于曉明2004年的日記。這日記，是曉明兄追尋了數十年名山事業的一部分。自1999年創辦《日記報》到後來做《日記雜誌》執行主編，《名流》月刊總編輯，從《第一次燃燒》，到《無定集》、《四面集》、《川上集》，到《茶歇集》、《拾穗集》，這三十歲的于曉明可是寫了十四、五本這樣的書。我讀到的只有這一本，可是由這一本我想讀到他另外的那些書。我覺得寫成了這樣書的人，寫出的其他書也一樣動人。說已經經過了創業之苦的于曉明，已經成就斐然，應該不是諛詞。

　　2004年4月17日的《深圳商報》上刊出過鍾叔河先生的文章〈小抄一回《川上集》〉，說的是老人家讀後的喜悅。我也想模仿一下這個體例，抄些《茶歇集》裡的話，來表達自己悅讀的心情。

　　「章太炎曾評論李慈銘的《越縵堂日記》說：『余嘗謂宋代小說最知名者莫如《容齋隨筆》；時俗小說最知名者莫如《紅樓夢》；二者不可得兼，能兼之者其唯《越縵堂日記》乎！』」

我想說的是，這《茶歇集》，這「于曉明日記」，也可以趕得上《越縵堂日記》了。假以時日，于曉明日記會成為我們這個時代流傳給後世的一份超邁前人的業績。李慈銘是把自己的日記當作事業來寫的。比之越縵堂，于曉明所下的功夫，一點點也沒有少。當年，孜孜矻矻，日夕握筆拼命撰述的徐珂寫《清稗類鈔》那些筆記的時候，所抱的一個心願，就是不要讓後人說自己的那個時代沒有好的筆記，要一雪「清人少筆記」之恥。曉明兄「朝起臨商海，日暮耕書田」的生活狀態和癡情，有這些日記作證，當然也不會辜負自己的時空。要說，這也是一種關乎時代的抱負。

「知識分子不要『自戀』。要厚積薄發，先積累。『濟南的自牧太「自戀」了。他給陳左高編的一本日記，薄薄的小冊子，通篇卻只見他自己，又是跋，又是插圖，又是題字，全是他自牧，那個《齊魯英才》吧，一本書有一半是關於他的，別人吹捧他的，他給別人寫的序跋……讓人看了真不舒服。我的幾個朋友對自牧（這一點）都有看法。」這是2004年4月7日曉明在龔明德先生「六場絕緣齋」探訪時龔先生的談話，曉明對厚積薄發的話是贊同的，對龔師關於自牧的這番話則有保留意見。我記起來的倒是阿瀅曾在〈初識自牧〉裡說過的話：「黃成勇出差到濟南，想看看與書有關的部門和人，打電話問四川文藝出版社的龔明德：找誰領路合適？龔明德想都沒想馬上答覆：找自牧！其時，龔明德和自牧兩人還沒有見過面，只是神交已久。龔明德說：『在幾千里之外，有一個可以信任的愛書的友人，實在是人生一大幸福。』」這是愛書成癡的阿瀅轉自龔明德〈書，自牧的天地〉裡的語言。在那篇文章裡，龔先生對自牧的評價高極了，據龔先生所述，他所編的《凌叔華文存》等毛邊本系列出版後，自購一部分送人時首先

列入的人選中就有自牧，這行為，在龔先生看來，「簡直就是過節日」。龔明德還說，自牧「主編的書都是大氣魄」，自牧「大力扶持散文著作的出版，又身體力行的提倡日記寫作，這也是不能忽略的文化奉獻。」「趙景深三十四歲時，曾用十多年的功夫，把他見過的文人、詩人、作家、教授等用素描短章寫出四五百人。我用了一個月的時間細細考究這些素描短章，寫了一篇五千字的論文〈趙景深的文壇實錄〉，予以張揚。自牧的日記也有趙景深幾百篇短章同樣的價值。」自牧是天使一樣的人，龔明德也是天使一樣的人，「上帝把一些天使打扮成凡人，讓他們降臨塵世來拯救凡人。我們真正愛書的人就是這類天使，我們要堅持著向人間撒播讀書的種子。」自牧和龔明德，都是今日書香的釀造者，他們之間的相互推重欣賞，是「明珠一寸，鑒照六合」式的。我見過兩位2006年8月的會面，那份親切和熱烈，是兄弟般的。由此我想到了曹聚仁先生說過的，誰如果以為魯迅和在文章裡批評過的人，見面之後便水火不容，那便是天真和幼稚。龔明德《六場絕緣齋日記》裡記錄了〈書，自牧的天地〉一文的寫作：「7月7日，六月初六，周五。昨夜完成給自牧《淡墨集》撰寫的序。依照我自定的做序慣例，逕將全部手稿寄自牧。」這也使我有了一些關於讀書要讀到紙背去，見得到文字後面的人情的想法。

「陳獨秀是一個石破天驚的人物。毛澤東說他是『五四運動時期的總司令、』『好像俄國的普列漢諾夫』；魯迅說他『外面豎一面大旗，大書道：內皆武器，來者小心！但那門卻開著的，裡面有幾支槍，幾把刀，一目了然，用不著提防』；胡適稱他為『終身的反對派』：反清廷，反軍閥，反孔教，反舊學，反國民黨，反共產國際，反斯大林，反左傾，幾乎一反到底。他曾有過『研究室與監獄』的高論：世界文明發

源地有二：一是科學研究室，一是監獄。我們青年要立志出了研究室就入監獄，出了監獄就入研究室，這才是人生最高尚最優美的生活。從這兩處發生的文明，才是真文明，才是有生命有價值的文明。」于曉明這種借別人語言澆自己塊壘的理性思辨，應該是當代中國最值得珍惜的。我剛剛買了一本《陳獨秀的最後十年》，讀過後對仲甫先生捨身為民族為進步的精神有了進一步認識。這個人是現代中國的普羅米修斯，大家都把他當作了異教徒，活的時候放逐，死了之後也沒有放過，對這個一生都在為自己真誠的人的研究，我們還做得很不夠。研究他，對促進我們社會的進步，還有我們的民主，當不無小補。這樣看來，天使一樣的于曉明和他的書，更應該是值得我們珍視的。

「上海艾以先生贈書四種《天漢星河》（蔡慶生著）、《現在中國社會的『行情』》（丁水木著）、《晚風續語》（方山著）、《經營訣竅5分鐘》（董錫健著）。皆在我不讀之列。」不讀之列，很有意思。曉明兄這些記述給我們留下的啟發是多方面的。意義不大的文字，我們沒有辦法不讓人寫，可不讀總是可以的。立此存照，讓現在的和後來的人警覺一下，總不是壞事。時下的人們善於考證，一些當年原本並不咋樣，後來也沒啥影響，仔細讀來也「卑之無甚高論」的破爛文字被發掘了出來，借上現在名家的名頭還魂招搖，大掏愛書人腰包的事屢屢出現並得手，這類現象也還是少一些為好。

「1999年4月，朱鎔基訪美，顧毓秀囑朱鎔基為國珍重，贈其十六字真言：『智者不惑，勇者不懼，誠者有信，仁者無敵。』」這是記述百歲老人顧毓秀的時候于曉明說到的。猶記當年朱公製一百口棺材上任，九十九口給貪官，一口留給自己的豪語。往事已矣，今日貪官，依舊層出不窮，想來讓人氣餒。想顧氏通達，於九泉壞下，當會心於己言之百世不磨。歎歎。

　　于曉明在書裡想到了一個好對子：越縵堂，湘綺樓。並解釋了意思。一個生在吳越，一個長在湖湘，縵、綺都是綾羅，不過一種有花，一種無華等等。還有龔明德先生的建議，「先當一個前賢們日記遺產的讀者、研究者」，「展示自己，我以為是四十歲甚至五六十歲以後的作業。」我想在這裡引述書友左民山人〈冬夜的書〉一文裡的話，來說我的感想，那是他題寫在苗老漢聊天系列《茶酒閒聊》一書上的：「散文是老人的專利，有私房貨才能拿得出手。」「有不少大家年輕時即成就氣象，其實只是年紀不大，見識老到，有私房錢。」這裡的私房錢，應當是一生的閱歷和所讀書之多。在我看來，曉明兄是讀書多的，對先賢們的日記，今日國內，最有發言權的似應是寫出了《歷代日記叢談》的上海陳左高先生。在陳先生，無疑也是把于曉明當作了知音的。《茶歇集》裡記錄的陳氏來信文字不少，2004年3月10日的日記中記錄云：「陳左高先生來信稱：『觀《川上集》談及學齋藏書不多，確是有必要瑣瑣奉告。』」之後便是凡五百言的述說。言雖瑣瑣，卻也保留了一份見證和資料。

　　高齋掃地我焚香，詩意自從卷中來。美意無限，我抄不勝抄。合上《茶歇集》，喜悅不斷地從心裡升起來。我沒有統計曉明的書裡記錄了多少當代文人雅士的身影和資料，但我知道後來的文化研究者將視這些「如實白描出的文獻檔案」般的文字為「富礦」，進行開採，並獲得豐碩的成果。垂世詩書在，要是一生勤。奮進中的于曉明還會寫出更多更好的文字問世，我們期待著。

2006年12月12日寫畢。

冬日的弱水軒溫暖如春，讀好書，品妙文，不亦快哉。

自牧五十壽辰

布衣文士五十秋，崇真尚淡別封侯。

知行知止得清淨，書天酒地自風流。

淡盧主人自牧的《五十自壽》詩箋，是和他題有「我以我文行我法，只為人弟不為師」贈語的新書《三清集》一起，通過郵局寄到我的手裡的。我視同拱璧，當作天壤間至可寶貴的禮品，放在案頭欣賞。

是啊，歲月匆匆，自牧兄已經屆知天命之年。

知道他的真實姓名，比知道自牧要早。那是在孫犁的書裡，孫犁多次說過一個叫鄧基平的人，也還有十六封信寫給他。在孫犁的眼裡，這個人誠實，守信，溫馨，可人，算得上是今日社會裡的一個君子了。那時我想，和孫犁訂交，一定是個好人，得孫犁稱許，那是天人了。《易·謙》裡說：「謙謙君子，卑以自牧也。」

翻檢唐代詩文，發現唐代以自牧作字號的人不少。李華有一篇文章的題目是〈送薄九自牧往義興序〉，文中說「中明檢而能曠，年邁體衰，而人罕知之；陽羨山深水闊，海隅幽阻，而人罕知之。以中明之元姿默識，陽羨之清漪秀石，人乎哉？清乎哉？之子所以為貴也。詩者輔佐情懷，其舊俗則泰伯之讓德、延陵之高風，因是而佐王孫，緣物而興之，遠也矣！」這位薄九自牧是以中明為字的，他「詩者輔佐情懷，其舊俗則泰伯之讓德、延陵之高風，因是而佐王孫，緣

物而興之,遠也矣」的性情,倒是頗有些和今日的山東自牧
接近處。

　　牧童出身的詩僧齊己曾經寫過關於另外一個自牧的詩。
就想,古代的自牧和現代的自牧有無相通處呢?這可是一個
饒有興味的話頭。把唐詩和自牧的書合起來讀,感覺一定不
錯,我有些自鳴得意了。呵呵,為我的新發現,有趣也帶了些
無聊意味的發現。然而不為無聊之事,何以遣有涯之生?我
又想。

　　齊己題為〈訪自牧上人不遇〉的詩這樣寫道:

　　　　然諾竟如何,諸侯見重多。高房度江雨,經月長寒
　　　　莎。道本同騷雅,書曾到薜蘿。相尋未相見,危閣望
　　　　滄波。

那麼,生活在現代都市裡的今天的自牧,和生活在大唐龍興寺
裡的僧正齊己,以及他的朋友,唐代的自牧,是不是也有相似
的地方呢?

　　我們不妨作些不大禮貌的推測。物以類聚,人以群分,
齊己的品行和愛好,他的朋友自牧,也一定多為所有。齊己
勤奮好學,成年後四出遊歷,曾登岳陽,望洞庭,又到過長
安,遍覽終南山、華山名勝,還到過江西等地。這些經歷,大
大豐富了齊己詩作的題材。齊己的不少好詩,也就是在他遊覽
名山大川時寫下的。我們的自牧兄也是走遍了名山大川的。國
內的不說了,說國外,《三清集》上就有他隨山東作家代表
團訪問西歐十一國時所留的十餘幀照片,神定氣閒,悠然馳
想。筆者也曾到過一些照片中的地方,時間比自牧書上所說的
2004年晚一年,展卷寓目,恍然故地,親切中就想,新時代的

自牧所見所寫的，是唐人齊己和自牧，無論怎樣也無法想見的，當然也就沒法寫到的。寫到這裡，不禁在心裡一笑，所謂會心怡怡是也。但是，「然諾竟如何，諸侯見重多」，「道本同騷雅，書曾到薛蘿」的風雅性情，磊落人格，卻又是唐人自牧、齊己和我們的自牧相一致的。

那齊己雖然早有詩名，但仍虛心向他人求教。鄭谷為齊己作「一字之師」便是一段佳話。據《五代史補》記載，齊己雲遊天下時，曾持其詩作〈早梅〉向詩人鄭谷請教。詩句是：「萬木凍欲折，孤根暖獨回。前村深雪裡，昨夜數枝開。風遞幽香出，禽窺素豔來。明年猶應律，先發映春台」。鄭谷閱後，笑著說：「數枝」非早，不如「一枝」更佳。齊己聽罷，不覺對鄭谷肅然起敬，歡然心服。從此，人們便稱鄭谷為齊己的一字之師。這今日自牧，卻也知交遍天下，天命之年賦詩自壽，有井水處就有人唱和，轉益相師，所成就的詩林佳話，怕也是只多不少。若論虛心待人，淡廬主人自牧也只會多，不會少。鄧基平到處幫人，來客就招呼的及時雨聲望，隱隱然已成公論。每年散書三千的自牧，已經是民間書香的一位真正釀造者。

齊己的〈老將〉裡有這樣的情趣：「破虜與平戎，曾居第一功。明時不用武，白首向秋風。馬病霜飛草，弓開雁過空。兒孫已成立，膽氣亦英雄。」他的〈古劍歌〉寫道：「古人手中鑄神物，百煉百淬始提出。今人不要強硎磨，蓮鍔星文未曾沒。一彈一撫聞錚錚，老龍影奪秋燈明。何時得遇英雄主，用爾平治天下去。」今日淡廬自牧的《日記報》和一本本書冊，也是他手中鑄就的神物，「百煉百淬始提出」的這些，也是「一彈一撫聞錚錚，老龍影奪秋燈明」。只不過，他是用這些書香來化臻民物，輔助太平日月的。對於民生之疾

苦，齊己是深表同情。如他的〈耕叟〉詩就寫道：「春風吹蓑
衣，暮雨滴箬笠。夫婦耕共勞，兒孫饑對泣。田園高且瘦，賦
稅重復急。官倉鼠雀群，只待新租入」。和齊己他們相比，我
們和自牧兄是生活在一個好時代的，雖然銀子也少，可是崇尚
「清真」、「清雅」、「清拔」並以之命名自己文集的自牧
兄，講究「一襲樸素和一團醇正」，信服聶紺弩〈答鍾書〉中
「我以我詩行我法，不為人弟不為詩」所述心志的自牧兄，改
後以「我以我文行我法，只為人弟不為師」點石成金的自牧
兄，阿瀅曾說，黃成勇出差到濟南，想看看與書有關的部門和
人，打電話問四川文藝出版社的龔明德：找誰領路合適？龔明
德想都沒想馬上答覆：找自牧！其時，龔明德和自牧兩人還沒
有見過面，只是神交已久。龔明德說：「在幾千里之外，有一
個可以信任的愛書的友人，實在是人生一大幸福。」這都是自
牧，太平之世的自牧兄，「漫將詩筆為文筆，熱血填胸一灑
之」，也是呵護太平安好的自牧。

　　讀自牧之文，如江如海，觀自牧之字，如雲如霞。書法
家的自牧，又是別一番風致。自牧兄曾經送我一方彩箋，那是
寫在灑金八行徽宣上的四個字：「素心若雪」，署名「淡廬自
牧」，雅正有法，蓋有朱文小印一款，另外是方、長各一的陰
文圖章，整幅字布局嚴整，和諧天然，洵為上品妙筆也。我觀
自牧的字，一個也抵得上「十萬金鈴矣。」

　　自牧擅寫日記書簡，集子多收多寫的也是日記書簡。
那些也都是世間一種不可磨滅的文字，不可小覷。在自牧那
裡，是無事不可以寫入日記、寫入書簡的。這些，都有書友作
過描述，我就不再饒舌了。

　　在內蒙古草原的時侯，我曾和自牧一家合影留念。分手
的時候，自牧和家人到五台山遊覽去了，下山後的布衣文士自

牧抒寫了崇真尚淡，知止清淨的自壽詩，想來，五台的仙氣也自沾染了他。我未去五台，且引齊己〈寄自牧上人〉詩，聊志識荊：「五老回無計，三峰去不成。何言謝雲鳥，此地識公卿。夢愧將僧說，心嫌觸類生。南朝古山寺，曾憶共尋行。」

自牧在《三清集》裡有這樣的夫子自道：「放眼讀書，以養其氣；開襟飲酒，用吾全真。」讀書沒有問題，而飲酒，則一定是唐人自牧和他的朋友齊己所不同意的。不過，我同意，朋友們也喜歡，喜歡並且羨慕這有酒最好泉州土的自牧。這篇文字就要結束了，我把自己讀書時侯想到的幾句感覺抄在這裡，算作是與自牧兄五十自壽詩的唱和：

把盞有書故人情，青州泉石綠新酒。
漫將詩筆為文筆，天人兼到熟極流。

2006年11月10日晚間寫畢，12日午後改定。

眉睫的《朗山筆記》

　　說眉睫的《朗山筆記》的難得，是因為：一、這書印刷得好，可以說是今日世界上的頂級印刷品之一；二、是眉睫自己寄來的，眉睫沒有在書上題簽，我把眉睫寄書信封上的字和郵戳裁剪下來，做成書簽，夾在書頁間，代簽名。三、這書的內容好，正是我感興趣的，人世難逢開口笑，算人間快事讀好書，一大白，可以浮。

　　6月1日，收到武漢眉睫寄來的新著《朗山筆記》。佳日佳書，風簷展書讀，古道照顏色。美哉！朗山，是其先祖的名諱，眉睫以此名其書，是取紀念之意，副題為「現當代文壇掠影」，是台灣秀威出版公司2009年2月出版的書，印刷很精致，但定價是310新台幣，是很難得的橫排繁體字印刷本。在大陸，這樣的本子在閱讀上是要受到限制的，因為很多人對繁體字，已經不習慣了。

　　和眉睫通電話的的時候他說，台灣出書，沒有稿費，給作者的，也只有數十本書而已。不過書能印出來，還是要感謝的。在大陸，出書難，是人所共知的。這麼好的書，大陸的出版社沒看上，借吳稚暉的話說，就是「狗眼狗眼狗狗眼」了。這就是區別。唉！眉睫要給朋友送書，也還得買了送。但願出版公司賣給眉睫的書，能便宜很多、很多。這樣，眉睫給朋友送書，就也會很多了。

　　眉睫的專長是研究廢名。他的另一本書就是《關於廢名》。幾年前我們在閑閑書話相遇，他找《開卷》的地址，

我給了他。那時他還在讀大學，讀的是法律專業。據眉睫自述，他喜歡文學，起始於高中時代，也受到了很大的阻力。因為就是在名滿天下的今天，文化人（包括現在的眉睫在內）的生活，也還不能完全依靠著文。這真是今日文化的悲哀！陳子善先生在為《朗山筆記》所寫的序言裡說：「他發掘現代作家佚文佚信，辨析現代文學史實，孜孜不倦，樂此不疲，我注意到了，連海外的現代文學研究者也注意到了。」可是恰恰相反，我們的出版界注意不到。或許，眉睫是多麼盼望能在大陸，出版自己的著作。陳子善先生又說：「他做了我應做、想做還沒有來得及做的很有價值的工作，我深感欣慰。」陳子善六十一歲，眉睫二十多歲，這是否意味著代與代之間衣缽的可傳？

眉睫說：「一個真正的獨立書評人倘若少讀書評，多讀讀書筆記，我想是一條好的路數。這樣，或許他寫的文章對不起讀者，但至少對得起自己吧！」他對讀書筆記，是情有獨鍾的，他的書，就叫《朗山筆記》。一冊書的封底的一句話，曾讓眉睫「眼前為之一亮」：「不管什麼時代，人類都需要一種貴族精神」。他是寧願把《劉緒義〈詩經〉心得》看作是作者的讀書筆記，一種私人化的閱讀心得記錄的。這是把讀書筆記看做貴族式閱讀的存留產品，要貢獻於大眾精神品格的提升。

眉睫說《王安憶讀書筆記》是2007年一年裡讀到的印象最深刻的書。那書裡有一篇文章，題目是〈閱讀的要素〉，正可以解開我現在的讀書困惑，不僅是喜歡，還覺得很有用，於是抄下來：

閱讀的第一要素，我想是信賴。相信我們所讀到的東西，這常常是發生在我們少年時候。那個年齡，

心靈像一張白紙，無條件地相信任何事情。書本給我們神聖的感覺，好比人生的老師。

我們總是把書本上的話抄在日記本上，還總是將書本上的話贈來贈去。這是一個非常容易受影響的時期，是精神世界最初的建設時期。假如我們幸運地讀到真正的好書，那麼，一生都將受益無窮。

當我們逐漸成長起來之後，我們逐漸形成了對這個世界的看法。它不僅來自於閱讀，更來自直接的經驗。閱讀和閱歷使我們幾乎是本能地懂得哪些是好書，哪些是作者以誠實與信賴寫下來的文字。我們仍然以信賴的態度讀書，而這時候的信賴卻是一種理性的信賴。我們和書本之間建立起一種平等的關系，書本是我們的朋友。理性的依賴還可有效地抵禦懷疑主義的侵害，這時候的閱讀對於拓展我們不免狹窄的個人經驗大有好處。假如個人經驗偏於悲觀，它便提供給光明的景象，假如個人經驗偏於萬事無憂，它則提醒我們不幸的存在，它可使我們保持樂觀、開闊的精神。

晚年時的閱讀信賴，我想應是建立在寬容之上。因為這個時候的經驗已成熟到可與任何書本做一個比較，這是該做出結論的時期。假如前兩個階段我們保持了閱讀的良性循環，這時便能夠再上升一格。在持有自己的經驗與結論的同時，善解並誠摯地去觀看別人的人生所得，看到人類無窮多的心靈景觀。這時候，我們應當如同相信自己一樣地去讀書，書會和我們融為一體。我們其實也是在讀著自己。這時候的自己，應該有一顆能夠包容一切的心靈，讀書就是提供了這樣的好機會。當然，我這裡指的是人類寫下的最好的那類書。

眉睫寫到了詩人朱湘和他的同伴們。太慘了！朱湘本身沒有活好，子孫的遭遇比乃父乃祖更淒慘。1974年妻子死後的喪葬，都很艱難。朱湘的作品給新文學增添了亮色，自己和子孫卻是如此這般遭遇。還有傅雷，眉睫說他是「二、三〇年代留學生的代表人物」，其命運，也是許多「二、三〇年代海歸的命運」。然而傅雷，也一言難盡。「正是由於性格上的鋒芒畢露和其他因素，成績優異的傅雷從小學、中學再到大學都沒有拿到畢業證。」被稱為「壞透了的好人」的黨國元老吳稚暉曾在1926年以校董的名義，下令逮捕傅雷。留學法國，傅雷也是自作主張，違背了母親的意願。傅雷太優秀了！他翻譯了那樣好的作品。可是傅雷又太不懂事：1961年被摘去「右派」帽子的時候，他竟然平靜地說「當初給我戴帽，本來就是錯的！」眉睫說：「我們固然不能苛求於時代，那麼也不能一味地認為傑出的文藝家、翻譯家傅雷是因社會變遷而葬送學術前途，那麼，我們要問誰呢？誰能解答這個知識分子磨難的難題？」眉睫這一問，也是「天問」啊！

眉睫曾用半年的時間讀過一本小書，他說是「分多次啃完，一字一句地啃，這在我不長的讀書史上是一次罕見的較量。」那本書是富里迪關於公共知識分子衰落的研究著作《知識分子都到哪裡去了》，書的目的，是「旨在對我們當前著手發展思想、教育民眾和塑造新型公共的方式展開研究，對當代教育和文化政治的反民主根基和保護主義根基同時提出質疑」，其「觀點是，真正地擴大公共參與的前提條件是向民眾提供社會所能給出的最高標準。」眉睫以「一場對抗庸人的文化戰爭」為題來作富里迪的讀書筆記，他說「此書的問世，對於當代知識分子不啻是一枚思想上的重型炸彈，有著警醒和鞭策的作用。」眉睫的文字有著深切的憂患意識，借外國的事說

中國的隱憂，惋惜「文人議政」、「為民請命」、「為真理殉身」傳統的失去，拿富里迪談當前的世事，呼籲「最高標準」、「優秀標準」，赤子之心，躍然紙上！

眉睫喜歡童話，在童話故事裡長大的他，是一個童心未泯的青年──現在的他，正在一家大型童書公司擔任兒童文學圖書策劃編輯。他的心底，有一個燦爛光明的童話世界。《朗山筆記》裡收有十數篇關於兒童文學的文章，他服膺豐子愷在〈我與《新兒童》〉中說過的話：「我相信一個人的童心切不可失去。大家不失去童心，則家庭、社會、國家、世界，一定溫暖，和平而幸福。」他推介童話家和他們的書，流瀉出一個朋友眼中「木訥、拘謹」的一介書生心底滾熱的「岩漿」：「我愛童年，所以我愛小孩子……我總為此叫絕！」

蒲松齡說過：「性癡，則其志凝。故書癡者文必工，藝癡者技必良。世之落拓而無成者，皆自謂不癡者也。」眉睫是一個一往情深、心志專一的人，對書對人，都是這樣。《朗山筆記》的扉頁上居中有一行行楷字作如是言：「獻給我的女友張紅」。何處紅顏，引得荊楚才子如此傾心？愛情的力量是巨大的，紅袖添香，眉睫讀書的情味想也是別具風味的。這書，或許也是情愛激蕩的產物。對於書，眉睫是「浸潤其中當不知日月之幾何也」的。多讀自知，多寫自好，眉睫的書惹人喜愛自不待言。我也「甚寶愛此書」，「願意讀者喜愛它，喜愛讀書」。

2007年6月2日寫畢於夕照綠樹中。

《朗山筆記》的後記裡說：「倘有讀者留意過，對他有幫助或由此與我交流，我想這是生命中的緣分，是一件非常幸福的事情……苟能如此，足矣！」我衷心祝願，眉睫和大家都幸福。

傳薪之書

　　在讀書朋友中大名鼎鼎的的超級書蟲李傳新新書出版了，書名是《擁書閒讀》。春節時通話，傳新兄說，已在深圳女兒家，過年後再回武漢，屆時，就可以給我寄來他新印的書。他可真是守信，這書在我還沒想到的時候，已經攤在面前。

　　是毛邊本，傳新用毛筆鄭重其事地簽署了名字，並寄語：「岳年兄一笑了之」。書名是流沙河寫的，責編是黃成勇自牧，裝幀設計牛紅，書由中國文史出版社2008年12月印出。

　　黃成勇以碧野二十年前為傳新所題名句「愛書是一種美德」為題給《擁書閒讀》作序，述傳新由郵班工人、物資局幹部、廣播局編輯，登堂做書店常客，由客而主，做經理，組織竹山縣愛書者協會，尋來碧野為之題詞，並在致信中稱揚：「你的頭腦裡有閃光的思想，你的血液裡有豐富的感情」。還有後來編輯的《書友》、《崇文》，一報一刊，風采照眼。傳新入書業二十四年，成勇垂三十年與之相伴，此一篇序言，雖語涉莊嚴，堂而皇之，卻未失性情，是真心流露者也。

　　傳新兄在電話裡說，谷林老曾為這本書寫了幾幅題字，供他選擇。書中收錄的是九十歲的谷林墨寶：「書人合一」，是一輯文章的標題。谷林仙去，傳新兄在閒閒書話開貼吊唁，書界為之送行。谷林老晚華吐翠，與書友結下深厚情誼，已成佳話。老人評價傳新，說：「傳新是應該叫傳薪的。」老人在《書邊雜寫》裡說名儒的時候有言：「作者既『身之所經』，感慨深沈，極能牖啟思考，遂使不識先儒的後

生借此稍增聞知和向慕，則此卷作者獨賞蕭先生『道高』詩句，亦志在傳薪乎？」（按，蕭指蕭公權先生，「道高猶許後生聞」係其全集第一冊名，為蕭氏贈吳宓詩句）。呼傳新為「傳薪」，以喻其志業，說的恰如其分。老人對傳新的看重，於此可見。傳薪繼絕，不只是說文化情懷的高尚，以傳新之為書為人為文之行誼，進行驗證，有的就是世俗少見的溫馨和友情。

我和傳新訂交的時間不算長，五年而已。但是相知，又彷彿逾五百年。本來是蓬山此去無多路，天下只我不識荊，不料因為讀書的緣故，我知道了武當山下的十堰，有一個李傳新，李傳新弄好書，可解我好書之饞。無傳新，我與今日讀書界，又隔重重山，是「無論魏晉，不知有漢」的。傳新兄是青鳥，為大家探看的。有他，我轉過重山，豁然開朗，不只是我，愛讀書的朋友，都得益，從竹山愛書者，到十堰愛書者，到武漢讀者，到天下愛書人。《擁書閒讀》的書名由流沙河題寫，書內五輯的欄目則見多家風流，「書人合一」是谷林所署，「書香繚繞」是徐重慶所題，「十七年書」為黃家喜題簽，「淘書者說」係劉憲章書寫，「民間書聲」則由自牧寫就，陣勢堂堂，繁華競逐，如此豪奢，其誰能夠？傳新的書緣人脈，和所受推重，是書林的一番風景。我們相逢在草原，是八月，青草正肥的時節，有更多的喜悅，已有文字述說，這裡從略。

《擁書閒讀》是在午間讀起來的。北國之春，寒流未盡，遼遠的天上有白雲飄過。手持竹箋小刀，裁讀傳新的書。啜茗翻檢，他說過是「擁書閒讀」的。傳新讀傅聰《望七了！》，聽書裡面奉贈的那張傅聰CD，是讓人羨慕的，在悠揚的琴聲裡談「人生七十無少年」的信奉，回味音樂大師的對

談錄，意境由遠及近，幻化出一個大寫的「人」字，是優美的。就覺得，那人繚繞的書香，不也如此這般，飄渺有無，醉人無算麼？我信筆在冊頁上作批：「想看這書了，想聽這碟了。」

〈攪起一池春水〉是傳新談龔明德的文章。他說龔明德的《文事談舊》一書充滿了學問的味道，我想說的，是龔明德先生所有的書和他的人，都充滿了學問的味道。更難得的，是龔先生要弄一個大大的屋子做讀書堂，讓天下愛書人都來免費讀書的胸襟，讓我們夢裡都想著親近。龔氏《毛邊情趣》是當代毛邊書流行的始作俑者，我有此書，我識斯人，看得親切是自然的，何況書本身是毛邊本。

揚之水，這個名字在《擁書閒讀》裡出現了。這是我心所服膺的張中行如椽大筆濃墨重彩寫過的人。管風琴是閒閒書話裡的人，自然有交流。可管風琴如此傾心於揚之水，「到任何一個網上中文書店總是先搜揚之水，沒有就拜拜」，這是什麼事呢。傳新有文，是《揚之水的第一本書》，說以300元買下1993年9月遼教版，定價是5元8角的《梓柿樓讀書記》，惹得那位叫揚之水趙麗雅宋遠的「今代的柳如是」大為感念，大寫題跋，復又使布衣書局老板胡同君大發感慨大寫打油詩，真個是春風管不住，一傳天下新。我生有涯，所知有限，揚之水所知多，那麼就痛下決心，買下她的書來讀，要是可能，就讀全部。

傳新談《紅樓服飾》一書，說：「在十分閒暇的時候，在格外愉悅的時候，這套書會給我們帶來好心境。」《華夏衣冠五十年》，他「也在好心境中時常翻閱。」看來，善讀書，便是要弄個好心情出來。

　　又是三月三了，又該踏青了。又記起傳新在讀《一生中要去的六十六個地方》時留下的題記：「國人歷來喜好踏青，踏青給人帶來好心情，或者說，創造春意任它在自己心中蕩漾。」「蜀中詩人流沙河一九四九年出四川經過陝西東行湖北，看見窗外飛馳般消失的莊稼，山，樹木，立刻聯想到兩千多年前，秦滅楚，就走的這條路，這種文化底蘊何等了得！同樣，千里迢迢一睹武當山的風采，並不曉得道教文化的博大精深，又多麼委屈了其實是存在著的求知熱情！」創造春意任它在自己心中蕩漾，不是人生的真諦麼。

　　傳新文字，亦復「何等了得！」為什麼有仙則名，為什麼有龍就靈？根在文化。斯人所傳之薪，不正是這個不傳之秘麼？

2009年3月2日讀寫，15日午間晴窗錄畢。

陳克希

　　春節期間，收到陳克希先生寄贈的《舊書鬼閒事》。特別高興。正好那天回鄉看望母親，就帶著書，在老家的熱炕上，半躺著讀完了大半。不正襟危坐，正應了閒字之義，先生說是「閒事」，我讀的時間是一年中最愜意的「閒時」，不亦樂乎？有閒，不亦主人乎？是主人翁也。

　　和克希先生訂交，是2006年夏天，在《草原日記》裡，我記下過當時的情景。讀書人隨和，不喜繁文縟節，克希先生說，稱「兄」，親切。那以後，我們間的交往，就稱「兄」道弟了。克希兄長我十一歲，編過《博古》雜誌，是上海圖書公司總收購處主任，古舊書刊標價師，古舊書界的抗鼎人物。朋友們說，在上海找到了陳克希，就找得到讀書、藏書圈裡任何一個重量級書蟲。前些天他來電話，說新書《舊書鬼閒事》出版了，是2005年版《舊書鬼閒話》的姊妹書，要給我寄來，向我要地址。我已經領受過克希兄的一幅《文壇茶話圖》，是他發掘到的民國時期文壇人物茶酒之樂圖，很珍貴也很好玩。春節我打電話，向克希兄祝福。電話那頭的克希兄，顯得有些疲累，說話間，還傳過來一兩聲咳嗽。我問是感冒了嗎？回答是沒有，是昨天讀書的朋友們過來拜年，累了些。克希兄是很重感情的人，對所有的讀書人，他的心腸都是熱的。讀《舊書鬼閒話》的時侯，這個感覺就很突出，在北大荒如此，在福州路圖書公司如此，現在看來，在家裡，也還是如此。

　　十年辛苦不尋常，愛書人作主人翁。撒播讀書種子在兒子心田的老父，也是克希兄心裡永恒的圖景。我問過克希，為什麼在《舊書鬼閒話》和《舊書鬼閒事》的第103、179頁都收入了父母的同一張照片？他回答說，自己太喜歡這張照片了，所以一收再收，竟沒有發現。說起來，克希是真正的書香門第。他「一出世便滿目皆書，祖父陳慈銘是滬上『戲學書局』的老板，店堂內、倉庫中四處見書。父親陳偉命為老派知識分子，書房藏得經史子集門類齊備」（〈書天書地書人生〉），近期，克希帶著學生給書庫裡堆積如山的舊書刊標價，竟然淘得老父在二十歲的學生時代編輯，1941年由上海戲學書局出版的京劇女伶影集《霓裳豔影集》，「使現年八十八歲高齡老父，高興的如兒童一般，可謂老天開了眼。」六十八年前的書，因為那場浩劫，不要說老人處，就是圖書館也未必有了，天意憐幽草，人間重晚晴，歡喜到如此份上，也難怪克希兄驚呼：「書庫淘得無價寶」！西方的諺語說，貴族要三代以上才可以造就，過去挖思想根子，也至少要追到祖宗三代以上，克希兄一家在書界也至少有三代的歷史了，信夫造詣之深，淵源有自。

　　克希不寫別人已經咀嚼過的東西，他把「好書房設在家外」，以書庫為書房，見識自然高過別人。看他書的目錄，就有許多未曾寓目的新奇，數十年間，他打過的交道，都是現代文化書刊的奇觀。每一篇的字數都不是很多，每一篇裡面都是掌故和知識。談汪政權下只出了四期的《眾論》雜誌，「創刊號的封面裝幀倒也不俗，只是紅黑套印構圖，紅色橢圓形橫於書皮中央，上繪十五尊面具，面具以漫畫誇張，和尚、政客、財主、妓女、骷髏、流氓、酒鬼各色人等俱全；與紅色橢圓畫面垂直相交的刊名為漢奸行政院長陳公博的手跡；刊名手

跡設計呈黑色殘碑狀：真是動足了腦筋。」最後說「汪偽主辦的雜誌還有1939年創刊於北京的《中國公論》、1942年創刊於上海的《古今》、1943年創刊於南京的《中國青年》、1943年創刊於上海的《文友》、1944年創刊於南京的《文藝者》等百餘種。」（〈短命的漢奸雜誌《眾論》〉）神完氣足，不足千字的配圖短文，網絡了一個時代的一個方面，讀過後要忘記都難。

他的發現是可以拍案驚奇的：《魯迅回憶斷片》，「作者為荊有麟，發行人張靜廬，1943年11月初版。作者1924年在北京讀書時，因請教問題，開始與魯迅交往，後經魯迅介紹入京報館任校對，並參與創辦《莽原》。魯迅日記顯示，荊有麟與魯迅交往共322次，其頻率除魯迅六位親屬外，居第七位，即便是內山完造、臺靜農、李霽野、郁達夫亦不能相比。但因其參加中統、軍統，1951年在『鎮反肅反』運動中被處決，故該書至今未能和其他魯迅回憶錄那般，出過單行本。」（《故紙生涯》）這發現於學術不無小補。不過，在今天出版，應該不會有問題。我這裡有一本縣志，編纂人是民國時期的最後一任教育局長，被鎮壓了，手稿本後來被人從火堆裡搶出，現在已經出版好幾年了。陳公博的《苦笑錄》，我買到幾年了，黃濬的《花隨人聖庵摭憶》，則出了好幾種本子。荊有麟的書出不了，或許是他的命不好，或者魯迅研究者及好事者沒有福氣呢。思之可發一笑，不過這笑，也有些苦罷了。

克希善於為超級書蟲造像。鮮活跳動的形象，記錄出當代書林傳奇，稍事整理，是可以傳之後世的。在藏書家中，他推王稼句為第一，「王稼句要朋友、好飲酒。凡讀書人，無論來自天南地北，一到姑蘇便可享盡其熱情之地主款待。書裡書外，說古道今之氣氛，足讓客人終身不忘。」我體驗過這份厚

遇，看到這些話，就可以負責地說一句：此言不虛。韋力的藏書中，「唐、五代、宋、遼、金、元之本子也有見藏。」這是怎樣了得的當代藏書家？韋泱，以詩人進入藏書界，猛轉槍頭進入新文學書話，「冥冥中得了天助」，善寫養狗養貓養兔類書話，勤於走訪前輩文化人，搶救了歷史。中華創刊號收藏第一家馮建忠，在北京在台灣舉辦老期刊展覽，社會反響巨大。閱歷簡單，未上過高校，書話寫的充滿了學術氣息的李福眠習慣將好書送書友，「藏書有減無增。今年夏日曬書時粗略估計，家中還剩四千餘冊。」有此消息，天下讀書人誰不欲早識此老？「陳子善有見書店無不入之雅好。一次，與張偉、李福眠、韋泱、陳克希四人……路過教輔書專賣店，只見陳子善忽地竄進書店，走馬燈似也在書店轉了一圈，其餘的人卻在門外如同站崗一般」。得這般崗哨，羨殺書蟲哦。林公武「祖上傳下的萬卷經史子集在二十世紀三〇年代寄存親戚處而被當廢紙賣了」，為平生第一痛恨事，「女兒而今正就讀古文獻研究生，已不再擔心那寶貝的書們會喪失」，為平生第一得意事。林老有福，鄰架深幸。南開來夏新稱，「徐雁是同齡人中成就最高者」。龔明德「家藏數萬冊書，如同嬪妃既無暇照顧周全，又捨不得休去」，「考據新文學功夫扎實，甚至近乎鑽牛角尖，因此不僅挖掘出些許文壇疑案，而且還抖出不少那年頭文化名人遮遮掩掩的隱情。」到滬上後，「裝扮像農民進城」，過「新文化服務社，賽過掃蕩一般，淘得三大捆舊書，背回下榻的福州路老正興飯店，斜倚床頭，從這本書摸到那本書，將身邊三五書友晾在一邊。好在眾書友犯不著與他新寵的書們爭風吃醋。」因《舊書筆談》而「一炮轟響」，由小說家作藏書家的薛冰「對藏書家無端立了標準，認為藏書家讀書，不同於休閒讀，也不同於學生求知讀，甚至有別於專家學

者研究某一命題的讀。收藏家不僅要讀透這一本書，而且要讀形式；不僅要讀書的今天，而且要讀書的昨天與明天，要讀出書的意蘊來。」「華夏民國版本第一藏書家」瞿永發「從二十世紀七〇年代末介入藏書開始」，「節衣縮食、風雨無阻每星期天不誤文廟書市，平日裡擠時間去福州路舊書店淘書，即便是遭遇下崗失業亦不忍賣藏書」，自己在滬上雜亂無章的舊街掛起「現代文學史料藏館」的招牌，將珍書異刊展示世人，真個是功德無量（〈藏書家風采〉）。「蔡玉洗全力托起《開卷》，董寧文滿頭大汗站在前沿拓展，薛冰和徐雁二位則不遺餘力扶著寧文向前推進，而眾多作者則源源不斷向《開卷》注入美文。」（〈《開卷》立大功〉）克希服膺姜德明，推他為「當代書話的開創者」，《舊書鬼閒話》出版後，他把編號第一的書送給姜德明，是看重老人，更看重情意。入得克希法眼的，還有名滿天下的山東大名士自牧，還有倪墨炎……

藏書家之外，滬上古舊書業的老法師，滬上文藝場中外書人書事軼聞，或者精彩的圖片，盡入克希書中，琳琅滿目，美不勝收。《舊書鬼閒事》是遠東收藏系列叢書之一，克希的本業又是古舊書刊標價師，書中關於書籍版本的答讀者問，也別開生面，要之，一卷在手，恍然遊走於書肆，和大隱於世的高人接談，晨昏不辨，樂以忘憂，是自然而然的事。克希之「閒」，是主人翁生面別開也。

2009年2月17日。

陳子善

　　董寧文兄寄來了開卷文叢第三輯十本書，分別是他的《開卷閒話三編》，葉至善的《為了紀念》，呂劍的《燕石集》，戈革的《渣軒小輯》，劉二剛的《午夢齋隨筆》，許覺民的《雨天的談話》，陳子善的《探幽途中》，范泉的《斯緣難忘》，施康強的《牛首雞尾集》，彭國梁的《書蟲日記》。書都是毛邊精印的，在愛書的我看來，這是天上掉下的餡餅美味，好玩得緊。我想瀏覽，想挑一本先睹為快，任是拿起哪一本，都不忍心放下，頗有些與劉姥姥進了大觀園相仿，但凡見了的，都只一個好字。

　　午睡醒來，我從枕邊拿過新書，翻看起來。是陳子善的《探幽途中》，這一翻，眼睛頓時一亮，扉頁上流暢灑脫的「黃岳年書友，陳子善丁亥夏」字跡映入眼簾，那是作者的親筆簽名。歡喜之餘，我拿起手機發去了短信：「寧文兄：翻看您寄來的書，驚喜連連，古人說如飲春醪，應該就是與君相交的境界了！代問在書上簽名的子善二剛先生好並謝謝他們！」是的，和寧文兄的交往，是最讓人愉快的事了。有好書記得我，在收到好書的時候還常有意外的驚喜，這回的子善先生簽名本，就是其中之一。

　　陳子善先生，在如我一樣的愛書人心裡，是很惦記的。見到他編的《貓啊貓》那一回，我沒有及時買，很長一段時間直讓我後悔得要爛了腸子，再後來見了他編的書，儘管自己不很想看，有時候還有些腹誹的意思，書價也貴，可是也都買下

了，比如那本紅紅封面的張愛玲的，還有那本良友文集，都是在我囊中羞澀的時候狠著心買下來的，可是到現在也沒有正經看上多少。還有毛尖。說來我寡聞的好笑，我買毛尖寫的書，竟然是因為她寫過〈子善老師〉那一篇文章，儘管我是在好久後讀到陳學勇先生〈初識毛尖〉一文後才知道了作者的性別以及更多的。〈子善老師〉一文現在作了陳子善《探幽途中》一書的代序，重新展閱，快何如之。至於子善老師的《發現的愉悅》、《文人事》、《撈針集》、《陳子善序跋》，我買的時候都有故事，想來都溫馨可感。稍微有些遺憾的，是《遺落的明珠》、《中國現代文學側影》、《海上書聲》、《生命的記憶》和《說不盡的張愛玲》這些書，我都還沒有。可是想到世界上的好事那麼多，我哪能都挨上，這樣想來，心裡也就釋然了。

「在我看來，在案頭把玩色情藏書票是古今中外文人的雅興，說是滿足窺秘心理也好，說是純粹的審美享受也好，都是充滿情趣，有益文化的消遣，不知讀者諸君以為然否？」這些話，乍看似乎不應是我們所在的時代和社會裡的，可是真真切切，是陳子善2000年5月寫在〈塞維林的情色藏書票〉一文裡，發表在《作家雜誌》第五期，收入《探幽途中》的。通過這篇文章，我還知道董橋收藏了許多英國傑出的郵票設計家塞維林的情色藏書票，在董橋眼裡，塞維林的這些情色藏書票是「歐洲第一支筆」，其珍貴程度甚至超過了1999年諾貝爾文學獎得主格拉斯的素描，在購買的時候，董橋是放棄了格拉斯而選擇了塞維林的情色藏書票的，當然，董橋應該是賺了一把的，因為陳子善說，在「塞維林逝世後，他的情色藏書票行情飛漲，成為歐美各國和日本的藏書票收藏家爭先覓購的珍品。」

　　我一直對藏書票的功用不甚了了，這回陳子善告訴我：「與我國藏書印功用相類似的藏書票是西方書籍文化一個小小的卻是十分重要的載體。」「人稱『紙上寶石』，而且有獨立收藏的藝術價值和比較研究的文化價值。」「情色藏書票也是藏書票藝術中不可或缺的組成部分。」「1970年裸女和情色藏書票創作占西方藏書票的百分之三十，以後便增加為百分之三十五。」「情色一直是本世紀西方藏書票創作的重要主題」，說這樣的文字離經叛道固然過分，可是這些話為我們打開的窗戶卻是真實的，至少在我這樣的人讀來，是很新鮮的。

　　說陳子善是思想家，可能一時不大容易被接受，可是陳子善的書和文章是帶有很濃很濃的啟蒙意味的。邁克同性戀散文的〈假性經‧男界‧豔遇〉是很別致的一篇文字。陳先生說：「作為生活方式、情感方式和審美體驗到的同性戀，應該可以與異性戀相互補充，並行不悖，同性戀者應該享受與異性戀同等的權利。」「在港台地區，『同志』這個名詞已被賦予嶄新的涵義，成了同性戀者的代名詞」，「美國學者蘇珊‧桑塔格說得好：『同性戀是一種藝術，一種感受事物的方式。』」無論如何，說這樣的文字在思想和觀念上沒有突破是不妥的，陳子善不過是借了書說事，說的是一個社會包容的道理。你的社會要和諧，不包容怕是最大的問題。包容和民主，我們已經有的不是多了，是不足的尚多。

　　陳子善好編書。他較早發掘和鈎沉的張愛玲、知堂、徐志摩們現在已成顯學，蒙他之惠，我們讀到了那些鮮為人知的作品和故事。文學的事情之外，他所做的工作中，引人注目的事，是他寫了大量關於古典音樂的文字，編了不少這方面的書。他在不少地方說到過這事，有一篇〈我的古典音樂之旅〉的文章，說得最為詳盡。他是在1966年和古典音樂結緣

的，他說「古典音樂在我軟弱的時候給我以力量，在我痛苦的時候給我以慰藉，更在我追求的時候給我以鼓勵。」他編了作家學者談論古典音樂的散文集《雅人樂話》，「編選了辛豐年、李歐梵、劉靖之、呂正惠、莊裕安、陳黎等海內外名家的音樂散文集多種，在上個世紀九〇年代興起的『音樂散文熱』中起了一點小小的推波助瀾的作用。這些作者大都沒有受過專業訓練，但無一不是古典音樂迷，他們見解獨到、文采斐然的音樂散文，給我打開的又何止是一方欣賞古典音樂的新天地。而當『音樂散文』已蔚然成風時，我在編選了《流動的經典》後戛然而止，我想應該見好就收。」好一個見好就收，那是開創者引領風氣之後的自我陶醉呢。那篇文章的末尾，陳子善用了「急就」兩個字來說寫作的狀態，可見他的急切和激動。那應該是心靈顫動，靈感到來的一剎那間的事。這一剎那的靈感，後來便培植了一大批愛樂的種子。

《探幽途中》是攬勝的書，我讀的歡喜。擔心也是有的，那就是我可能又會按圖索驥，再去找這些書，那樣的話，本來就沒有鼓過的口袋，就可能又要空了。

可能暴殄天物了，人家說，不裁開的毛邊書正在升值，我手上作者親筆簽名的的《探幽途中》又捨不得裁，可是不裁，書的內容又很誘人，怎麼行呢，最終，書還是被我裁開了。想想也值，我和陳先生的親近，不正是因為裁開了書，讀過了文章麼？

洞庭新摘碧螺春

　　發願為《洞庭碧螺春》寫這篇文章，已經很有些日子
了。那是在蘇州見過作者，有了彌足珍貴的簽名本，愛不釋手
地翻看之後。

　　從華東回來以後，就快到春節了。就著濃郁的茶香，
看萬里之外朋友贈送的書，我寫不出《茶香室叢鈔》這樣
的著作，但我所感受到的快樂，卻一點也不比春在堂主
人少。這書越看，我也越喜歡茶盞裡的碧螺春，一杯一春
天，一葉一春光，春色要滿園，我也春在堂中，這是何等
美事。

　　回想那些天，手執書卷，坐臥不廢，時時都是《洞庭碧
螺春》，書裡書外的人和事，長久地在心腦中縈回，感覺是分
外親熱，也親切的。在書的頁面上，隨興之所至寫下了不少似
是而非的文字，和書頁的精美比起來，都有些唐突佳人的不好
意思了。當時想抄出來，又有些擔心，覺得即興文字，不妥處
一定不少，放一放再看，或許更好些。

　　不想這一放，竟放出了問題。

　　春節前打掃衛生，收拾屋子，妻子知道我是靠不住的，
照例，正在上大學的姪女來幫忙。姪女懂書，這是我放心
的，書被她整理，按部就班，我用起來方便，也是一種幸
運。《洞庭碧螺春》是我正要用的書，我特意拿出來放在手
邊，案上，顯眼的地方。

家裡人對我滿屋子是書的生活已經習慣了。有時候見書多，收拾一下也屬正常。《洞庭碧螺春》在此後被心懷好意地信手塞入了書山。山大書多，再找，就難了。

　　書見不到，有半年多了。

　　記得書裡說，太湖有一個洞庭東山，也有一個洞庭西山。山上產茶，茶佳天下。那茶，便是碧螺春。這碧螺春，從太湖到虎丘，產於吳中，「名豔天下」，「名甲天下」。天子品碧螺春，天下人品碧螺春，碧螺春走進了從皇上到百姓的心田。

　　和書相違，尋尋覓覓的過程，又是一番人生境界的體驗。

　　書找到了，茶泃好了。「且品碧螺且笑語，風流豈讓六朝人。」書裡說到的民國金孟遠的《吳門新竹枝詞》注語所述「一盞香茗，清談風月，不知身在十丈軟紅塵中矣」的光景，也復來儀，正是老友相逢般的感覺。眉眉云，如許片刻清閒，「也足以抵十年塵夢了。」

　　重溫書裡馨香，當日的札記躍然面前。

　　作者署吳門小女子，實是吳門奇女子，近百年間或可屈指也。人生情味，書中已見佳致，筆追陸羽，說來也不過頭。而書的裝幀，印刷版式，配上百餘幅值得珍視的圖片，真算是養眼養心的好東東了。王雲五是大出版家，《八十自述》為其一生志業寫真，其子所編節印本在國內首出，展讀，見錯訛脫漏處尚多，細檢此冊，則無此病。著述留待後人讀，吳眉眉的《洞庭碧螺春》，該列入精校本圖書的行列。

　　書中的稱引文字也精致。王稼句先生曾經對筆者說過：「知堂讀書多。他抄書，抄來的都是別人見不到，或者見到了也思考不到的。我們也抄書，只是一般見不到他見到的。」眉眉對乃師箴言，可以說深悉箇中三昧。翻動《洞庭碧螺春》的

時候，我見到了祝枝山、文徵明、仇英他們。這些人都是虎丘山上碧螺春裡的佳客，也是主人。在滄浪，在西園，從吳越，到民國，從一即多，由點到面，扎扎實實，浩浩蕩蕩，愛茶的人真的是儀態萬方。說文徵明、唐寅的老師，名士沈周是虎丘碧螺春的一個超級粉絲，似乎一點都不過分。吳君告訴我們，他畫虎丘和茶的作品很多，《虎丘別戀圖》、《虎丘圖》都是一畫再畫的題目，陳鑒的《虎丘茶經補注》，記述了沈周的情趣：「沈石田為吳匏庵寫《虎丘對茶坐雨圖》。」「沈石田每寫虎丘圖，四面不同，春山秋樹，夏雲冬雪，種種奇絕。」「吳匏庵為翰林時假歸，與石田遊虎丘，採茶，手煎，對啜，自言有茶癖。」至於文徵明、唐寅，他們不但為湖光山色增添了那麼多的光采，也為美麗勝境留下了足夠多的茶畫，太多了，也太美了。唐寅的茶畫詩裡說：「買得青山只種茶，峰前峰後摘春芽」。他們是把身心留在了青山裡，留在了碧螺春裡。而眉眉君，是把他們約到了書裡，我讀書，所見自然也高興。

筆底生花，博雅不輸前賢。加上書裡那些文字的細膩，加上讀書日久的中毒之深，我常常廢卷，長想不已。恍然間亦五百一十年前文徵明先生《惠山茶會圖》中一書生也。

蘇州人愛茶。愛茶的姑蘇女子從古到今都不乏其人。不過，由愛而用心，結撰出氤氳文字，留得清香可人在書香雅潔中的，眉眉應該是「第一個」。茶之精魂在其中，人之性情在其中，信不信由你，虎丘的千人石可以作證。

蘇州可思可玩可賞的地方多，一天兩天三天都遠遠不夠，然則眉眉是書，可作姑蘇旅遊之左券乎？雅俗共賞的書，是適合大家讀而大家讀後都有所見，也會必有所獲的。

網友說，眉眉老公寵她，讓她過悠閒、雅潔的日月。安得不寵？得如此才情溫軟如畫的人為伴侶，寵著她為萬古青山碧水、萬古姑蘇茶香精魂寫意，不也是惠及蒼生的善事麼？

　　我猜，《洞庭碧螺春》的書名來自周瘦鵑的同名文章。周瘦老詩多，我選兩首以窺其心：

> 玉井初收梅雨水，洞庭新摘碧螺春。
> 昨宵曾就蓮房宿，花露花香滿一身。

> 翠蓋紅裳艷若霞，茗邊吟賞樂無涯。
> 盧仝七碗尋常事，輸我香蓮一盞茶。

　　周瘦老文章裡記述了採摘新芽，儲入蓮蕊，帶露取飲的趣事，那是一次友人雅集，那文章，因為有了詩作，也便成了實際上的詩話。花露花香，加上新摘的碧螺春，再美好不過了。

　　吳眉眉送給我的乳黃色名片右上角的豎行小字是「吳門小女子」，緊挨著的是四號楷字「吳眉眉」，中間右下大些的是自畫的畫眉鳥，左三分之一處是地址等類的內容。一樣別致的還有名片背後的一闋詞：

> 薄霧飄然如夢，綠水青山相擁。
> 渾是春濃關不住，陣陣花香傳送。
> 指點彩虹中，曾有矯龍飛鳳。
> 空谷幽蘭偷種，畫外蝶兒誰寵。
> 多少人間天上事，惹得塵寰心動。
> 滿徑又殘紅，寒雨無情嬉弄。
>
> ——調寄〈離亭燕〉

《洞庭碧螺春》裡的吳眉眉又有長短句有云：「姑蘇美，賓客織如潮。踏雪訪梅雲影醉，倚窗聽櫓柳煙飄，何處不逍遙。」合上書，優雅的書和吳眉眉君似乎已是一份大寫意的蘇州的名片了。

2008年5月2日寫畢。

止庵

　　文明人是讀書製造出來的，讀書也是生產，好的產品該就是文明人。谷林在書中引吉辛的話說：「增加一個與文明人相稱的生活的居民，這個世界會顯得更美好而不是更壞。」「能拯救人類免受破壞的大多數好事都產生於沉思的恬靜生活。這個世界一天天變得愈加嘈雜喧囂，拿我來說，我是不會加入到這日益嚴重的喧囂中去的，只要保持沉靜，我就為大家的福利做出了貢獻。」古今中外，聖賢者流不遺餘力地培植讀書種子，固然為傳薪繼絕，亦實寓修齊治平的命意於其中。這樣說，雖有陳義過高的頭巾氣，可事實如此，回避也沒有意思。

　　止庵能讀，也能寫，是特別地能，讀寫。有書為證，是一本一本的書讀過之後寫，再出版，又是一本一本的。自然，他也編書。從他的書裡面，可以看到讀和寫的成績。余不敏，聽說他的書好，就買，有的讀了，有的未讀。讀了的未終卷，是因為想到，並就見到、買到了他的又一本書，可能略舊一些，可是對我來說，是新見的。接著是應接不暇地讀。止庵到底出了多少書？2007年7月號的《博覽群書》上刊出的止庵〈答謝其章君問〉裡說：「迄今為止，寫的書有十三種：《樗下隨筆》、《如面談》、《樗下讀莊》、《六醜筆記》、《插花地冊子》、《老子演義》、《不守法的使者》、《苦雨齋識小》、《沽酌集》、《向隅編》、《罔兩編》、《神奇的現實》和《相忘書》。其中《插花地冊子》、《老子演義》、《神奇的現實》各出過兩遍，《不

守法的使者》出過三遍。另有三種「選集」：《俯仰集》、《懷沙集》和《止庵序跋》。《拾稗者》屬於『半選集』，前半『從作家到小說』選自其他幾種集子，後半『從小說到電影』即寫了一半的《看碟讀書》，乃是首次面世。還有一種與人合寫的《張愛玲畫話》。另外一次與人合寫，是為新發現的周作人佚著《近代歐洲文學史》所寫注釋，原文十萬字，注釋十八萬字，大概不久可以面世。所編校的書有周作人著六十一種（包括《周作人自編文集》三十六種，《苦雨齋譯叢》十六種，《周氏兄弟合譯文集》四種），廢名著兩種，楊絳著一種，谷林著兩種，先父沙鷗先生著兩種。」煌煌巨冊，上千萬字，要讀好久？止庵自己寫的數十種數百萬字，要讀好久？他是邊讀邊寫邊出，我是邊買邊讀，一個願打，一個願挨，兩廂情願，沒說的。要有，就是讀的高興的時候說聲好，讚歎。止庵的書，如《樗下說莊》，印了一版，又印了第二版，我讀的就是第二版，可見喜歡的人不少。

止庵的書，稱讚的人不少。還舉谷林為例。谷林和他結了忘年交，說與之相交，有「知己之感，忘年之樂」（《書簡三疊》，第96頁）。有評語云：「止庵以撰述豐茂，聲聞盛播，我認為其編校之功或尤在著作之上。有整套的知堂自編文集可供佐證。」（《書簡三疊》序）

《雩下說莊》刊出前，谷林竟致信止庵，說「渴望看你的《雩下說莊》」看到書後，八十歲的谷林又說：「《雩下讀莊》極富機趣，不減《如面談》，妙絕！」（《書簡三疊》，第215頁）

谷林說，「知堂著作最所愛重」（《書簡三疊》，第139頁）。讀書人同此愛好的多，我亦如此。那麼止庵，是繞不過去了。

關於《周作人自編文集》，谷林除了盛讚出版外，對止庵另加青眼：「三十幾篇『關於』，加上十來篇的譯叢跋，足可以抵一篇博士論文，大概並世無第二人矣。」（書簡三疊，第143頁）「對足下和揚之水乃不勝拜服。」（《書簡三疊》，第144頁）話裡面雖有客氣的成分，但主要還是實話實說。

谷林說自己欣賞止庵文章的原因是「對於現實一向留心，並以這種留心為行文的底子」（《書簡三疊》，第99頁）而且他的文字舉重若輕，好讀。喜好止庵的讀者，對於這一點應該是認同的。

止庵其人，以疑為思維出發點，止庵之書，以「唯物」和「懷疑」為思想。不定於一尊的想法熠熠生輝，比如對莊子，對陳編順序有疑，就有了「不能被後人所有那些加之於它的東西所左右」的想法，就有了「以篇中的段落為研究單元」的獨特觀照，就有了「不大相信老莊這個通行話」，即把老和莊看作兩回事，分開來觀察的自信。書上說，信者得救。止庵的是疑。止庵之疑，與知堂，與張中行，或者一脈？信的人用主流形態的眼來讀知堂，寫了知堂傳記，書友山翁兄說那是身入寶山空手而歸，說得直白些，就是白讀了。止庵用疑，只眼看知堂，讀，是找好的本子來，沒有，就自己動手編校，結果是弄出了《周作人自編文集》和《苦雨齋譯叢》來。再後來還是疑，解疑之法是置一個簿子，做筆記，之後組織，先有「識小」，後有傳記，這傳記是用傳主的話說事情，從千餘萬字的著述中採擷，布置，聯綴，成文。換言之，是引人入山，移步換景，指點評說，美不勝收。山翁兄說，那是止庵關於知堂的「夜讀抄」。谷林說「並世無第二人」，信夫。

　　近日，止庵的《周作人傳》正是我的閱讀功課。感觸不少，很想寫點東西。可是見過山翁兄的評述文字後，就有一種「眼前有景道不得」的感覺。那麼就放一放，或許，機緣成熟的時候，還會再說止庵的這一佳構。

　　止庵在《讀書續談》裡說自己只是伍爾芙所說的那種普通讀者：「他讀書，是為了自己高興，而不是為了向別人傳授知識，也不是為了糾正別人的想法。」高攀一回，我也是普通讀者。止庵的書，讀的時候，我也是很高興的。

2009年3月22日。

揚之水

「你就是今代的柳如是」，這句話是張中行先生給揚之水的讀書記作序時說過的，後來在〈趙麗雅〉一文中又復稱引。柳如是大家知道，可是柳如是在負暄老人心裡的位置如何，又引起了我的好奇。知道老人寫過柳如是，查，就知道不得了，負暄翁最遲在上大學的時候，就喜歡搜羅專講柳如是的書了，只是所得甚少，比起來，今天的我們，可是比他有福氣的多，拜太平日月所賜，老人窮畢生所見的關於柳如是的書，只有六種，沒有今天我自己藏有的多。看看，一向平實的老人，在說道柳如是的時候，用了些什麼詞：「最值得說的」「說是奇才總不算過分吧？」「不僅才高，而且獨一無二，總不是過譽吧？」「對於稀有的才女，拿起筆，就難免，或無妨，有所思，有所願，甚至有所愛，或更進一步，拿起筆，頌，愛。」「我見猶憐。」他甚至花大篇幅論說並拉陳寅恪來作證：「二十掛心，顯然是因為欽慕已經上升為傾倒」，顯然的結論，是稀有難逢，獨一無二的人物。

負翁〈趙麗雅〉一文說揚之水，她「太可怕了！」要「吾得兄事之。」讀而可知，老人對這位奇女子也「欽慕已經上升為傾倒」了。

時光荏苒，垂二十年過去，負暄翁已離我們遠去，「揚之水，不流束薪」，可是，今已書行，行於天下了。

這書行啊，行到了我的案頭。豈不懿矣。

這要感謝遠在武當山麓的李傳新兄，是他說，自己以三百元買到了僅印三百本的《楮柿樓讀書記》，又獲得了揚之水寫的那麼好的書跋：「很久沒有打開這本書了。近年不止一位朋友提議把它重印，我都毫不猶豫地謝絕，──『它的唯一的價值就是只印了三百本』，當然對於我個人來說，這本小書還是很有意義的。第一，它留下了兩位長者對我的關心和幫助，負翁其一，谷林翁其二（小書出版後持奉谷林翁一冊，翁曾為之校出幾十處錯字）。第二，它記錄了我曾經的讀書痕跡，而當年讀過的很多書今天早已不記得。第三，它由此開啟了我，以及後來的我們與遼教社合作的一扇門。然而除當事者之外，竟還會有人對它感興趣，且肯出高價去尋找，真是太大的意外。對此我只有慚悚和感念。」布衣書局老闆三〇年代在獲得此書書影後作詩〈難得〉云：「難得這本書還能買到／難得賣家有膽能定價／難得買到的人有心能看到／難得寫書人能寫這麼多／難得得書人發帖子來／難得拍全了兩張題跋／難得拍得都不清楚」。

如此誘惑，要禁得住也難。這就是我狠下心來一網打盡式的搜羅揚之水著作的緣由。老天保佑，基本上稱心如願，《古詩文名物新證》，《詩經別裁》，《終朝採藍：古名物尋微》，《詩經名物新證》，《先秦詩文史》，《脂麻通鑑》。外露的只有《終朝採綠／揚之水書話》和《楮柿樓讀書記》兩本了，我已託友人，給我搞一本複印的來，盜版的也行。

相關材料裡可讀的是伊淺心採訪記，以下是獲知的。趙麗雅現在在中國社會科學院工作，一個月工資才一千五百元，沒有本科學歷，沒有能評上高級職稱。不過，她「一開始是拿《管錐編》當入門書看」的。「有的時候，我為了寫一篇兩千字的文章，就會買上十幾本書。」不大願意拍照，說

「大家喜歡我的書，盡管去看書的內容好了，為什麼一定要知道我長得什麼樣子呢？有一個外國讀者非常欣賞錢鍾書的《圍城》，她到中國後想盡辦法請求見錢鍾書一面，錢鍾書託人轉告她：『你吃了一個非常好吃的雞蛋，用不著一定要見下這個蛋的母雞吧。』我也就是這個意思。」1995年，王世襄給揚之水推薦了文物考古上最好的老師孫機，學習寫作業，結果寫出了《詩經名物新證》這本書。用力深厚的，是寫了五年的《古詩文名物新證》，她說「比如一幅圖我已經有了，但是我發現另一本書有一幅同樣的，但印刷質量更好，我就會把那本書也買下來。」「如果這本書要出得不好，我就覺得太對不起自己了。稿費可以不要，但是一定要書出得好。」她有些忐忑：「不知道多少人能夠認可，能夠喜歡。」這套書很貴，幾近二百大洋，知道了這些，感覺就是花的也值。

這是一個勤奮的人。她自述：「從早晨一睜開眼睛，到晚上閉上眼睛，除了生活中一些很必須的事情外，其餘的時間都放在學問上。」她覺得：「讀書就是消遣。我覺得快樂都在學問中，一看有一個我要找的東西就高興了。《北京青年報》有一個叫「李青萊」寫的文章我特別喜歡，一個非常有生活情趣的人，而且很有幽默感，成天就琢磨怎麼做好吃的，她寫的《煎三分春光下酒》，啊，我一看這個題目就特別喜歡，能夠感覺到她特別熱愛生活。我覺得我也是這麼一個熱愛生活的人，只是我去熱愛古代的生活了，就沒有時間來熱愛現代的生活了。」她的家長，也就是丈夫，待她好：「我們倆坐在屋裡，你幹你的，我幹我的，別人一進屋還說，喲，你們這屋好溫馨啊。」兒子更好：「兒子是我最大的支持者，他能夠說一些特別聰明的話給我鼓勵。我經常說，這篇文章有意思嗎，寫得好嗎。他看了，就說好，而且還能說出好在哪，經常

給我打氣，說，好啊，很好啊。到最後都不知道是真的還是假的了，呵呵，我說，你就哄著我玩吧。比如我現在出書希望用很好的紙，主要是為了圖的效果，但聽說那個紙很貴，兩萬多一噸，我就成天愁眉苦臉。他就想出好多理由安慰我，說了一大通我就好多了。包括掃描什麼的，現在我學會了，以前他都幫我掃。還有我的彩色打印機、燒錄機都是他弄。有一段我眼睛不好他就幫我打字。他是我最忠實、最可靠、最知心的朋友。所有的家務活都他幹，有時我都覺得他太累了，一從學校回來，掃地、洗衣服什麼的都是他弄。」更好的，是她的心態：「我能夠到現在，是一種水到渠成，什麼都是正好。」

據李傳新稱，管風琴，這位閒閒書話裡的老朋友上網，只是找揚之水，沒有，就一本書也不買，走人。我現在是找到了。接下來的是認真讀，不會如揚之水讀的那麼快，那麼好，連張中行也自歎弗如，我只是在讀的時候找快樂。我還找到了揚之水的地址，待會就把書寄過去，弄個簽名本，沒准也能混來一個題跋，豈不快哉。

2009年3月7日。

附記：2009年8月22日，一份來自北京的郵件飄然落到案上，打開，是揚之水7月31日寄發的新著《梵澄先生》。娟秀的楷字寫在雅素的彩箋上，是中行先生歡賞過的：「弱水君惠存，揚之水，己丑大暑。」佳日佳書，風光無限，且容我慢慢享用。

阿瀅和他的書

　　李傳新先生給我寄來《民間書聲》和《書友》報的時候，我們有一次電話交談，談話中，傳新兄向我推薦了天涯網和閒閒書話。於是，我在百度搜索中找到了天涯，找到了閒閒書話。打開，第一眼看到的就是「『閒閒書話』私人藏書秋緣齋書事」，我把這個頁面收藏起來，細細的讀起來。也羨慕了起來。世間竟然有如此有福之人，在這樣和書打交道，和讀書的人打交道，而且，有這樣多愛書如命地朋友，這些人，也都還是我一直在心裡面傾慕的。我開始留心起阿瀅，也留意起「閒閒書話」來。

　　沒有阿瀅的地址，聯繫不上，也找不到《泰山周刊》，快要成為我的一塊心病了。讀書的人啊，就是這樣的牽掛著書，牽掛著寫出好文字的人。找到阿瀅了，阿瀅要給我送書了，我就在盼望著，算計著。

　　阿瀅2006年2月23日10:28:40上傳的《秋緣齋書事》（2006年2月22日星期三）上說：「給成都朱曉劍、甘肅黃岳年、海南林尤奮、廣東譚功才寄《尋找精神家園》。夜，讀《周作人傳》。」

　　3月20日上午，我收到了郵自山東新泰市西關街18號《泰山周刊》編輯部的郵件。包裹得很嚴實，打開，嶄新的書正是阿瀅所著新書：《尋找精神家園》。呵呵，太高興了。我向阿瀅致信。「阿瀅兄：《尋找精神家園》剛剛收到了，今天因此也變成了快樂的節日。歡喜之餘，正在捧讀。讀完之後，當有

心得奉上，以怡心顏。」這個中午，我枕著阿瀅的書入夢，白日做夢，夢也香甜。

接下來的時間就是讀書了。我是走也《尋找精神家園》，坐也《尋找精神家園》，臥也《尋找精神家園》，總之是，《尋找精神家園》成了我這兩天觸手即是的最愛。阿瀅在扉頁上所題的手跡稱：「秀才人情一本書。黃岳年兄一哂。」我查了一下《現代漢語詞典》，「哂」在這裡的意思是一微笑，二收下禮物。阿瀅說的這個秀才人情，可重了，這個禮物也可大了。書裡面所引的龔明德先生的話，也是這麼講的。《清史稿》上說，先賢全祖望和李紱他們讀書是相約每天「盡書二十卷」，想想都讓人嚮往。晚年季羨林先生也是每天要讀書五個小時以上。我被生計所困，讀書的時間很有限，這已經是四天了，《尋找精神家園》才讀完，當然，有的篇章是讀了幾次了。

孔子說，讀《詩經》，可以「多識蟲魚鳥獸」，我把《尋找精神家園》的閱讀，當作是增長見識的機會。記得張中行先生曾經在〈常常翻看的《古董瑣記》〉裡說過，讀《古董瑣記》所得的是見識，是「思念」，張先生的思念是「發思古之幽情」，我所說的，則稍稍有所不同。我之思念，是書裡的那些事，那些人，還有那寫了書的阿瀅。鍾叔河先生是我所心儀的前輩，鍾先生曾以書相贈，並為我寫字作書，先生雨露，潤我心田，長相憶念，倍增溫馨，阿瀅又有贊語引動我心，我豈能不想；龔明德先生，被阿瀅的一篇文字寫活了，龔先生曾為我淘得許多喜歡的書，書來書往，慰我書生仰渴情懷，我豈能不想；房龍的書，我讀過講過，阿瀅在靈魂飄蕩中的探訪，為我打開了又一扇思辨之門，我豈能不想；我曾在多年前淘得蕭乾的國外遊記，也曾被文潔若寫知堂老人的文字所

感動，阿瀅寫往瞻蕭、文二老的殊勝之緣，讓人留戀，我豈能不想。還有每年散書三千的自牧，還有徐明祥，還有張海迪，那劉運峰，那梁波，那富國叔，那編了書讓我見一本買一本的陳子善先生，哪一個不讓我想見呢。也有不能想的，就是書裡面的衛兒，那個曾經和作者兩情相悅而終竟離開，後來又曾經相見的衛兒，「相見時難別亦難」。大可欣慰的地方是，書中自有顏如玉，「在一個飄雪的日子，她身著紅色面包服同著漫天飛舞的雪花，來到我的身邊，成了我的新娘」，後來又寫出了《一碗麵條》的人生明豔境界。不敢想的是，座山雕竟然也是抗日的英雄。沒有四肢和左眼，右眼視力也只有0.3的老英雄朱彥夫竟然用嘴咬著筆，用舌頭翻書學下了文化，寫出了三十三萬字的長篇自傳體小說《極限人生》。「高沖低灑，括抹淋蓋，燒杯熱罐，澄清慮夕」，「酒壯英雄膽量，茶助文人文章」的茶經，也讓我覺得，今後，我大概也得多喝茶了。張中行還說，「翻開瑣記，為片時神遊」，「就像是前見古人了，這古人是真的，其獲得也許超過《紅樓夢》了。」我於阿瀅的《尋找精神家園》一書之讀，也作如是觀。不過，人是今人。

　　龔明德先生對阿瀅說：「你買舊書也讓我羨慕。」怎能不羨慕。阿英買了許多書，為了舊書可以在倉庫裡的灰塵堆中蹲上長長的時段，不管還像不像人樣。買了就讀，讀了就寫。他寫了，我就有了好讀的東西。鄧之誠讀書作摘記，就成了《古董瑣記》，阿瀅讀書也作摘記，就有了《書林漫筆》。從裡面，我知道了魯迅兄弟最初出版的書只賣出了四十本，知道了魯迅和葉靈鳳這兩位我所敬仰的前輩，竟是這樣的為了雞毛蒜皮而大吵出口。唉。我還知道了，北洋政府時期，「土匪出身的草莽將軍張宗昌統治山東。他曾花巨資刊刻

仿宋《資治通鑑》和《十三經》。《十三經》僅印二百部，每部都有編號，分贈至交好友，現已成善本珍品。」我無意進行比較，但雅人的不足，和粗人的文雅，這超出意料之外的常識，還是有了增長。還有，阿瀅轉述的《魯迅與我七十年》中毛主席對老友關於要是魯迅還活著會怎樣的問話的答語：「要麼是關在牢裡還要寫，要麼他識大體不作聲」的故事，都是令人迴腸盪氣的新《世說》。這種阿瀅版的「讀書志」，正是我所喜歡的。讀之所長的見識，看來，真的比看虛構的內容所長的見識多。末了，想起蘇曼殊的詩句了，改一下是為結語：「還卿一葉多情字，很不相逢未讀時」。

合上《尋找精神家園》書冊的時候，我還想，得有點遺憾之類的吧？就想，勉強想到的是：一，第182頁第七行的「藏十二部」應該是「三藏十二部」，脫漏一個「藏」字；二，我得隴望蜀，非分了，可還是禁不住的，是想，這回得到的《尋找精神家園》如果是毛邊本，就好了。三，第288頁說「『浮漚』一詞典出蘇軾〈龜山辨才師〉一詩」。實際是，此詞典出佛家經書，比如唐代房融譯出的《楞嚴經》上就說：「一迷為心，決定惑為色身之內，不知色身外洎山河虛空大地，咸是妙明真心中物，譬如澄清百千大海棄之，唯認一浮漚體。」關於「浮漚」，佛教中還有一個流傳很廣的故事。伍立楊所寫話中「是日已過，命亦隨減。如魚少水，斯有何樂？」也是普賢普薩說了，淨土宗現代祖師印光大師多次書寫，警示大眾的話。

我手頭的《尋找精神家園》為作家出版社2005年12月一版一印本，三十二開，二十四萬三千字，9.75印張，301頁，印數三百冊。定價26.80元。

【卷三】

願意讀書的人，就是有福的人

　　誰是有福的人？是我，是我們。怎麼個有福法，下面說的就是。

　　作為愛書、讀書的人，我們有一個很好的環境。我們不怕水火兵災什麼的。昨晚看劉斯奮的小說《白門柳》，剛好看到李自成的大順軍攻入北京，崇禎皇帝殉國的段子，好傢伙，天崩地坼，我所敬仰的讀書人們，復社諸公，黃宗羲他們，呼天搶地，不知東西，連死，也找不到合適的路子。算了，這好像有點憶苦思甜的味道了，不說這個了。說我們的現在。世界上好多地方炮火連天，不說了，大陸國內許多人下崗，也不說了。單說我們的所遇。

　　我們有幸。我們和這些人同值一個時間，一個環境。比如谷林，八十六歲了；比如黃裳，也很老了，還有季羨林、王世襄、鍾叔河、柏楊他們這些長者，時有書出，我們則樂觀其成，不對，是坐享其成，這有多麼好。同輩人中間，則有龔明德、徐雁、董寧文、王稼句諸君子，一起努力，共興書香事業，雲蒸霞蔚，大觀璨然。假如上網，天涯書局、孔夫子、卓越、毛邊書局、夜讀知堂這些地方，都是極好的地方。眾書友聚集一堂，共論讀書嘉事，誠盛世盛事也，寫到這裡，我想，可以用何幸如之這樣的字樣了。

　　最為要緊的地方在於，我們有這樣多的好書可讀。周氏兄弟，不用說是今天讀書人的日用主食，其他的先哲古今中外，也可以說，我們只要願意，就可以找得到他們的著作，

呵呵，這有多麼愜意。我可以找到的就有二十五史，《清史稿》大家不算進去，我不管，我有了，我就要自得其樂的算是二十五史之一。《資治通鑑》，中華書局的當然好了，可是太貴，我就買岳麓版的，也不錯，我還在舊書攤上買下了柏楊的現代語體版幾本。葉德輝的《書林清話》不容易找到，可岳麓出過以後，遼寧教育又出了，這就太好。還有錢遵王的《讀書敏求記》，黃裳說是讀書人和愛書者的禁臠，「臠」，字典上說是切成小片的肉，禁臠，呂叔湘編定的《現代漢語詞典》的解釋為：比喻獨自佔有而不容別人分享的東西，我沒有買到，於是就借，借來一看，書不厚，只有164頁，是書目文獻出版社1983年10月版的，於是就去複印，整整齊齊的，我也有了一本《讀書敏求記》，好不快活。我居地偏遠，書店裡來了書，有的書是別人看不上眼的，就會在架子上放好長時間，沒有人買，這就給我留下了方便，等我湊足錢的時侯，我就可以去買了，《海源閣修訂書目五種》就是這樣落到我的手裡的，獲了國家級圖書大獎的《宋文紀事》、《中國藏書樓》這些大部頭厚書，都是這樣「入吾彀中矣」的。

值的大書特書的的事情，還要說是網絡購書了。按照《書友》編輯部主任李傳新的指點，我在已經有了卓越、當當網多次購書經歷以後，又「發現」了天涯網、孔夫子舊書網這樣的好去處。真是應有盡有，想要什麼，就是什麼，「想要誰，就是誰。」阿Q般的理想，在這裡竟然奇蹟般的得以實現了。不是天堂，勝似天堂。人生如此，夫復何求。過去的電影上說，汽車一響，黃金萬兩，對我來說，真有一個感覺，那就是鼠標一點，其樂無窮，而這一樂，雖黃金萬兩，吾不易也。因為這意味著，我的書，可以隨心而得了。

還有網友們隨時隨地的交流，相互可以發表對一些相關問題的看法，假如情投意合，相互留下地址，網上網下進一步切磋，就又有了新雨舊知之誼了。如果相宜，讀書人以文以書會友，相贈，這樣，就又有了簽名本，隨時隨地，有朋友記錄著這樣的文事，整理，就又是新書話。

　　有了書，讀，就成了最好的享受，談讀書之樂的文字太多，我的感覺，是無論你怎樣說，都不會算是過分。唐弢詩云：「書卷多情似故人，晨昏憂樂每相親」，愚以為深得我心。如此這般，晨也讀書，昏也讀書，憂也讀書，樂也讀書，書還能離得了我，我還能離得了書？書友的書中有文章說，帶一本書去歐洲，我去的時候，帶了一本《困學紀聞》，在十多個小時的飛機上讀，在休息的時候讀，雖是囫圇吞棗，卻也津津有味，感覺蠻好的。去四川了，我就帶上曹學佺的《蜀中名勝記》，旅程就又平添了許多興味。《徐霞客遊記》和高鶴年的《名山遊訪記》是我手頭常翻的好書，套用臥遊的老話，我也是很滿意的。

　　這樣的人，還不是有福的人？答曰：非有大福之人，不能如此。

2005年11月30日。

弱水軒記

　　河稱弱水，我居其濱。先人栽樹，後人歇蔭。軒者高也，敞也，亮也。我愛其意，以之名居，聊志歡喜之意。

　　我住五樓，不可謂不高。西北有高樓，手可摘星辰。和老家的老屋比，也高，也敞，也亮，這裡自然是在天上，像天堂了。不過，在我的心裡，家，確實也不是天堂，勝於天堂。妻在家中闢出南向陽台，單獨成屋的一間，作我書齋，我在此處安身立命，樂不可支。

　　軒中書多，第一本是父親買給我的。那時我才讀小學三年級吧？纏著進城去的父親給我買書，父親答應了，書買來了，一本是《魯迅的故事》，一本是郭沫若的《奴隸制時代》。前者已經不見了，後者現在還在，作了我思念先父最好的紀念物。這是我存留著的第一本書。那之後，我漸漸有了二十五史，《華嚴經》、《維摩經》、《楞嚴經》、《道藏續編》、《雲笈七籤》、《魯迅全集》、《李太白全集》、《杜詩鏡銓》、《蘇東坡全集》、《朱熹集》、《普希金詩集》、《周作人自編文集》、《張愛玲典藏全集》、《卡夫卡文集》、《鄭振鐸全集》、《孫犁文集》、《管錐編》、《柳如是別傳》、中國歷代書目書話叢書、光盤版中國大百科全書、光盤版四庫全書、《莎士比亞全集》，還有巴爾札克、陀思妥耶夫斯基、海涅、拜倫、雪萊、歌德、羅曼羅蘭、托爾斯泰、錢穆等大師的著作。想到有高人因為有十部全

集而命名書齋為十全齋的，就竊喜我的還多。網絡時代可當得千萬部書的電腦，自然也是其中的上賓。

打拼歸來，我焚香啜茗，把卷清心，愜意非凡。藕益大師曾視一椅一榻一蒲團一經卷一聲佛號為修行人的極致，我則視此時此刻此情此境為人生的極致。

《日知錄》裡的顧亭林，《骨董瑣記全編》裡的鄧之誠，《負暄瑣話》、續話、三話和《順生論》裡的張中行，《留德十年》裡的季羨林，《口述自傳》裡的胡適之，都會隨心而來，與我共話桑麻，書上說「無迎送之勞，有相知之樂」，此我之謂也。

冬日花暖，夏有涼風，窗明几淨，此內子所賜也。小兒長大，熏染書香，勤勉刻苦，尚要我動員他去鍛煉活動，才肯放下書本。家室和美，安居其中，自然其樂融融。

頗為羨慕吾家千頃堂主人與朋友相約讀書的境界。那是黃虞稷先生與另一為藏書家丁雄飛之間發生的事。他們相互傳抄傳閱各自所無之書，後來二人訂《古觀社約》，約定每月十三丁雄飛到黃虞稷家，十五黃虞稷到丁雄飛家抄書論學，過期不候，誤則以不許觀書作罰，不好好讀抄則撤去餐桌。我處僻地，清友少些，然荒村煙雲，素心有托，佳致亦多。況網路資訊，現代生機，早已入我胸臆，灌我心扉。千萬里之外，有書友為我搜書，有知音助我清讀，交流有QQ，有手機，有短信，還有電子信箱，天涯短消息，隨時都能聯繫，適時通話，方便之極。雅集常有，清供時來，可圈可點，天人之樂，無過於此吧？

閉門即是深山，開卷就為淨土。得先哲神韻的時侯，信手翻開一冊，就有盎然春意從紙山書卷中氤氳升起。舊書故我，新書怡顏。縹緗盈屋，福地琅嬛。晨昏我讀，樂以忘

憂。室中人語云：「書為美人，君似王公。侯門如海，不知西東。清福灩福，無與倫比矣。」我笑著岔話，一哂了之。福無量矣，樂也無量。

時值太平盛世，邇來不見梁上君子，不能印證古人這類君子也能因書而蒙教化之道，我就只好讀享清福，獨個樂樂了。

醒時眠時，坐處臥處，鳳晨雨夕，書卷覆我，我讀書卷，在在處處，神物相隨，我之書正多，我之樂無窮，我之福，亦無窮矣。

願天下書生，都能如我，有樂讀之福。

2006年6月8日初寫，6月23日下午錄入完畢。6月25日下午複校。

《弱水書話》自序

　　這個集子裡收入的文章，多為最近一年的文字。也就是說，主要是2005年10月以後到2006年底的這一段時間裡寫的。讀書幾十年，只有這麼些文字捧出，是有些寒傖，可說這是在一年多一些時間裡寫的，自己也不免有一點驚訝，這麼多啊，真還不少了。

　　想到一年來的工作和生活，要說也該是滿意的。身居塞外，大漠孤煙，本來是閉塞的，可是現代生活所賜予的視野和方便，卻讓我沒有感到寂寞和辛苦。當世賢者鍾叔河、龔明德、徐雁、王稼句、張阿泉、董寧文、俞曉群、阿瀅、譚宗遠、陳學勇、陳克希、蕭金鑒、吳昕孺、李傳新、馮傳友、自牧、袁濱、文泉清、于曉明、劉學文、王兆陽、鄒農耕、范笑我諸公的友情，更讓我倍感書香世界裡的溫馨和愜意。予何人哉，竟能友如斯君子，快意人生，云胡不喜！每念及此，歡欣就蕩漾開來。

　　視通萬里，心騖八極，是先哲們所追尋的境界。予不敏，這境界或許窮盡此生也未必能至，可雖不能至，心嚮往之的感情還是有的。黃宗羲藏書印有云：「貧不忘買，亂不忘攜，老不忘讀，子子孫孫，鑒我心曲。」照五百年前是一家的舊訓，買書讀書，亦吾家事也。伴隨著好書之來，佳意也自綿綿。這一年裡，印制精美的《朱熹集》、《船山全書》、《黃宗羲全集》、《袁宏道集校箋》、《胡適文集》、《吳梅村全集》、《錢牧齋全集》、《劍南詩稿校注》、《沈曾植集

校注》、《鄭振鐸全集》、《俞平伯全集》、《四庫全書總目提要》、光盤版《四庫全書》、《中國藏書通史》、《中國舊書業百年》、《讀書大辭典》、《中國圖書大辭典》、《藏書家通考》、《維特根斯坦全集》、《亞里士多德全集》、《柏拉圖全集》、《中國圖書大辭典》、《吳宓日記》、《湘綺樓詩文集》、《湘綺樓日記》、《夏承燾集》等書卷翩然來儀，我之書富矣。《開卷》、《清泉》、《書友》、《書人》、《芳草地》、《書香》、《書簡》、《秀州書局通訊》、《農耕魚素》（還有後來的《文筆》）、《泰山周刊》等等，這些浸漬著淡淡書香的民間讀書刊物，帶著家人一樣的親切，入眼開心，怡我魂魄。

這樣看來，這一年應該是一個豐收之年。中學老師，人到中年，村野之人，農家子弟。實際生活於我，是厚而不薄了。工餘周末，長假小休，尋找「酒熟固可喜，酒盡亦陶然。有客則劇談，無客枕書眠」的樂趣，往往有得，這便詩意時從卷中來了。這樣和書籍的相值是可以稱得上豔遇的。董橋說「身在福中要知福」，醜也罷，美也罷，燈下窗前長自足，書香隨處是三窟。記下讀書時的歡然內懌，寫寫個人由衷的欣悅，自以為是對人生的一個交代。半畝方塘，源頭活水，益人悅己，人生如此，夫復何求。自然，這些想法的最早讀者，是那些正要接受高考選拔的我的學生們，當然，在課堂上的講法，會是另一種呈現的方式，他們以聽講的入神和成績的不俗來回報我，我常常陶醉於其間，樂不可支。

在希臘的亞里士多德看來，財富和權勢都不是真正的幸福，受金錢奴役的斂財者，聲色犬馬、花天酒地的享樂者，過於看重他人評價、為他人的獎賞而活的虛榮者，都是累於他物，喪失自我，而哲學思辨因其純潔和經久而有驚人的快

樂。無衣食之憂的哲學家是世上最幸福和快樂的人，哲學家的生活是理想的幸福生活。我自然不是哲學家，然而無衣食之憂，有小錢買書，並想一些自以為值得想的問題，還有作些札記之類的快樂，應該和哲人沒有兩樣。我甚至以為，哲人們存在的理由之一，應該就是讓小民們也感覺到生活中有一些樂子，並讓大家生存得好一些。

當然要感謝天涯社區的閒閒書話，因為我的許多文字是在這裡得到批評和指正，並減少了錯誤的。是為序。

2006年12月26日。

《枕山集》自序

　　阿泉在電話裡約稿，要我集十萬字左右，成一本書，印出來。他是一個重情義的人，老輩如谷林，很信賴他，阿泉就出題，請谷林作答，為谷林這道風景編寫了《答客問》，現在，這本書實際上已是谷林的傳記。

　　書比人長壽。九十歲的谷林離我們而去後，老人的書都漲了價，大家都很看重他的書，止庵說那本《書邊雜寫》，是一個經典。我覺得，《答客問》，不只是經典，也成了絕響。

　　從命，是比恭敬更好的態度。我於是也搜羅、整理，也趕寫，把眼裡看的，心裡想的，寫出來，盡可能的往好的方面弄。結果是，有了數十篇文章。

　　知堂老人在〈關於身邊瑣事〉裡說：「記述個人的見聞，不怕瑣屑，只要真實，不人云亦云，它的價值就有了。」這樣想，我的心也就寬些了。

　　也想把文章寫的短些，寫的簡單明白些，理想是三百字，或四百五十，至多六百字，一如老人在另一篇〈文章的包袱〉裡的話：「隨意抓住一個題目，開門見山的說出來，上下四旁有該說的說上幾句，表明主意，隨即收科」。然而做來難，沒有做到，有的時候是到了不可饒恕的程度。

　　　為有熱心腸，全憐暗路人。
　　　但能光照遠，不惜自焚身。

可以印證上面李炳南先生詩偈的是知堂〈啟蒙思想〉裡說過的：「大乘菩薩捨身利眾之行為，豈易企及，平常讀書人當如此存心，事實上執筆寫文章所能做的，也只是為病作醫，為冥作光這個願心，一字一行雖是細微，亦費心血，所冀有半麻半麥之益，功不唐捐耳。古人作文希望有功於人心世道，其實亦本是此意，問題乃在於所依據的標準，往往把這個弄顛倒了，藥劑吃錯，病反增進，認冥為明，妄加指示，導人入於暗路，致諸禍害，正是極常見事也。據我想這事也還簡單，大小只須講一個理，關於思想的但憑事理，凡與已知的事實不相違背，或可以常識推知其然者，皆可謂真，由是進行，庶幾近光而遠冥矣。」作為讀書人，筆者自以為是存了此心的，就是說，是有這個願心。可是，是不是弄顛倒了，則又說不清楚，這是很有些惶惑的。

要給集子命名了，記起前些天給浙江上虞一個朋友寫的字，是宋詩中的一句：萬柄蓮香一枕山。時當夏日，菡萏初見，《山海經》有云，昆侖之山，弱水環繞。是讀書的文字，染了書香，在弱水之濱寫出，「萬山之祖」的碑碣也在不遠的地方立著，就枕山吧。是為序。

2009年4月15日。

借出的書

　　歲末年初，購到黃永玉老先生大紅封面硬盒盛裝的修訂珍藏版《比我老的老頭》一書，特別高興。打開包裝，襯葉間見到的就是一張精美異常的發行紀念藏書票：一個手腳著地作爬行狀的老頭兒，離開了家，向外走著，圖案下方，是一方紅色的印章似的塊兒，上面是作者親筆手書黑字：

> 借出的書，
> 走失的狗，
> 惟願認得路回來！
> 黃永玉。

這些話的下面，是乳白色底面上的赭色篆書豎寫的「藏書」二字。

　　無獨有偶，日前得到的《葉靈鳳文集》，在第四卷〈借書與不借書〉一篇中，也記述了一位西洋藏書家在藏書票上所寫的銘句：

> 迷途的貓雖然走失了許久，
> 終於有一天會回來。
> 唉，但願此書借出後能具有貓的性格，
> 採取最捷的直徑歸回家來。

中外的愛書者，都在痛惜借出去的書的不回來。他們都在祈禱著書的回來。

董橋有一篇文章，題目是〈關於藏書〉，裡面說清朝的魏源，就是寫了有名的《海國圖志》的人，「借友人書，則裁割其應抄者，以原書見還，日久始覺。」葉德輝罵魏源「不獨太傷雅道，抑亦心術不正之一端。」看來，愛書人的擔心也不是沒有道理的。魏源是近代史上很受人們很敬重的有見識的人，竟然也有這樣的行為，人性的弱點，又一次展現了。

我也借書。圖書館的書，借來看過後都還回去了。借來看過的朋友的書，多的也還回去了，也還有沒有還的。今天，有幾本還在我的書架上排列著。這書，都是當時我所喜歡的讀物。有的是時間長了，確實忘記了還，後來使懶，就留了下來，有的，則是從借來的那一刻起，就打心眼裡希望主人不要索回，最好是忘記了，從此我便做了這書的主人，也真的遂了願的。不管怎樣，這些曾經給我帶來過歡樂的書們，總讓我記起他們的主人。我想，要是再見到朋友們的話，我還是願意找到這些書，送它回到自己主人的身邊去。

我的父親雖然是一個農民，但他是一個愛讀書的農民。據母親說，年輕的時候，父親曾經有許多書，父親有許多朋友，這我是知道的。父親的朋友中也有喜歡書的，他們拿去看父親的書，書也就都沒有回來了。父親也好像沒有怪朋友們的意思，因為我沒有聽到他唸叨過這些。大概在他的心裡，友情是比書更要緊的東西。我懂事能看書的時候，家裡只有一本關於岳飛的書，已經很破舊了。父親很敬重岳飛，所以在給我取學名的時候，就用了一個「岳」字。或許，這本書也還是父親的愛物。我第一次買書，大概是上小學的時候。那一天，在父親進城的時候，我說要給我買一本書來，父親答應了。下午

吧，父親給我帶來了兩本新書，一本是石一歌的《魯迅的故事》，蠻有趣味的，比較喜歡看，大約朋友們也喜歡看，最後不知道讓哪一同伴借去看了，總之是不見了；一本是人民出版社出的郭沫若的著作《奴隸制時代》，這書印得很精致，但太過深奧，我讀不大懂，至今也沒有讀通。然而，這當時不太喜歡的書，今天反倒靜靜的留存在我的書架上，成為父親留給我的一縷書香。父親是喜歡看書的，我後來把自己的書從家裡面帶出來的時候，他曾有些不太情願，說應該留下一些。我就留了一些，結果，這些書後來流失了不少。我們弟兄三個，只要願意唸書，父親都是供到底的。2003年的春天，是父親在世的最後一個春天，他在我家看的最後的書是金開誠的《傳家寶》，那書，現在還靜靜的。父親沒有留下遺言之類的話，但我知道，他最願意的，還是讓兒孫們讀好書，種好地，過好日子。

　　我後來的書漸漸多了起來。多了的書，也有被朋友們借了去的，借去的書，多沒有回來。大學畢業的前夕，我買了一本中國青年出版社上世紀八〇年代中期出的《青年旅遊手冊》，帶上它，懷揣著父親給我的四百多塊錢，我從蘭州出發，到達成都，之後是遊峨眉山，走重慶，下三峽，過武漢，上廬山，看鄱陽湖，遊覽黃山、太平湖、九華山，從安徽銅陵到南京，再蘇州、上海，在上海師大唸書的的同學那裡住了一個星期後，出東海，乘輪船到青島，登上了泰山，遊了濟南，然後我第一次遊覽了北京城，返回的時候，我看了兵馬俑，上了華山。我是看著那本書，白天遊，晚上爬車行路的。那本書好啊，等於是它幫著我認識了一路上的山山水水。回來後，我在那本書的扉頁上題下了「兩萬行程東海水，一腔熱血青春詩」的字句，還記下了那次行遊的歷程，繪

製了一份行程地圖。那書是寬型的三十二開本，大約有四百多頁吧？裡面有圖畫，在那時出版的書中，應該是精品了。那次回來，我的身上還有近二百塊錢。那書於我，是有功的。朋友們是知道我的遊歷的，也知道我有這麼一本好書。先是大家借去看，用這書指導出遊，後來，這書被一位最要好的朋友借去，就再也沒有回來。

還有一次，有一個朋友要寫一篇很重要的關於土地的文章了，說是要找秦牧的文章，我說有，就把我書架上的《秦牧文集》給了他。現在，我都有些想念這本《秦牧文集》了，我清楚的記得，當初，我從四十里路之外買到書的時候，是怎樣的欣喜。但我知道，這書，大約早就被朋友給忘記了。

有時候，我就想，還是要向父親學習，要把書看得淡一點，把朋友看得重一點才好。畢竟，人比書要緊一些。可我好像沒有出息的樣子，老會想起借出去的書，甚至有幾次，我都想掛電話，喊回我的書們。但我，最終還是沒有這樣做。我想，全了友情吧。我的書架上，也有朋友的書。

2006年3月17日，21:45。

讀書的姨父

　　孫過庭在書家至寶的《書譜》中說過這樣的話：「初學分布，但求平正；既知平正，務追險絕；既能險絕，復歸平正；初謂未及，中則過之，後乃通會，通會之際，人書俱老」。這是在講書法練習過程中的三個階段，三重境界。人書俱老在這裡是一個化境，是通達圓潤爐火純青妙不可言的一個詩意境界，要說姨父了，筆下不禁冒出了這個詞，覺得姨父劉玉林正可以當得這一個人書俱老：平正通達，寫意人生。

　　姨父退下來已經好些年了，他每天要走上十多公里的路，寫下好多的毛筆字，看上許多頁書，會會老友，也還寫作，編書，含頤弄孫，忙個不亦樂乎。我見到他的時候，總是要說，姨父你真行，做了這麼多的事，編了這麼多的書。他自然呵呵一笑，慈眉開顏。

　　姨父是幼年失怙的人。一歲的時候，他的父親就去世了，弟兄三個就由姨奶奶拉大。日子過得艱難。在記憶中，姨奶奶顫巍巍，好慈祥好慈祥，只是那時候我不知道，她要拉扯兒女，要平地掙工分，苦撐日月，雖然是鄉上的人民代表，可是日月的不易，自有無法言說的地方。後來我知道，孤兒寡母，有好多事情是連自己家族裡的人也要刁難的。

　　姨父的書只念到了小學五年級。

　　姨父在離家幾十里外的地方去上班了，沒有任何背景。有些難，但是他很快樂。他愛看書看報，愛寫筆記。他當了幹部，先是團委書記，後來是革委會副主任，鄉長，之後進

城，一路下來，退休的時候，已經縣級幹部，用鄉下的話說，是做過縣太爺的人了。可是，這「做過縣太爺」的人也落下了一身毛病，糖尿病，高血壓，冠心病，腰腿疼等等，都有。要在別人，有了這些病中的任何一樣，都要沮喪的，可是他不，他有別樣的養生辦法。見到他老人家的時候，總是精精神神。

他愛讀書，家裡四壁是書。琳琅滿目的書頂天立地，家也不啻是福地洞天，他在其中揮毫展書，做了人間的神仙。

姨父未老。

他寫起了書。先寫賢者書，有修養高者，助人善者，有義薄雲天者，有氣貫長虹者，集成一秩，書名為《閃光的足跡》。書成，贈送倡言，一一四散，至鄉村，至學校，書聲琅琅。

一本不足，新編又成，新一本書是《燦爛的人生》。述平凡人生，展智慧胸襟。讀者座談的時候，多有拍案之聲。再平凡的人生，只要心氣不餒，生命便成華章。

讀書快樂，寫書快樂，生活快樂。人生如夢，夢筆生花。

姨父的第三本書是《鋪路石》。甘做鋪路石的人應該是智者。把生命做成一粒粒石子，鋪墊在路上，供大家踩踏，走上幸福之路的人生，這人不是傻子就是聖人。他是什麼樣的人，我似乎說不清楚。只是他的這些書，全都贈送了出去。

第四本書是《老年保健雜談》，三十五萬字，三十二開，軟精封裝，印了一千本。署名劉玉林的《老年保健雜談》在面世後成了搶手貨。大街上見到不少的朋友，都在索要，或者是聽見消息了，或者是在別人處看到這書了，或者是自己要，或者是替朋友要，有時候還到家裡去要，都高興地得到了書。我帶朋友要書的時候，書已經顯得緊缺了。姨父說是

要讓大家都活的精精神神，硬硬朗朗。不到一年的時侯這書再版，大家都很喜歡。

姨父的朋友很多。當年在鄉裡村裡認識的農家人記著他，時鮮瓜果下來的時候，他們會摘一些來請劉書記嚐個新鮮。當年共事的幹部見到他的時候，喊他師傅，我很奇怪，問他如何得了這樣的稱號。對方笑著告訴我，劉書記從不聲色俱厲地訓人，他總是微笑著讓我們幹啥，沒幹好，也只是教我們咋幹，也不奇怪，因為他和氣，也會工作，大家都服他管，跟他幹，不受氣，也還能做好工作，後來就是朋友，就是師徒了，再之後，大家就都進步了。姨父的朋友中還有書法家、美術家、作家，大學裡的老教授，他們都是姨父家的座上客，好像姨父的家就是一個他們活動的沙龍，我利用這個時間向他們請益，收獲往往也多。

時不時的，姨父會約上三教九流朋友們敘舊，一桌飯菜，一次火鍋，幾杯清酒，其樂融融。姨父一團和氣，一臉慈祥，徜徉於人間，大家都高興了。我就想，姨父的書是真讀好了，他讀寫在紙上的書，讀人生的書，讀生活的書，真正的讀書人，應該是這樣才算讀好了書的。「通會之際，人書俱老」的姨父，該是古書上說的「地行仙」了吧？

2007月4月1日。

亦言志耳

　　龔明德先生囑他的侄子龔言寄我的毛邊本《董橋文錄》，可愛極了，每為生活所累，頗為無聊的時候，我就翻出它，手持竹刀，裁將起來，幾頁讀罷之後，往往會心開意解，一種莫可言說的清涼，就會生出，而我，則完成了一次心理調整，欣欣然矣。

　　董橋在《另一種心情》裡談到《十竹齋箋譜初集・寫生》的時候說了一段話：「這些都說得上是『逸品』；說是『玩物喪志』，也未嘗不可。不過，這所為『志』，本來就沒有什麼太大的道理，偏要『言志』一番往往就顯得『頭巾氣』太濃，整個嘴臉很不討人喜歡。再說，一個人寄情山水，隱姓埋名，也是一種『志』。這跟搖旗吶喊，沽名釣譽那種心情，其實是有異曲同工之妙。」「硬要做到與世無爭，固然大可不必。老老實實出去找飯吃之餘，關起門來種種花，看看書，寫寫字，欣賞欣賞《十竹齋箋譜》之類的玩藝兒，充其量只能把一個人的『火藥味』沖淡，再要他去搞『革命』大概是不太容易了，不過，說他曾破壞革命事業，似乎就把他抬舉得過高了。」這些話，於我就顯得很親切。對於愛好這些書們，又想找些理論依據來安慰自己的我，看到這些，是有點沾沾自喜。我同時又警惕地想到，知堂老人莫不是也這樣著了書的道兒，不能自拔的麼？然而就又慶幸起來，日本鬼子是再也打不進來了，我盡可以放心地喜歡下去我的書，而不用怕指責和非難。

　　九十歲的金性堯先生有一本文集叫《閉關錄》，他自述書名的意思，是「關門書的別稱」，這有孫犁先生《曲終集》的意味。《曲終集》之後，孫犁就沒有作品問世了。金先生集子中有談揚之水《詩經名物新證》的一篇文字，推許揚之水，裡面說，「能夠做一個太平時節讀書人，才是天公最大的恩惠。」現在沒有強盜，也沒有土匪，草民又有書可讀，看來，我是得著太平時節了，也得著天公最大的恩惠了，感恩戴德之餘，時還讀我書，私心裡竊喜吧。

　　唐弢《燕雛集》有言，古人白首窮經的人中，有不是為了考狀元者。董橋說「官二十餘載，俸錢之入，盡以買書」，「嘗冬日過慈仁寺，見孔安國《尚書大傳》，朱子《三禮經傳通解》，荀悅、袁宏《漢紀》，欲購之，異日侵晨往索，已為他人所有，歸來惆悵不可釋，病臥旬日始起。」實在可愛。這說的是前人的事。讀書人，要說從來就不曾想做狀元，大約是假話，但明明沒有希望了做狀元了，那麼，就做個自以為是「可愛」那麼一點點的人也不錯的，當然是自我感覺的，自封的。

　　　　細雨無塵架小車，廠橋東畔晚徐行。
　　　　奚童私向輿夫語，莫典春衣又買書。

　　這是董橋曾經引用過的潘際雲〈琉璃廠〉詩。多麼讓人神往。這先生是愚蠢到極點，又可愛到極點的。他的可愛處，就在於身處窘境中，還念念沒有忘記所喜歡的書。推想起來，這先生應該是高興的。

那麼，這算是個「志」麼？既然阿貓阿狗的都有志，就也不妨充一回，套用一句舊話，算是「亦言志耳」，想來，也該不會有太大的問題吧？

2006月7月5日。

一日書緣

　　書友們常說，得書要講緣份，讀書也要講緣份，今天的緣分不知是怎樣修來的，竟然擁有了這麼些好書。今天，成了這個月最喜慶的日子。這日子在春天的綠蔭裡，格外的醒目，一如《莎士比亞全集》大紅嵌金的封面，讓我喜不自勝，不說不休。

　　先是收到了一張從未有過交往的公司的郵局提貨單，抱著滿腹狐疑且試試看的心理，取回了物品包裹，漸漸有些明白，最後是近乎狂喜的激動。呵呵，數十年的想往啊，一朝成真。這是我只花了六十元訂購的人文社95版朱生豪譯《莎士比亞全集》六大卷。煌煌巨冊，喜慶燦爛，置我眼前，為我所有，是一種怎樣的感覺，只有愛書成癖、愛書如命的人才能體會得到。不足為外人道，如魚飲水，這是欣欣然之餘流過心田的些許味道。

　　年初，董寧文以一冊《范泉紀念集》相贈的時候，我在上面讀到了朱尚剛紀念范泉先生的文章，那裡面談得多的是彌留之際的范泉對朱生豪的敬重，朱范友情使范泉在生命最後寫出了〈朱生豪追思〉，《朱生豪小言集》也在范泉的幫助下問世。此後不久，我又從范笑我那裡得到了朱先生所編，收有宋清如和彭重熙在1983年11月到1997年4月間通信四十九通的《談朱生豪》一書。這是秀州書局「三人叢書之三十」的線裝本。學生時代，我曾經把幾個朋友的文字集印在一起，取名《三人集》，盡管明知此「三人」和彼「三人」風馬牛不相

及，然而把玩《談朱生豪》的時候，卻莫名其妙地有了一絲謬託知己的親切感，加上線裝冊頁對於我的引誘，我對這書的喜愛已非復言語所能道盡了。我繼續致信范笑我君，買來朱生豪哲嗣朱尚剛寫的，被收入「往事與沉思傳記叢書」的《詩侶莎魂——我的父母朱生豪宋清如》一書讀了起來。

見到朱生豪譯《莎士比亞全集》善價可購的消息了，我哪能不買。這是十多年前就曾心儀的書。那時，因為書價昂貴曾數次因循未買，說實話，就是現在，如果是原價，我也買不起，現在機緣成熟，也可以說是天助我也。這是只活了三十二歲的朱生豪以天才的筆調譯出的飲譽全世界的莎士比亞，這是為中國人爭了面子的朱譯莎士比亞，這是獲得了第一屆國家圖書獎的莎士比亞，這是我想得到已經近二十年的莎翁集。哈姆萊特、羅密歐與朱麗葉、威尼斯商人，等等，這些耳熟能詳的名字，還有他們的事，他們的話語，現在，就在我的手上，書多素心人，是我的了。我的感覺，只有我的心知道。開心讀我書，不樂復何如。

另外收到的，是萍水相逢的大學生王佳從遠方給我寄來的兩本書，一本是周海嬰的《魯迅與我七十年》，海南出版公司2001年9月一版一印。一本是陳子善編的《貓啊，貓》，山東畫報出版社2004年6月一版一印。這是去年冬天我出差的時候在王佳所在的城市見到過的書，當時書架上都只有一本了，我的行囊中已經裝了許多書了，娑摩再三，終於割捨未買。回來後，我就知道自己犯了個大錯誤。接下來，是無休無止的後悔。我到處打聽聯繫，想盡了辦法，也還是找不到這兩本書。給王佳說的時候，是沒有抱多少希望的，不料，這可愛的小姑娘竟然給我打來了電話，說是找到了這書，我大喜過望，讓她買下。王佳說，《魯迅與我七十年》是一個書店的老

板專門為我找的，還打了八折。這書我看到的當時就想買，當年為買《魯迅全集》曾往返步行近一百里，瞻拜魯迅墓和魯迅紀念館曾是我出行的最高願望，失之交臂後讀書，又知道了關於《魯迅與我七十年》的不少佳話。王佳的電話，不啻天籟綸音。今日翻看此書，其樂可知。陳子善說他編的《貓啊，貓》是「自己都沒有想到」，「專業之外越界編選的」，「自己頗為得意也格外看重的一部書」，就衝著這句話，我也得擁有這本書，更何況，我所喜歡的周氏兄弟，西諦，豐子愷，柏楊，季羨林，梁實秋，冰心，鄭逸梅，姜德明，王蒙他們都有關於貓的文字在裡面。這書，老陳是「歷時四載方始編竣」的，不朽的《紅樓夢》也不過「披閱十載，增刪五次」而已。編者說養貓於他，「既是一個審美過程，也是一個教育過程」，那麼我現在的讀「貓」，也可以視之為這樣的過程，享受的過程。

在從郵局取回這些佳物的同時，路過書店，忍不住進去看了一看。這一看不打緊，我可是又有了新的發現。好書多多，只歎銀子少少。少歸少，也還是除不去積習，直搞得囊中空空，好在錢本不多，空了也心不疼。這回拿下的是清園老人王元化的《人物‧書話‧紀實》人民文學2006年一版一印，內中夾有一封讀書俱樂部的入會邀請卡，中畫一藏書票，一女郎懸空高坐於精裝高壘之書冊台上，著拖鞋埋頭讀書，前後有吉祥鳥飛繞盤旋，書冊台高出摩登背景大樓許多。邀請卡很精致，招人喜愛，且當作書籤好了。家中清園的書夥矣，書店所見又棄置不買的亦復不少，睹此冊則不忍釋卷，原因是這書所述的人和書還有事，都是我還想進一步知道的，細讀幾則，也還不錯。燭幽探奇，人之共性，我也不免。還是再原諒一回自己見書就愛就買的孟浪吧。

老鬼的《母親楊沫》是出了書店後又折回去買的。不想買了，不過，剩下的錢剛好夠買這本書。知道書友們對這本書評價不高，老鬼也是，母親和秘書的那點子事也拿來抖摟，就是不說為尊者諱有傷厚道的話，也有點不夠意思。然而又想，畢竟楊沫和張中行一起過，以後，這書也不一定再見得到，還是買了吧。老鬼對張中行的評價很高，書裡也還有不少我願意知道的事，老鬼要是把張中行楊沫的合影照片收進去就好了。回頭再想，買了就買了吧，畢竟也有所獲。這是一家知名出版社出的書，2005年一版一印，印五萬冊，裝印不佳，是否我買了盜版？看字又不像。

　　已經是燈火闌珊的時候了，回望一天，感覺蠻好。心裡想，就是今天啥事也沒有做好，僅僅拿來了這些書，摩挲一過，也是好的。今晚的夢，一定是甜的。

2006年4月14日。

我的《西諦書目》

1987年10月1日，我在地攤上見到了一本《鄭振鐸書簡》定價是一塊零五分，我覺得這書放在太陽底下曝曬不好，就花了幾毛錢吧，買回了家。這書先是在我的床上放，後來在我的桌子上放，再後來上了我的書架。今年春節的時候，我從書架上抽出，把它和新買下的《西諦書話》放在一起，有空的時候，讀上一陣，很有欣欣然樂此不倦的味道。在網上看到《西諦書目》有售了，心裡癢癢的，就想來上一本，再過一把買書癮。書價昂，想買也不易，只有多想。

想，就又記起董橋的話了。董橋在〈關於藏書〉中說，愛書的人，「就說他什麼學問都不做，只把自己的藏書編出一部詳細的書目，也會是一份珍貴的資料。」「中國文物出版社1963年2月編印的線裝本《西諦書目》，倒是圖書目錄學上一份很珍貴的文獻。」董橋對《西諦書目》歡賞有加，他說「大陸印的那套《西諦書目》，一共也只印了六百套」，「這樣限定印數的書籍，自然更有價值了。」看著西諦的書，讀著董橋的話，我有些忍受不住，於是，索性狠下心來，花去一百大元，買下定價一百二十元的《西諦書目》。書到手的那天，我想起了四百年前吾家丕烈公設案祭書的盛事，我在心裡面擺下香案，馨香一瓣，獻於西諦。

這書的封面是嫩黃色的基調。打開，更了喜出望外的感覺。我無緣見到「中國文物出版社1963年2月編印的線裝本《西諦書目》」，但我得到的新書卻一定是當年蜚聲海內外的

那六百套書的衍生本，或許是影印本，但比影印本字大，紙也是輕型的，紅紅的書帶從書頁中漫出，古意盎然而又有現代氣派，西諦哲嗣鄭爾康先生2004年9月在上海寫的〈《西諦書目》新版序〉冠於書前，這樣的福氣是前人所沒有的。這書是北京圖書館出版社2004年10月一版一印的，上下二冊精裝，開本為十八，四十三萬八千字，印五千部。西諦一生聚書無算，《西諦書目》中著錄七千七百四十種，且以線裝書為主，《西諦題跋》一卷也收入其中，這是今天四處找書的書蟲們無論怎樣也辦不到的。所以，讀讀西諦的書，對也愛線裝書，卻少有線裝本的我來說，也算得上是「快慰平生」了。西諦的《求書日錄》，我是一口氣讀下來的，這一回讀《西諦題跋》，則用了三個上午，我想看看他買書的實際情形，他都在北京的哪些店鋪買書，還有他的心情。從隨手記下的筆記看來，西諦那個時候的買書，還是很方便的。可以買書的地方也很多。1958年7月13日，西諦在隆福寺修綆堂購得《皇朝禮器圖式十八卷》的時候，就記起了「十六七年前，予得殘本《皇朝禮器圖式》六冊於上海傳薪書店，聞別有十冊，已歸北京王渤甫」的事，此次購得《皇朝禮器圖式》的時候，西諦說「得此十冊，喜可知也。正是王某物。」奇書奇緣，正是要大書特書的事，然而，那天大約下著雨，西諦說這些話是「記於雨聲淅瀝中」的，他也再沒有說什麼。這天之後，西諦的人生之路已經只有兩個來月了。關於這些天的西諦，鄭爾康先生在〈結婚的信物〉一文中曾這樣述說當時：「五八年當父親最後一次出國前前夕，正在整裝待發之際，一場來勢洶洶的學術思想的批判浪潮正在向地撲面襲來」，「據說除了當時已經開始在《光明日報》等一些報刊發表對他的兩部文學史著作的批判文章外，更多的批判文章已都準備好，只待一聲令下，便會向

他萬箭齊發。而由於突發的意外，使他竟由一面『白旗』頃刻間變成了一位『革命烈士』，於是原已在各家報刊上準備好的批判他的版面，一夜間都換上了悼念他的文章，這又是一個多麼富有戲劇性的結局啊！『你父親是「幸運」的！』『文革』結束後，我去拜望冰心、葉聖陶、胡愈之等父親的老友時，他們都異口同聲地對我講過這句含義深刻的話。」《西諦書目》裡還有許多值得懷想的。我在本子上記了一些，有好些也還沒有想明白，也罷，就留個想頭，作異日翻書之券吧。

手頭正好在翻2005年5月號的《萬象》雜誌，裡面刊登著錢伯城的《鄭振鐸一九五七年日記紀事》一文，封面內頁西諦在自家花園葡萄架下的讀書照，還有書中文裡的十數幀西諦照片，正好補足我的仰渴之情。從文中所引稱的大量史料看來，鄭爾康所記述的冰心、葉聖陶、胡愈之等西諦老友們的話是完全有道理的。錢文中收錄的西諦手跡，竟然說的就是我所居處的河西走廊，略云：「敦煌千佛洞，心嚮往之者久矣。1957年5月1日，始得從蘭州到此視察。途經武威、張掖、酒泉、安西、玉門，五日始達。行裝甫卸，即在夕陽的黃金光裡，到古洞巡禮，心意沉酣，喜歡讚歎，古今中外，得未曾有。洞凡四百八十，均有北魏、隋、唐、五代、宋、元的壁畫及塑像。走馬看花地看了四天，尚未能及其半，千年之美，畢集於斯，誠可謂為民族……」讀著這些雅致極了的文字，親切的西諦就浮現在眼前了。又要到五月了，遙想五十年前此時，西諦將到河西，曾經張掖。「昔我往矣，楊柳依依。今我來思，雨雪霏霏。」《詩經》裡的句子，又一次撩起我的想往。1935年5月13日，西諦在友人張叔平贈送的四冊明刊善本《玉茗堂批評異夢記二卷》上就印刷的事題寫道：「其將待之來春萬物蘇生時為之乎？」春天來了，萬物再次蘇生，先賢句

云：「陌上花開緩緩歸」，我改一個字，寫作「陌上花開緩緩讀」，我讀我的《西諦書目》，緩緩讀。

「《萬卷樓藏書總目四卷》，清白鍾元、范右文撰，清光緒八年刊本，一冊。《仙源書院藏書目錄初編八卷首一卷續編四卷》，清馬振慶等撰，清光緒刊本，三冊。……《破愁一夕話十種》，題浮白主人編，明末刊本，十冊。……」就著西諦的文字，我想著朋友。有朋友來信稱，花山文藝出版社1998年初版三千套《鄭振鐸全集》，大三十二開精裝，382印張，定價980元，現價320元含郵掛正在銷售，我大喜，趕忙去匯款。

清明借得一卷書，我與西諦話衷曲。

華嚴一卷憶金陵

　　那年，我收到了一箱書，是金色的包裝。打開了，是藍布的封函。捧在手裡，喜在心上。這是看到《佛教文化》雜誌上刊登的信息後，我致函請來的《華嚴經》。兩函，共十五冊，宣紙線裝本，用的是清代的大字木刻版。卷三十四有校正，也有分卷刊刻的字數，還有所用的制錢數目，最後是時間，「光緒七年二月常熟刻金處識」。其他各卷後面的注文大致與此相類，只是有的尚有反切音釋，和施資者姓名、心願，如卷五十九之後的「弟子慧端施資敬刻，唯願超生安養，廣修無量行門，飛度含靈，妙住虛空樓閣」的字樣。部分卷的書末，還有刊刻人的姓名，如卷三十四之末，卷六十之末，即有「常熟劉叔涵刊刻」幾個字。書，算得上是清刻中的精品了。經末的小注稱：「《華嚴經》梵本凡十萬偈。昔道人支法領從於闐國得此三萬六千偈，以晉義熙十四年歲次鶉火三月十日於揚州司空謝石所立道場寺，請天竺禪師佛度跋陀羅，手執梵文，譯梵為晉，沙門釋法業親從筆受。時吳郡內史孟顗，右衛將軍褚叔度為檀越，至元熙二年六月十日出訖。凡再校梵本。至大宋永初二年辛丑之歲，十二月二十八日校畢。《大方廣佛華嚴經》卷六十連圈共字一萬柒佰捌拾陸個，折足制錢拾陸千拾柒文。」源流本末，清清楚楚，符合佛家經不妄刻的標準。

　　全書之末，貼有一個小條，上面豎排的幾行字是：「香港佛弟子敬印《六十卷華嚴經》壹千套，贈送結緣。公元

一九九六年三月。」寄來書的地方，是金陵刻經處。顯然，是用存放在金陵的清代版刻印刷的。

金陵刻經處是楊仁山居士在同治五年（1866年）創辦的，刻經處的創辦，是近代中國佛教界的大事。對於近代中國佛學的復興，楊仁山和金陵書局有著開啟之功。後來的刻經處，實際上成了影響深遠的佛教學術策源地。刻經處的講學和印刷經書，造就了一大批近世中國佛學發展的精英人才。楊仁山也由此被譽為中國近代「復興佛教」第一人，他在那裡幹了了四十年，後來是把自己和經板都留在了那裡的。近代高僧和學者們如蘇曼殊、李曉敦、太虛、歐陽竟無、呂澂，還有志士譚嗣同、梁啟超、章太炎等都和楊仁山交流，宣揚民主平等無常教義，隱寓變革匡時之志。譚嗣同的《仁學》一書，就是在金陵刻經處寫成的。據中國佛教協會成立四十周年紀念文集中收錄的秉之〈繼往開來，幾度滄桑／記金陵刻經處〉一文所述，趙樸初居士和上海佛界人士1952年發起組織了金陵刻經處護持委員會，此後，刻經處成為中國佛教協會由呂澂先生在南京就近領導的佛教事業之一，收回了刻經處全部房屋，修理擴建了處內庭院房屋及仁山居士塔院，集中了北京及天津刻經處、揚州江北刻經處、常州毗陵刻經處、蘇州瑪瑙經房、洞庭西山祗樹庵、支那內學院、三時學會等全國各地的經版，連同原有的及補刻續刻的經版，共達155,500餘件。另有《藏要》及上海《普慧藏》紙型版共9,685片，還有佛像版十八種169片由刻經處統一保管，開展了國內外流通，並出版《玄奘法師譯撰全集》。玄奘法師大量譯著，歷代均散見大藏，1964年為紀念玄奘法師示寂一千三百周年，刻經處彙集了各地經版中有關譯著及加刻未有之版，歷時多年，完成了這一巨大全集，為中外研究玄奘學的學者，提供了便利。刻經處經版數量，十年浩

劫中損失了32,000片，現有125,300餘片。凡顯密性相，禪淨教律的經典名著以至歷史傳說等，燦然具備，已為佛學淵藪，法海津梁。另還有精刻的佛菩薩像多種，具有很高藝術價值。這些精雕的經版畫片，是重要的學術文化珍貴遺產。

那是吳立民先生任社長，王志遠先生主持的《佛教文化》編政的時候，我訂閱著全年的《佛教文化》雜誌。蓮風清韻，熏染著我浮躁氣盛的眼目，我的心胸，漸次坦然，漸漸平和起來了。「雲在青天水在瓶」，「人間日日是好日」的妙語，縲絡般覆將過來，我欣欣然。

此前，曾經在鄭頌英先生的指導下學佛。我讀南懷謹先生的書，讀黃念祖先生的書，讀印光法師，讀《淨土十要》，天南地北。頌公的慈心關懷，我感念日深。鄭頌英居士（1917-2000）是寧波鎮海人，曾任上海佛教居士林林長，他和趙樸初居士從年輕時即在佛教界合作，四〇年代末，頌公在上海與陳海量、方世藩、李行孝、徐恒志等居士組織佛教青年會，與清定上師的金剛道場為內外護，互為奧援，共豎法幢。晚年頌公以自己的書刊贈我，一次次來來信教誨，還給各地的朋友寫信，來呵護我的學習。南京市中華門三條營29號的賈紀賢（郵編210006）先生，就是頌公向我推薦的虔誠佛子。之後，賈紀賢先生亦寄來好書，我心存感激。

金陵，和金陵的深柳堂，都是我心裡的夢。

此前的十年之前，我是到過南京的，少年意氣當拏雲，那時是謁了中山陵和靈谷寺的，只不過沒有顧炎武「問君何事三千里，春謁長陵秋孝陵」的淒惶和冷瑟，我寫下的句子是「兩萬行程東海水，一腔熱血青春詩」。

可惜，我沒有措意淮海路35號，延齡巷裡的深柳堂。

後來我因事到南京，只是上了紫金山，看了天文台。泛舟莫愁湖，拾掇雨花石，尋找雞鳴寺，我已是人到中年。金陵刻經處，也還是只在夢鄉裡。

再後來，認識了南京的人，有了南京的朋友，金陵，就又親切了。南京的朋友喝酒是把白酒倒滿茶杯，實行總量包乾的，金粉南國的人，也豪爽有加。我想這酒，應該不會唐突經卷。寶華山上的大師，想來也會諒解俗家弟子的真情流露。世出世間存有的真意，應該有相一致的地方。

我把濁酒傾注長江，一登佛塔。心裡聽得到雞鳴寺漫出的鐘聲，流過雲際，憶念《華嚴》之意，想我的頌公。

從南京寄來的書，改變了我的生活。

儒門淡薄，收拾不住，英雄到老都皈佛，無有神仙不讀書。不讀《華嚴》，不知道佛家富貴。這許許多多的妙語，都讓我在心底裡皈依金陵。

王羲之以為「一生死」和「齊彭殤」是荒誕不經的事情，認同張中行，我不認為書聖說得對，所以我對內典和道書就有很親近的感覺。

在浩浩內典中，《華嚴經》的尊貴是無以復加的。普賢行願品所表述的大乘精神，已經融化進中國文化的DNA，成為密碼。每當我輕輕吟誦起《華嚴經》裡的句子，無盡的善願就會在胸中洋溢起來。東晉天竺三藏佛陀跋陀羅的譯本和唐代罽賓國三藏般若的譯本有所不同，但其中的思想是一樣的。誰把關於生命的敬畏看到了極處？我們不妨看看菩薩的行願：

> 善男子，言恒順眾生者，謂盡法界虛空界，十方剎海所有眾生，種種差別。所謂卵生胎生濕生化生，或有依於地水火風而生住者，或有依空及諸卉木而生

住者，種種生類，種種色身，種種形狀，種種相貌，種種壽量，種種族類，種種名號，種種心性，種種知見，種種欲樂，種種意行，種種威儀，種種衣服，種種飲食，處於種種村營聚落城邑宮殿。乃至一切天龍八部人非人等。無足二足四足多足，有色無色，有想無想，非有想非無想，如是等類，我皆於彼隨順而轉。種種承事，種種供養。如敬父母，如奉師長，及阿羅漢，乃至如來，等無有異。於諸病苦，為作良醫。於失道者，示其正路。於暗夜中，為作光明。於貧窮者，令得伏藏。菩薩如是平等饒益一切眾生。何以故，菩薩若能隨順眾生，則為隨順供養諸佛。若於眾生尊重承事，則為尊重承事如來。若令眾生生歡喜者，則令一切如來歡喜。何以故，諸佛如來，以大悲心而為體故。因於眾生而起大悲，因於大悲生菩提心，因菩提心成等正覺。譬如曠野沙磧之中，有大樹王，若根得水，枝葉華果，悉皆繁茂。生死曠野，菩提樹王，亦復如是。一切眾生而為樹根，諸佛菩薩而為華果。以大悲水饒益眾生，則能成就諸佛菩薩智慧華果。何以故，若諸菩薩以大悲水饒益眾生，則能成就阿耨多羅三藐三菩提故。是故菩提，屬於眾生。若無眾生，一切菩薩終不能成無上正覺。善男子，汝於此義，應如是解。以於眾生心平等故，則能成就圓滿大悲。以大悲心隨眾生故，則能成就供養如來。菩薩如是隨順眾生，虛空界盡，眾生界盡，眾生業盡，眾生煩惱盡，我此隨順無有窮盡。念念相續，無有間斷。身語意業，無有疲厭。

視眾生為父母，為師長，為佛，「於諸病苦，為作良醫。於失道者，示其正路。於暗夜中，為作光明。於貧窮者，令得伏藏。」真的是慈心大悲，到了極處。為什麼要這樣？也有一個比喻和道理在：「譬如曠野沙磧之中，有大樹王，若根得水，枝葉華果，悉皆繁茂。生死曠野，菩提樹王，亦復如是。一切眾生而為樹根，諸佛菩薩而為華果。以大悲水饒益眾生，則能成就諸佛菩薩智慧華果。何以故，若諸菩薩以大悲水饒益眾生，則能成就阿耨多羅三藐三菩提故。是故菩提，屬於眾生。若無眾生，一切菩薩終不能成無上正覺。」最大的樹，最大的曠野，是生和死的，這棵大樹的養分，就是大家，智慧來自大家，屬於大家，沒有了大家和別人，這智慧和正覺就都沒了意義。多麼徹底，何其亮堂。做人，這樣的人，應該是一個標桿。淨空法師轉述乃師方東美先生的話說，佛教是人生最好的哲學，學佛是人生最高的享受，誠哉斯言。

我其實是從這裡明白了大無畏的，明白了文天祥，明白了譚嗣同、瞿秋白的。當然還有林則徐、魏源、魯迅、張中行，他們都在佛陀的教化中找到過力量。

為什麼我的眼裡常含著淚水？因為我對這土地愛得深。詩人的話，總是有道理。

我到過青海湖邊，在那裡懷念我緣慳未見的師尊，度人無數，曾經被發往青海受苦的鄭頌英先生。我把頌公的照片和《華嚴經》供奉在心裡，馨香禱祝，天下蒼生有福，人民安康。在華嚴世界裡，沒有金陵和昆侖的區別，有的是一多相即的超越。我請友人為我刻一閒章，文曰「知恩報恩」，友人筆錯，陽文變為「知恩圖報」，我說罷了，只圖報恩，亦佛家悲願也。報養育之恩，報大眾深恩，報知遇之恩，以報恩之心存活在世間的人，應該是幸福的。

　　紫金山下有一段古老的城牆，古城牆上的古城門叫「中華門」，那裡該是是有靈氣的。龍盤虎踞的紫氣是從這裡湧起的吧？

　　我住的地方是前人詩裡詠歎過的要回家的太陽的故鄉：「崦嵫日，垂垂沒」，崦嵫，即焉支山，就在我的身邊，那是古代傳說中日月所入之山，這裡和金陵遠隔千山萬水，紫氣東來的老子，騎著青牛，西入的流沙的地方，也是這裡。我迎得的東來紫氣，是《讀書大辭典》，是《中國舊書業百年》，是《六朝松隨筆文叢》，《讀書台筆叢》，《開卷文叢》，近四十本金陵文化圈中朋友們的好書，在心靈上泯滅了我和金陵的時空距離。還有寄來佳書的徐雁和他的弟子童翠萍，特別是董寧文，這位寫下了《人緣與書緣》，編出了《我的書房》、《我的筆名》系列好書，主持著《開卷》編政的友人，和他們不時的書信往還與交流，真的是如飲醇醪，如坐春風。至於親似故人的書卷，那是我須臾不可或缺的愛物。能不憶金陵，風景舊曾諳啊。

　　南朝四百八十寺，多少樓台煙雨中。我走向煙雨中的金陵，夢中的深柳堂，向我走來。「道由白雲盡，春與青溪長。時有落花至，遠隨流水香。閒門向山路，深柳讀書堂。幽映每白日，清輝照衣裳。」唐人劉眘虛朗吟華章，我的回憶，倍添溫馨和豪情。

　　　　2007年4月27日向晚寫畢於雨後初霽的青山夕照中。

我與《開卷》

　　和一個人的交往，往往會成為幸運，和一本雜誌的交往，想不到也給人這樣的感覺。這雜誌，便是看起來普通得不能再普通，別致的不能再別致的《開卷》了。拿在手裡是那樣的薄，那樣的輕，心裡的感覺又是那樣的踏實，那樣的有分量。這雜誌，放在季羨林、張中行、鍾叔河、流沙河他們的桌子上，成為他們想讀要讀的書，在今天的這個時代，這樣的書刊，是少之又少了。《開卷》，是個例外，也是個異數。

　　和《開卷》相值的時間只有兩年。可是這兩年，似乎抵得上塵世間紛紛擾擾的二十年，甚至還多。

　　那是在書店邂逅「開卷叢書」第一輯中的《書生清趣》和《淡墨痕》之後。書是愛書如命的龔明德先生、谷林先生寫的，後來知道，一位名滿天下，在出版界聲名赫赫，一位年登耄耋，書情久遠。他們出版的書，後來我都是收齊了的，其中有一些的價位很高，實際上已經超過了我的一時購買能力，要咬牙才能辦得的。我被深深吸引了，情不自禁地，尋起了另外的書。這找書的過程，逐漸地演化成了識人的行為。先是在網上搜索，找到的是售書的人。

　　其時，李傳新兄在編《書友》，《書友》編輯部正在代售「開卷叢書」第一輯十本書。通過傳新，我弄到了「開卷叢書」的毛邊本，還有全國民間書刊第二屆年會，也就是湖北十堰會議出版的民刊美文集子《民間書聲》。高興之餘，我知道了這個世界上還有這麼奇妙的《開卷》雜誌。

不過，當時有兩件事讓人心裡不痛快。一是傳新離開了十堰，《書友》易人，人走政息，聯繫似乎隨之中斷了。二是網上傳聞，說是《開卷》已經停刊。然而我不甘心，既然愛書，又知道有這麼好的一份關於書的刊物，我怎麼可以不謀面呢。於是就打電話給《開卷》的大本營，南京的鳳凰台大酒店，不料接電話的女人頗不友好，說是沒有這麼個雜誌，董寧文也走了。電話號碼是我從網上的《開卷》介紹中查到的，疑雲重重，可是我沒有甘心。

再次打電話的候，也女聲，然而就很友好，聽我要找董寧文，就說人在。接下來的發生的事，不用說就是很讓人高興的。接電話的是寧文，溫和而親切。

寧文給我寄來了《開卷》此前的大部分刊物，還有他那裡「好玩」的書。印象深的是出版不久的《范泉紀念文集》。范泉，這位活動貫穿現代文壇五十多年，受難二十多年，復出後再建功勳，成就卓越的大出版家，從此就進入了我的讀書世界，他和關於他的文字，在很長時間裡，就成為我關注的對象。還有就是《笑我販書》，那是范笑我《秀州書局》簡訊文字的結集，後來和笑我兄以及嘉興人文的交流，就以此作了契機。比如關於朱生豪翻譯的莎士比亞，以及朱生豪之子朱尚剛，我寫出文章刊登在了《出版商務周報》上。朱尚剛寫自己父母的傳記《詩侶莎魂》也以簽名本的方式入藏寒齋。

寧文在《開卷》後面的「開有益齋閒話」裡收入了我寫給他的信。附驥《開卷》，是讓我汗顏的事。但欣喜和感念，也是久久縈懷的心情。那《開卷》，增之一分則長，損之一分則短，恰如其分，永遠都不多也不少的，讓人喜歡。

《我的書房》要出版了，我致信寧文索書，他寄來的是簽名毛邊本。「開卷文叢」第二輯十本書也復如是。春節到來

的時候，在寄來的書裡，寧文附上了作者簽名的書籤，書籤是別致的，作者的簽名就更珍貴。有的，已經成了絕版不二的佳製。此後，《我的筆名》、《我的印章》也都如法相繼「入吾彀中」。和此前不大一樣的的地方還有，是當我想要某種書，找不到的時候，找寧文，一般都有滿意的結果。

在日常的生活裡，每月一期，按時寄來的《開卷》，已經成了我們家的新成員。信封上瀟灑大氣的寧文書法，每一次都是值得把玩的愛物。等待《開卷》的到來，是開心的一個過程，收到《開卷》的那一天，就收到了節日般的快活。通過《開卷》裡的文章和「開有益齋閒話」，我和家人瀏覽著這個時代有價值的圖書，有意思的人和事。隨著走進《開卷》，走進那些化不開的書香，似乎真切地感到，這個時代要是還有學術，有思想，就在這閱讀中滲入我日常的方面，生活和人生，都被這可愛的《開卷》滋潤了。《開卷》裡有前人沒有寫的，也有後人想要看的。

總想著為《開卷》做點什麼。

然而，我什麼也沒有做成。

無功受祿的我卻又一次成了《開卷》的受益者。那是不久前的華東之行，我造訪了寧文的家。日記裡記下了那天的事：

> 《開卷》在南京，董寧文在南京，這是我來南京倍感親切處。聯繫後，寧文回信稱：「我們下午可以見面。你現在在哪裡？何時離開南京？」
>
> 在瑞金路十字街口的新華書店門口，我和董寧文兄見面。依舊神采奕奕。寧文帶我們前往尚書巷，尚書小區，到他的新居尚書樓。

記憶中的癖斯居是一樓，這次進來的是高樓。人居天上第幾層？憑窗向外，鍾山臨江，莽莽蒼蒼。

書真多，四壁頂了天。因為是新搬來的，所以井然有序。眼花繚亂，目不暇接，饒是我見過些書，也還有這樣的感覺。寧文在端上煮好的咖啡後把一些「可以看看的」書指給我欣賞。

《舊戲新談》的開明初版，黃裳在上面題了字，還有些書是裳翁題了好幾次字的。董橋的新書和舊書，牛津的，香港的，都有。作者清秀娟雅的題字，漂亮得很。咖啡香氣撲人，然而佳書在眼，尤物當前，哪還能顧得上咖啡。

寧文的口頭禪是「好玩」。他不時引觀，我一一翻檢，常常，他脫口而出的就是「好玩」二字。是啊，他是把這些當作「玩」而且又「好」的，所以便能做出不同凡響的業績來。

寧文打開一個冊頁讓我觀賞，這一看不打緊，眼前的豁然一亮，卻是真實的感受。原來，名滿天下的《開卷》封面上那些意味無窮的圖畫，原作都在這裡。作者都是名家大家，又都畫在同一副冊頁上，這畫冊，已然是無價之寶。我提起相機拍照，大度的寧文笑言：「只可插進書中，不可掛到網上。網路很恐怖哦。」我亦笑，賓主歡然。

時間飛快，不覺間兩個多小時過去了。不可以再耽擱他了，「開卷文叢」第四輯六種書稿待出，兩種雜誌的發排，還有好幾個打電話在等著的讀著，剛剛約好的要見的人，寧文的事情多。雖然心裡不捨，情也難卻，可是時間就這樣吝嗇，真是無可奈何。

寧文陪著我走了幾乎走完了一條街。終於，我們在星雨中分手。包裡面是寧文的贈書，「二〇〇六年十二月廿四日岳年過南京訪尚書樓觀書，奉此小書存念。寧文。」寧文題寫了贈言的思想者叢書之《歲月回響》收入的是《開卷》中的精華，當世書愛家學問家結成的豪華的陣容，足夠動人心魄。這書為我們，準備的是思想。見面即是稀有，實歸不負虛往，幸福，就是這樣的。

接下來的行程是寧文先已打電話預約安排了的。徐雁先生的門弟子、三聯文叢《書衣翩翩》的編者童翠萍在南京大學南門口迎著了我們。小童是我在草原上見過的，那是在去年的全國民刊年會上。冬天的小童穿著半長的衣服，時尚中透著書卷氣，南大研究生的氣質，賦予了她特有的溫婉。同來的還有她的師弟，今年大四本科生中徐雁所收的唯一的保送碩士小榮。

兩位年輕人帶我們參觀南大校園。天色已經暗下來了，天上也還有雨點，然而年輕人的熱心，照亮了周圍的所有。蔣委員長夫婦當年做禮拜的小教堂，金陵大學當年的舊建築，都在我們的「巡幸」中存入記憶。

晚飯後，小童帶我們去看書店。

南大附近的書店，通過網絡已經知道得很早了。夢裡也來過好多次的。此番夜遊竟和夢景很有些像。路不是很寬，天上下著星雨，人也不擠，燈火闌珊裡，書店在等著我們，書在等著我們。

一家書店，又一家書店，我們挨著轉，拿著書看。惦記著寧文書房裡見過的書，想著奇蹟會出現。天往往厚待有心的人，將名字輸入電腦，我看到剛剛出版的董橋了。

「啟程前幾天他悄悄地把一只玉蟾塞進我的口袋裡，說是漢代的琀玉，帶在身上保平安。『你真的相信這些嗎？』我大著膽子問他。老先生靜靜看了我好久說：『不要問我這樣聰明的問題。我向來甘心做個快樂的笨人！』那一瞬間他蒼茫的眼神我這輩子忘不了：我為自己年少的淺薄愧疚。」董橋《故事》環襯上的這些話很好，可作一份人生的指南。僅僅為了這份滄桑與平和，我也要這本書了。又記起昨晚談到董橋的時候，王稼句先生說過的話，董橋善用通感，少了通感，也就沒了董橋。更沒有忘記，想來還在誘惑我尋書的寧文那裡董公簽名的尤物。

王雲五的《八十自述》，友人俞曉群兄的文字赫然在書前，王的經歷又是如此的豐富多彩，不買一本，有些對不住自己。只是此為節本，而全本又沒有地方可買。我說「聊勝於無吧」，翻書的小童莞爾一笑，她手裡挑好的是費孝通的《思想／情懷》。河南大學出版過的一套中國近現代出版家叢書引起了我的注意，可惜部頭太大，不便攜帶，斟酌再三後還是放下了，不過我想，要是回去後特別想要，應該還可以有朋友幫忙找到。

要結帳了，營業員問有沒有積分卡，有的話可以再次打折，自己沒有，朋友的也行。看到櫃檯上有寧文編的雜誌，我就說，你查查看，計算機裡有沒有董寧文的名字。查過後她說，有，可以打折。我們高高興興地付了款。不在現場的寧文，讓我享受了南京購書打折的輕鬆和快樂。

元旦的時候，我給董寧文發去手機短信祝福，其中有打油口號云：

夫子廟旁新夫子，開有益齋開卷人。

若問平生開心事，金陵識得董寧文。

寧文回覆稱：以書會友，其樂融融。

　　行文至此，要收尾了，只是意猶未盡。就強說吧：三生有幸，和《開卷》相逢。此生有幸，和寧文為友。人生如此，夫復何求？

2008年2月2日，清晨定稿。

《三餘書屋》悅讀

　　劉茂主編的《三餘書屋》家庭讀書雜誌創刊號讀完了。
一個沈悶不過的下午化作了一段愉悅的時光，借用古人的話來
說，那就是快何如哉！

　　最早知道德水兄的女公子很出色，編了第一份家庭讀
書雜誌，是在閒閒述話上蕭金鑒先生的帖子裡，沒想到這麼
快，我手上就有了這麼一冊小書。那是知道我到了北京，德水
兄駕車趕了幾十里路來見面，帶上的。那天，德水兄持贈的
還有他的著作《三餘齋雜寫》，和紀念文集《說夢樓裡張中
行》，都是我喜歡的書。

　　《三餘書屋》的封面是淡淡的乳黃色。上面是張中行先
生題寫的刊名，封底也是一樣的素淨，不同的只是豎排的八個
楷字：以書會友，廣結書緣。有一些佛家善書的意味，想來和
主人和雅心境有關。

　　發刊詞由女兒的小引和父親的文章組成。讀下來，就知
道刊名中的「三餘」之典，出自裴松之注《三國志·魏志·
王肅傳》引魏略董遇所說的話：「人有從學者，……從學者
云：苦渴無日。遇言：當以三餘。或問『三餘』之意，遇
言：冬者歲之餘，夜者日之餘，陰雨者晴之餘也。」是珍惜時
光，認真讀書的命意。

　　劉茂才要上高二。編雜誌，或許是身為特級教師的德水
兄為女兒成長量身開設的一門新課程，起因不好妄測，要說結

果，阿瀅〈家庭雜誌《三餘書屋》〉一文中所述父女倆的對話，倒頗有意思，或者可以作為左券：

> 《三餘書屋》編完後，劉德水父女有一段有趣的對話。劉德水說：「把你帶這個圈兒裡，你知道別人有多羨慕？慶幸吧你！」劉茁說：「這我知道，可是我只能永遠在您膝下，永遠以『劉德水女兒』的身份出現了。我還想以後讓您是『劉茁的爸爸』呢！」

薄薄的《三餘書屋》，凝聚了劉茁的聰明和才情，自然也有德水兄一家人的心血。父親的心裡，活動著的最可人的身影，是女兒的。〈初訪嫁衣坊〉裡的父女，〈人間自是有情癡〉中陪父親和陳子善、韋汰陳克希他們淘書並笑個不停的劉茁，都是證據。小姑娘的身影，在這些文字裡彷彿看得見了。

小雜誌設了「三餘雜記」、「三餘齋嘉賓」、「三餘之餘」、「三餘齋之友」、「三餘齋藏珍」、「三餘薦讀」六個欄目，供稿的有許進、止庵、趙曉霜、馮傳友這些有名的愛書人。德水兄和夫人謝平也奉獻了作品。雖是家庭小刊，卻也圖文並茂，張中行的印鑒，范用的賀卡，張守義的畫作，陳子善的淘書玉照，民間的爆豆佳物，加上毛姆、汪曾祺和《我很醜，也不溫柔》的書影，散布在三十多頁中，看起來清清楚楚，疏朗大方。

劉茁的〈既不醜，也不缺少溫柔的范老板〉是《三餘書屋》裡的第一篇文章。看過她寫的發刊詞小引後再讀這一篇寫范用的文字，就覺得這小姑娘已經讓乃父薰染得滿身書香，也是的，不然她怎麼會弄出這麼一本刊物來。她在范用《我很醜，也不溫柔》一書的扉頁上貼的小書籤語云：「這

書挺好玩的！購於涵芬樓。劉莈2006年晚於三餘書屋。」好玩，就是值得玩，美美的玩。身份是高中學生，要玩書，後生可畏的詞在這裡就得改一下了，改「畏」為「敬」，或許允當些。劉莈是怎樣玩書的？看過書後，她先是說：「這書是不是有點兒『坑人』？──本來字數就少，又把字間距弄得挺大，排版稀稀拉拉，還插了一大堆畫！」「文章都像糊弄人一樣，似乎一點聯繫都沒有！話也是，張口就來，想到哪兒就說到哪兒。說不好聽的，那就是『也不想想！』──范老板怎這樣啊？」後來的敘說是能想得到的，那就是作者對范老板的崇仰之情，寫的依舊平實好看，卻也充滿了智慧和思考：「年輕時的文章風風火火，很有朝氣，至老了就都回歸自然，變得沖淡了。所有的事物不都是這樣麼？也許這就是歲月輪迴，時間沖刷的結果吧。」她這樣描畫范用：「那張《自得圖》中范老板袒胸赤膊，一手拿著書，一手拿花生米，桌上擺著小酒，神仙一般！」「寫玩兒一樣的文章，編玩兒一樣的書，在書海間玩兒一樣的自樂。」在文章的最後，劉莈引用了父親劉德水讀後寫在尾頁上的話：「閒適的背後是范老板的欲哭無淚，當此文化淪喪之際，幾個文人無力的歌哭，又能奈何？」珠圓玉潤而又樸實無華的文字，隱隱透出要使風俗淳的悲憫情懷，有女如此，德水兄不知是哪一世修來的福氣。

刊登在《三餘書屋》上的德水兄文字，由於在《藏書報》和他的博客上都發表過，他又是小主編的父親，且按下不表。止庵題為〈關於我讀書〉的文章，趙曉霜題為〈影響之外的影響〉的文章，許進寫陳子善的文章，馮傳友寫故鄉風俗的文章，都交由劉莈，在《三餘書屋》上首刊了，這表明了書界下一輩的人緣，代溝消失了，有了的是信賴和傳承。在發給德水兄的短信上，我有「謹為兄賀」的話，這裡改一下，換作

「謹為愛讀書的人賀」，也妥當。以是因緣，或許有更多更好的書，會來到我們的書桌上。

劉洸母親謝平支持女兒的是詩作〈秋日囈語〉。同德同心，真個是「掬水月在手，弄花香滿衣」的一家人。留在尾頁上的一家三人的博客網址，好像也在說，這份雜誌，根基厚實著呢。

2007年9月17日晚間寫畢。

放翁詩云：「歸來小窗下，袖手看新晴。」拈一句做題。

注：原題目是〈袖手看新晴〉。

黃侃語錄

小引：黃侃季剛先生，人中龍鳳。章黃之學，香滿乾坤。近日讀季剛侄子黃焯迪之公所記《黃先生語錄》，景然有悟，以為有益。隨看隨錄，積得若干，是為札記。

關於研究學問，黃侃有言：「所謂紮硬寨，打死仗乃其正途，亦必如此，方有真知灼見。」他引了韓非子的話告誡說，「變業無成功」。和前輩學人相比，後來的人多耐不得寂寞，所以成就大師，也就難了。市場經濟時代，浮泛已是蔚然成風，泡沫學術充斥廟堂，讀先生斯言，感慨萬千之餘，有尋得不二法門的欣喜。

做學問，也要講道德。黃侃說：「人類一切學問，當以正德利用厚生為三德。」好多的讀書人忘記了這一點，教育在更多的時候也忽略了這一點，於是出現了許多不可思議的變數。所謂的學問家既無德行，更無服務意識，造福意識，學問只成了幌子。

「中國學問有二類，自物理而來者，盡人可通。自心理而來者，終屬難通。」黃侃的這個說法很有道理。有辦法的是自然科學，沒有法子可想的是人心惟危的不傳之秘，這也就是在中國，始終是文不勝武，武力總能解決問題，秀才遇上兵，有理說不清的歷史和現實的一個依據。能通而後成了氣候的秀才，要做就得是做「剃頭」的，要麼就是「和尚打傘，無

法無天」式的。黃侃勘不破如此天機，沒做成砍頭家，做了後來局限在書桌邊的先生。然而今日大家都還記得他，並且有後來傑出的學者一而再地為之著書進行研究。

「學問不可趨時或挾勢力以行。」「學術廢興亦各有時，惟在不阿阿而已。」黃侃是夫子自道的，可是這在今天行得通嗎？這需要一種胸襟，一種氣度。做了學問，苦兮兮地要等上五百年，等待一個興起的時代，看別人寶馬輕裘，這滋味不好受。然而一代代學問家恰恰就這樣過來，這樣做成了。可以印證的話，應該是讀書乃大丈夫事，非帝王將相所能為。更有名的好像可以是：「搗鬼有術，也有效，然而有限」了。

黃侃說：「所為博學者，謂明白事理多，非記事多也。」做學問第二，做人第一。先生在這裡懸起來的，實際是做人的道理。曹雪芹也說過「世事洞明皆學問，人情練達即文章」的話，不過老曹世事洞明了我們不知道，他的學問在自己在世的時候是沒有得到認可的，倒是可以用曹的事跡來印證「學術廢興亦各有時」的話。當代佛門大德淨空法師在講經的時候也多次說過類似的話，他的說法是，學問好，是人做得好，並不是書讀的多，知道的多。

「不慕往，不閔來，虛心以求是，強力以持久，誨人無倦心，用世無矜心，見非無悶，俟聖不惑，吾師乎，古之人哉。」黃侃的這幾句話，放在《論語》裡，說是夫子所說，似亦不會遜色。難怪常任俠在〈憶黃侃師〉裡說：「黃季剛先生是我的拜門老師，每年春節，必往叩首致敬。所居量守廬。是我常去問學的地方。」有這樣的老師讓我天天去磕頭，我也幹。而季剛先生，也純然一個夫子，一個陶潛，或者加上林和靖，或者還有一個王冕。眼前立下這樣一個標準和樣板去學

習，去實踐，那麼這個世界上還會有什麼事放不下，還有什麼坎，過不去呢？

「舊解說雖不可盡信，而無條條遜於後師之理。廓然大公，心如明鏡，然後可以通古今之郵，息漢宋之爭。」黃侃在這裡說的是做學問的事，然而，豈止做學問如此，做人做事莫不如此。通透達變，息紛止爭，要的是一份寧靜，更要一份心境。廓然大公，心如明鏡，這時候就不僅可以通古今，也可以通一切了。然而怎樣做到這一點呢？辦法或許就只有理解和設身處地。今人需要理解，古人也需要理解。人需要理解，事也需要理解。只要設身處地，想，「思之思之，鬼神通之」，也或許就可以做的好些了。

「中國學問，如仰山煮銅，終無盡境。」黃侃說的很鮮活，也很動人，可是也不免讓人氣餒。讀書種子啊，知道這個而後喜歡，才可能算得上是好的。

「中國學問無論六藝九流，有三條件。一曰言實不言名；一曰言有不言無；一曰言生不言死。故各家皆務為治，而無空言之學。」先生太愛中國的學術了。他買了許多書，讀了許多書。盡管寫的書少，可是就這幾句話，已經是別的任何一個人不能說出的了。不過拿這三個條件來衡量中國學問的所有方面，卻又未必盡然。不過，要是換個角度，說中國學問積極的方面，或者向上的方面，當然，要是真有的話，或許先生的話可能就顛撲不破了。這樣，我們崇尚的中國學問，就該是實在的，真有的，利生的，當然也是有用的。

「今日自救救人之法，曰刻苦為人，殷勤傳學。」黃侃這話，說得有些迂闊了，然而卻是正途。為人須要刻苦，也是「嚼得菜根，百事可做」的意思。可是，殷勤傳學的意思就多了。你要傳學，自己無學怎麼行呢？首先要有學，之後才可以

傳學。要傳學，殷勤是前提，也就是說，要發自內心的去做服務性工作，讓所學得到所傳。合起來說，就是對己要嚴，待人要殷勤，而這，都是為了傳這個「學」。那這個人的心在哪裡？也就在行動中。所以這也還是安心之法。庶幾，就可以救人，也可以自救了。倘若刻苦為人之後，不再去殷勤傳學，於人生就成了無花之果，意義可能也就打了折扣。

「讀書人當以四海為量，以千載為心。」黃侃此言，有些抽象。不過細想，卻很值得玩味，四海，說的是空間廣大，千載，說的是時間久遠。換言之，無非是容量要大，要經得住歷史的檢驗，經得起大浪淘沙。要是真做個讀書人，就該有有這樣的的胸懷才對。宋人張載留下的四句話，可以幫助理解：「為天地立心，為生民立命，為往聖繼絕學，為萬世開太平」真能做得到這樣，那就是該是一個聖人了。可是不這樣做，又該怎樣做呢？讀聖賢書，所為何事？先哲所問，至今仍未過時。

酒泉有書

　　老友吳浩軍的《酒泉地域文化叢稿》出版了，我為之賀！

　　「拙作有無拜讀？何至今不置一詞？輕蔑如此，不共戴天！」半年後，作者來電相責。惶恐中不免想到許多。我與吳君，訂交於二十年前的大學校園，臭味相投，嬉笑怒罵，已歷而立而不惑。知天命之佳境，也遙遙在望。垂半世紀二分之一的友情，豈可「竟無一言半詞？」非無詞也，實在是「一部二十四史，不知從何說起」耳！

　　遙想大學畢業那年，我與浩軍結伴，自甘出發，越秦嶺，赴巴蜀，放足峨嵋金頂，指顧巫山雲雨，閱黃鶴樓，看龜蛇鎖江，登廬山，遊鄱陽，俯黃山煙雲，感受「立馬空東海，登高望太平」的豪邁，過滬跨海，觀泰山日出，採太華煙嵐，三十日行二萬里，情滿山河，詩注青春，快意人生，此樂何極！

　　人生如夢，華髮已生。我們相望於江湖，相忘於江湖。再次相見的時候，浩軍已然人師。數年間，他由教書而著書，好學不輟，出入於歷史、地理、文物、古蹟、人物、方志、文學、藝術、佛教、民俗、奇石中，旁逸斜出，洋洋灑灑，在河西文化界漸著大名，成得一家氣候。

　　浩軍勤奮，但卻不是老死書齋的脈望。前年，《酒泉地域文化叢稿》定稿的時候，為進一步核實資料，他曾在千里河西走廊考察，相詢於芻蕘，問學於宿儒。一路下來，搜羅了成箱成捆的方志資料。我的居室，一度也成了他路過時這些資料

的中轉站。為他整書寄書雖然麻煩些，可是面對這樣一個勤奮的人，有友如斯，復夫何言。自然，他來述途中的見聞，徹夜聯床，添我知識，亦快事也。他的收獲是豐厚的，書之外，他還收獲了河西走廊濃烈醇美的人情，那麼些耆舊故老成了他的忘年交，想來都是讓人紅眼的事。

是什麼人就說什麼話，著什麼書。浩軍是酒泉人，生於斯長於斯，熟稔酒泉山川，他來寫酒泉，也可以說是天賜此人，得天之厚了。《酒泉地域文化叢稿》凡四十萬言，收錄作者近年來撰寫的有關酒泉地域、歷史、文化的各類文章三十九篇，範圍涉及酒泉文化的各個方面，文章的體裁則不拘一格，兼收並蓄，書後還附有顧頡剛〈酒泉昆侖說的由來及其評價〉等名家文章三篇，插圖一百零六幅，一卷在手，雖不是應有盡有，卻也是琳琅滿目了。

「天若不愛酒，地應無酒泉。」李白的詩啟人遐思，然而浩軍不善飲酒，這一點每每成為我們相聚的憾事。然則我們相聚，也必有所樂。我們最大的樂趣是愛好的相同。聯袂逛書店，是我們最高興的事。常常，我所有要的書，他那裡有，他就買來寄給我，我呢，亦復如是。日久天長，我便有了他的書，他也就有了我的書。不過也怕，怕他看到我的書。他說：「不怕賊偷，就怕賊惦記著。」呵呵，相視莞爾，我們怕對方惦記著自己的書呢。

漢武帝時代，河西走廊設武威、張掖、酒泉、敦煌四郡。後世酒泉郡又分分合合，今為酒泉市，領金塔、瓜州、阿克塞、肅北、玉門、敦煌、肅州等四縣、二市、一區，在河西走廊的最西端。兩千年來，酒泉上演了一幕幕動人心魄的歷史劇，寫下了一幅幅濃墨重彩畫卷，燦爛輝煌，大氣磅礴。浩軍的《酒泉地域文化叢稿》，反映了這一切中的一些方面。他是

一個讀書人，他說甘肅玉門花海出土的漢武帝遺詔；他唱漢武帝的〈天馬歌〉：「天馬來，從西極」，他念叨著：「天馬初從渥水來，郊歌曾唱得龍媒」。他是一個小書蟲，他說《古本敦煌鄉土志八種箋證》，評《修編金塔方志》，評《肅鎮華夷志校注》，他談校注本《光緒肅州新志》的文獻價值和校注成就。在他的手裡，文獻可徵，瑰寶重光，他是酒泉文明的傳薪人。他賞析沈青崖的〈噶巴石歌〉，他解讀王瀚、王之渙的〈涼州詞〉，他解讀楊昌浚的〈左公柳〉，他考察嘉峪關長城，他似是一個詩人。

詩人而做考據事，得乎失乎？答案是得。浩軍之得，得乎天造地設，得乎天山祁連山孕育了的鍾靈毓秀。

浩軍的成就，還得力於他的賢內助。他的文稿，多由夫人錄入。一般的，紅袖添香是不能讀書的，然而浩軍有福，是香也添了，書也讀了，讀，並且讀的好，現在是有書為證了。浩軍的藏書，愛人給他編成了書目，訂成了冊子。上次浩軍考察的時候，帶著的還有他聰慧活潑的兒子。一家人在書香中過著平常的日子，其樂融融，其福，也正濃。

凌晨四時許，我為浩軍的短信所吵：「半夜醒來，月光如水。讀宋慶森《現代書話世紀回眸》，突發奇想，寫一部河西書話史。從誰寫起呢？該不會是那個什麼弱水月年？」呵呵，我且以此篇，為老友出書作賀，至於是否入得書話，還有什麼勞什子史，就不是我管得了的了。

2008年4月25日上午春光明媚中寫畢。

黃苗子詩心未老

　　最近，三聯出版社推出了九十三歲的老畫家黃苗子的「苗老漢聊天」叢書，共四本：《雪泥爪印》、《世說新篇》、《茶酒閒聊》、《人文瑣屑》。我有幸買得前三種，大快朵頤之餘，不免手癢，想寫點什麼。

　　三本書中，最先引起我興趣的，是《世說新篇》。文化人中，年登耄耋而尚出書不止，且成就卓越者，不是很多。孫犁先生晚年的書寫的文質並美，讓人愛不忍釋。拿到這本書的時候，我也心存此想。這書，談師憶友，記下了「苗老漢」一生結識的好人、奇人、「酷」人、「絕」人，共計一百三十多篇，雖不是篇篇精彩，字字珠玉，卻也可足資談興，引人入勝。這是最初的觀感。

　　這個感覺基本沒有錯，後來我想。談天不易，「談何容易」。苗公序引馮夢龍語稱：「不有學也，不足談，不有識也，不能談，不有膽也，不敢談，不有牢騷鬱積於中而無路發攄也，亦不欲談」。「八哥學人說話，即便不像，自己也開心」。以這樣閒適的心情寫出的本想「自娛」的文字，其實是大可看看的，應當說，這樣比正經八百坐而論道的文字，要好讀得多。

　　人老成仙。仙家所云，多前朝舊事。苗老以一生所見入文，加上老而讀寫不輟，趣事自多。〈張伯駒像〉一篇，記寫張氏獻出國寶《伯遠帖》和《遊春圖》，娶得「花國總統」潘素，與陳毅康生遊，反右、文革時老無所歸，「昔日鍾鳴鼎食

之家，現在靠窩窩頭，方便麵度日，伯駒饞甚，則扶杖赴西郊莫斯科餐廳排隊吃二元一客的羅宋餐，還帶回黃油麵包兩片，歸饋夫人。黃永玉曾經畫伯駒先生像，一人戴破氈帽，著大灰布棉衣，手拎一小包，即攜家饋妻的幾片麵包也。」永玉先生之畫也收在書中，讀文賞圖，有美不勝收之感。苗公復言，張岱撰《陶庵夢憶》，憶勝朝往事，「文筆清麗絕倫，而內心惻愴，流露於不自覺之間。（黃）永玉愛讀此書。此像應是畫張岱《夢憶》中人物也。」我讀後批注：此文此書，亦《夢憶》中佳什也。

　　寫孫、袁大總統時期的葉恭綽譽虎先生，在光、宣間「年升九級」，後來做「老虎總長」，創辦交通銀行、交通大學，培養出詹天佑、茅以升來，與偉人毛有往還，「十年前流行的《沁園春》手跡，即毛寫贈譽老的。」葉還曾是毛每年誕辰家宴的榮幸諸老之一。晚年在京，「唯繼室鍾氏及多年追隨之老僕相伴。」「與章士釗交遊最密」，齊燕銘以後輩往見，「茅以升每年春節，必往賀歲。康生老賊，偶亦以書畫文物屬為品題，譽老劃為右派後，康便『劃清界限』恥於下問了。」葉公超，譽老之侄子，後在台灣搜集出版譽老書法巨冊。葉恭紹，譽老之八妹，中華醫學界精英，年已八十一歲。五〇年代譽老詩贈苗公：「日日有明日，生生已隔生。不知今夜裡，宜晴抑宜雨。」這是白頭宮女閒說玄宗般的意境了。

　　〈粥〉一篇，述「有夫婦自上海到巴黎附近的小鎮應老友招待小住，法國老友問他們早上愛吃什麼，上海客人順口就說：『我們簡單得很，每日稀飯鹹菜即可。』誰知此鎮只有麵包牛油方便，鹹菜買不著，家中平日也不曾準備食米，自然也要開兩小時車到巴黎去買，稀飯鹹菜在上海方便，到了法國便成了難題了。」這是蠻有意思的家長裡短，翻書讀來，情趣盎然。

也有文壇特寫。比如三〇年代林語堂愛穿長袍，惡西裝，曾著文云，最令人難堪的是頸部繫一條領帶，不但拘束領部很不舒服，並且十足象狗脖子上的圈套，二十世紀，人向狗看齊，真是咄咄怪事。此文被《良友》畫報主編梁得所看見，便從《名人年鑑》中找到林穿西裝的半身照片，特別誇張地染深領帶的顏色，另外配以戴脖套的狗照片一張，和林氏的文章一起在他主持的《小說半月刊》上刊出。幽默大師被「幽」了一「默」，「只是無可奈何。林、梁本來交情不錯。」讀後，真是讓人忍俊不住。

　　于右任有句云：「老而不死作詩人」。苗公觀看八十三歲的劉海粟作畫時，海翁曾有豪語：大家都活四百歲！我也祝願苗公活四百歲。苗公詩心不老，自也是我輩讀書人的福分。

　　黃苗子，廣東省中山人氏，生於1913年，老漫畫家、美術史家、美術評論家、著名書法家。

2006年7月18日下午寫畢。

吾國學術之傷心處

　　2003年1月31日的中國網域外評說頻道策劃《回顧專題：西學東漸下的中國（增補）》裡說：「以斯坦因為代表的西方探險家、學者，在世紀初所推動建立的新的學術領域，竟然成為中國近代學術的源頭之一。當黃文弼奮勇西行，從事極為艱苦的考察工作時，他不是同樣感受到那種受賜於斯坦因他們的屈辱感嗎？當陳寅恪沉湎於學習中亞各種死文字時，他不是恰恰浸潤在這一嶄新的國際學術潮流中嗎？屈辱感產生了意義。」「斯坦因卻是唯一的和不可替代的。他把亂糟糟的尋寶變成了對古代中亞世界的復原，他充實、豐富並激活了『絲綢之路（Silk Road）』這一近代概念，他建立了地理調查與考古發掘並重的西域學規範，他使湮沒千年的各個民族、各種文字再次扮演了東西文明交流的角色。斯坦因把中亞探險的瓦礫沙石，變成了認識人類文明歷程的黃金美玉。」「斯坦因在西方學術界所獲聲譽的高低，與他從中國盜運至印度和英國的文物的多少，有著正比例的關系。」

　　陳寅恪先生有云：「敦煌者，吾國學術之傷心史也。」

　　其實，敦煌只是一個學術時代的代表。陳寅恪先生另外有一首題為〈北大文學院巳紀史學系畢業生贈言〉的詩，說的也還是這樣的事：

　　　　群趨東鄰受國史，神州士夫羞欲死。

　　　　田巴魯仲兩無成，要待諸君洗斯恥。

那是1926年夏。當時的背景是，日本漢學相對發達，青年們多有東渡日本去學習文史的。（浦江清《無涯集》）

傅增湘在評價董康時說：「如君之於書，始之以鑒藏，繼之以校讎，終之以傳布，好尚之專，成功之大，同時朋輩殆難比倫。」說自己「一生以影印異書為唯一之職志」、寫有「滿架殘編勤愛護，此中事業有千秋」詩句的董康，痛悼皕宋樓藏書的東流日本，在《皕宋樓藏書源流考》一書的跋語中竟說，與其讓這些書流落異邦，「反不如台城之炬，絳雲之爐」，魂魄尚能長留故鄉。董康訪日，訪書即為頭等大事，在寫給繆荃孫的信中，他甚至夢想讓東西二京名剎故家之舊藏「盡為所奄有，以為皕宋樓之報復」。後來，他將見聞寫成《書舶庸譚》一書，傅增湘就說，這書「足為饋窮之糧、夜行之燭」。1930年，胡適為《書舶庸譚》作序，說這「六十歲的學者伏案校書的神情」，還有他的書，「使我們讀書的人得著了很大的益處」。有感於書中日本武士的死，胡適先生甚至和董康詩一首：

　　　一死不足惜，技拙乃可恥。
　　　要堂堂的生，要堂堂的死。

不過，魯迅1935年6月27日致山本初枝的信中卻說：「董康氏在日本講演的事見諸報端。十年前他曾任司法部長，現在在上海當律師。因刻印豪華書籍（古本復刻）而頗聞名。在中國算不得學者。」

垂七十年遭離亂。生於1867年，愛書如命的董康，自述曾經「而歷政變（指戊戌），而歷拳匪，而光復，而復辟，即其他系統戰爭各役，皆躬歷其境」，「心房備閱滄桑」的董

康，敵偽時期竟就任華北偽政權的「司法委員長」和「最高法院院長」等職，被重慶政府下令通緝。真真良可歎也。一代學人除董康外，知堂老人、夢苕庵主人、風雨龍吟室主、雙照樓主人等，俱以百生莫贖之行為，留下了遺憾，不能不說是那個多災多難的時代留給祖國學術的恥辱。

偶閱關於鄭逸梅氏回憶瞿兌之的書，知曾任北洋政府國務院秘書、編譯館館長，南開、燕京等大學教授等職，寫下了大量掌故文字和《燕都覽古詩話》的先生在十年浩劫中竟也被判刑十年，庾死獄中。復念那十年，斯文掃地，紙冠高帽，遊行掛牌的境況，大約是千百年來也得未曾有的。死去的陳寅恪、吳晗、吳宓他們，分量並不比前述諸色人等為輕，損失也並不少。人間多無常，外人糟蹋的是恥辱，自己作賤自己的，亦傷心事也。

【附錄】

《弱水書話》序

王稼句

　　張掖是河西重鎮，舊志上說：「漢時以張掖名者，謂斷匈奴之右臂，張中國之掖。」可見它緊要的戰略位置。但對我來說，張掖只是一座遙遠的邊城，小時候讀唐詩，就記得「勸君更盡一杯酒，西出陽關無故人」，「遙知漢使蕭關外，愁見孤城落日邊」，我知道張掖沿著長城，陽關在其西，蕭關在其東，人稱那裡是「塞上江南」，在我實在難以想像。我這個人懶於行旅，蹤跡只是西至長安為止，故而當持卷臥遊，讀到關於河西走廊的事兒，就會想起那荒漠裡的古城，想起那喚不起柳綠的悠悠羌笛。我知道，我的想像並不一定是那裡的情狀，但小時候留下的印象太深了。再說，自古以來，蘇州人就認為那裡是天邊絕域，顧阿瑛的「閶門西去是陽關，疊疊秋風疊疊山」，吳梅村的「月明函谷朝雞遠，木落蕭關塞馬肥」，正有著對路途遼遠的慨歎。想不到，張掖有位黃岳年先生，不知從哪裡知道我的地址，給我發來郵件，感謝互聯網，雖然彼此相隔萬里，不時就有字面上的往來，於是我知道某天的張掖，正下著小雨，那似有似無的雨，是否給那裡染上亮麗鮮嫩的春色呢。

　　張掖的天氣如何，對我來說並沒有什麼意思，有意思的是，我知道張掖有這樣一位讀書人，既讀書，也藏書，還從書生發開去，寫成一篇篇隨筆，不但有故實，有感情，還有自己的想法，這是至關重要的。

　　去年春上，岳年告訴我，他要印本自己的集子，將文稿發來，希望我能寫點什麼放在書前。我問他，是否有更合適的人選，名望隆高、文墨佳妙的大有人在，由他們來寫必然更好，但他卻有點鍥而不捨，也就只好濫竽充數。既答應了，卻又寫不出，勉強敷衍成篇，自然是不滿意的，也就擱在一邊。秋去冬來，到了十二月下旬，他出差上海，特地來了一趟蘇州，席間自然談到這篇小序，我說還要動一動，很快改了就給他發去。然而當春天隨著落花流水而去，知了也爬上高樹鳴唱起來，這篇小序卻仍舊沒有動一下。岳年來信說，放暑假了，想將那本書早點付印。我很是慚愧，如果再不將此事了了，真要失信於岳年了，於是再讀他的文章，放棄舊作，重新起筆。

　　岳年的讀，稱得上是縱橫廣博，關心的範圍很大，與他相比，我讀得狹得多，但像對蘇東坡、辛稼軒、袁中郎、黃蕘圃、葉鞠裳、葉郎園、周作人、錢萼孫諸位，我也同樣懷有很大的興趣，只是沒有像他那樣認真地去做研究或考述。他經常告訴我，最近買了些什麼書，不能掩飾的喜悅溢於紙上，有時也會有遺憾，比如他買錢伯城的《袁宏道集箋校》，印本三冊，他只買到了兩冊，他竟然不惜重價去複印了一冊。這種做法，我是很理解的，自己喜歡的書也想弄全，時到如今，這樣的心思淡多了。這本書裡還有不少記人物的，記訪書的，有一篇談到秀州書局和范笑我，笑我也是我的朋友，時有往來，他的書局關門，在我看來是大吉，他可以靜心讀書，做自己的事，只是讀書界少了一個「交流中心」，讀者少了一個自己的書店，岳年在文章裡也說出了我的心情。

　　岳年喜歡知堂的文章，集中就有〈我的知堂書緣〉、〈夜煮白石箋陰符〉等好幾篇，可以看到他對老人是那樣拳拳

服膺。老人的自編文集，鍾叔河、止庵兩位各整理了一套，我是反覆讀的，老人的集外文，陳子善整理出好幾本，其中有本《亦報隨筆》，還是八〇年代由鍾叔河先生經手在岳麓書社印的，開本不大，正好適宜枕上翻讀。那是老人從南京出獄後，給上海《亦報》、《大報》寫的，篇幅都很短，五六百字一篇，大部分不分段落，一氣呵成，比起他以前寫的，很有不同，抄書少了，大都是憑記憶，然而正可見得文章的爐火純青，讀罷真是佩服得緊，可惜這些文章，不大為人注意。如今，不少作者是博客，寫得也固然不錯，但洋洋灑灑，動輒數千言，難免有點淡水氣。我自己儘管不是博客，但除了有特殊關照的，寫起來也不大考慮篇幅。其次，知堂的文章固然極雜，他自己就寫過《我的雜學》，但他的某門雜學，比之現在自詡為專家的要精深得多，知識系統，思想深邃，作法上又別具一格。故而將雜學用之於文章，自自然然，遊刃有餘，不像如今的一些所謂雜家之文，弄不好就露出破綻來，我自己也有這方面的教訓，一旦寫出，人人可看，後悔也就來不及了。就這個意義上來說，「文章千古事，得失寸心知」，將文章看得容易，實在是不知它的難做，「初出茅廬心似虎，江湖越老越心寒」，也是我現在寫作時的心境。我由岳年的文章，想到知堂，就拈出這兩點來，與岳年共勉。

岳年這本書，書名改了幾次，最後定為《弱水書話》。弱水者，乃是流經張掖的一條河流，它的上源即山丹河，下游是山丹河和甘州河合流後的黑河，出關流入內蒙古境內，稱為額濟納河。它的得名很早，《書‧禹貢》就有「弱水既西」；「導弱水至於合黎，餘波入於流沙」。弱水自然是水淺的意思，相傳「力不勝芥」，「投草輒沒」。岳年以此為題，就是他在作書卷裡的泛遊，那水並不深，故而得來也

淺，這是他的自謙。還有一個解釋，也就是取「任憑弱水三千，我只取一瓢飲」的意思，《紅樓夢》第九十一回，在瀟湘館裡，黛玉問寶玉：「寶姐姐和你好，你怎麼樣？寶姐姐不和你好，你怎麼樣？寶姐姐前兒和你好，如今不和你好，你怎麼樣？今兒和你好，後來不和你好，你怎麼樣？你和他好，他偏不和你好，你怎麼樣？你不和他好，他偏要和你好，你怎麼樣？」寶玉呆了半晌，忽然大笑道：「任憑弱水三千，我只取一瓢飲。」黛玉問：「瓢之漂水奈何？」寶玉說：「非瓢漂水，水自流，瓢自漂耳。」黛玉又問：「水止珠沈，奈何？」寶玉說：「禪心已作沾泥絮，莫向東風舞鷓鴣。」那是對愛情的專一。岳年也有此想，在物慾橫流的世界裡，他對於書，就像對愛情一樣，忠貞不渝，一往情深。這樣純粹的讀書人，真是越多越好，可惜如今確實不是太多了。

2008年7月17日。

弱水軒裡閒話書：
《弱水書話》讀後

榮方超

　　從古代詩禮傳家的「書香門第」，到如今的「書香校園」、「書香社會」，「書香」一詞從古時夾於書中的芸香草，而變成今日典雅生活的一種寄寓。現代的書房中已少見芸香草或是樟木片來驅蠹蟲。但是，讀書人的心裡卻始終縈繞著另一種「書香」，於蒼茫世事中護佑著心靈以防蠹蛀，享受著「芸香幾卷書」的福分。

　　甘肅張掖黃岳年先生說，「有了書，讀，就成了最好的享受」。在其自編文集《弱水書話》（中國文史出版社2008年12月版）一書中，便以〈願意讀書的人，就是有福的人〉一文首領群章，抒發著他對書卷的熱愛、對讀書的珍視。

　　從事教育工作多年的黃岳年，在忙碌的日子裡，總能擠出時間來藏書、讀書，又能在藏與讀之間不斷地寫出書話來。收入此集的書話文章共有五十七篇，近二十六萬字。

　　全書溢滿了「樸素的野趣」。且看它的封面，自牧先生的毛筆題簽配以疊落數架的線裝書小圖，與乳色的封皮融合在一起，目光觸及的瞬間，便有淺淺的韻致流瀉出來。揭開素雅的簾幕，環視頁上印著的大漠駝隊，便衝入了你的視野。景象的驟變帶來了視覺上的衝擊和情感上的震撼，一下子由「雅」入了「野」，讓人頓時有了種曠野蒼茫的雄闊之感。再看它的書名，曰「弱水書話」，弱水流沙於塞外，自有一種

質樸蒼野的風情。作者名其書齋為「弱水軒」，他在天涯讀書社區「閒閒書話」版用的網名是「弱水月年」，足見他對弱水的鍾情。也因此，他的文字裡，便添了幾分流水似的活躍情愫了。

> 閉門即是深山，開卷就為淨土。得先哲神韻的時候，信手翻開一冊，就有盎然春意從紙山書卷中氤氳升起。舊書故我，新書怡顏。縹緗盈屋，福地琅嬛。晨昏我讀，樂以忘憂。……醒時眠時，坐處臥處，風晨雨夕，書卷覆我，我讀書卷，在在處處，神物相隨，我之書正多，我之樂無窮，我之福，亦無窮矣。（〈弱水軒記〉）

好一幅暢快淋漓的「讀書有福圖」！書香縹緗間，一絲山林隱逸的野氣滲入作者的文思，他的書話文章也便顯出了清新而怡悅的野趣。當他拿到朱生豪譯《莎士比亞全集》時，即以「是我的了」一句道出了內心歡喜之情。文中常可見這般樸素直白的內心描寫，讀來仿若望見作者撫書興歎的模樣了。

既然作者認定「願意讀書的人，就是有福的人」，那麼「有福的人」自然也是他關注所在。五十餘篇文章幾乎全是記讀書人的，可見作者不只是個愛「書」人，還是個愛「書人」的人。這其中，既有對范仲淹、王夫之、錢曾、黃丕烈、沈虹屏等古代文學家、思想家、文獻學家、藏書家的評述，又有對張舜徽、胡適、周作人、錢穆、孫犁、曹聚仁、雷夢水等近現代文獻學家、文學家、出版家的論議，還有其與譚宗遠、于曉明、自牧、王稼句、張阿泉、阿瀅、董寧文、徐雁等當代書人學者交遊的憶敘。所記「書人」也不止於圖書出版

界的概念，但都與書脫不了干係，每記一人，文中卻往往生發出一連串的書名來，也正說明了作者讀書的廣博。

廣於閱世，博於知史。正因如此，黃岳年先生的書話文章在野趣怡人之外更顯底蘊深厚，而成彬彬之文質。

姜德明先生常說，書話只要能夠引領讀者愛慕知識，並喚起他們愛書、訪書、藏書的興趣就好，不必過苛地要求它承擔更多的繁重任務。沒有任務性的壓迫，既成就了書話這種文體受到大眾喜讀，也成全了許多讀書人在閒暇能夠輕鬆地寫作。雖然近年來「書話熱」帶來這類小品文字的高產，但是能夠做到唐弢先生所說的「一點事實」「一點掌故」「一點觀點」「一點抒情的氣息」，還是不簡單的。

愛書，訪書，藏書，則是寫成這類文字不可或缺的「內力」。作者在「自序」中稱「黃宗羲藏書印有雲『貧不忘買，亂不忘攜，老不忘讀，子子孫孫，鑒我心曲。』照五百年前是一家的舊訓，買書讀書，亦吾家事也。」秉承「家訓」，作者在生活忙碌之餘，便因「愛」而「訪」而「藏」，往往讀書有得，遂「記下讀書時的歡然內懌，寫寫個人由衷的欣悅，自以為對人生一個交代。」

所謂「觀書如觀人」，僅從篇目來看，就可知作者對周作人、孫犁兩位先生的推崇和喜愛了。此集收有〈夜讀白石箋陰符〉、〈我的知堂書緣〉、〈知堂與希臘文化〉等數篇寫周作人的文章。知道知堂，認識知堂，喜歡知堂，書寫知堂，這一系列由認知到行動的過程，是作者通過一系列對知堂的「閱讀」而完成的。從〈我的知堂書緣〉一文中，便能窺見作者所藏所讀的有關知堂的書。作者最早買下的知堂的書，是上海文藝出版社1984年版的《周作人早期散文選》，隨後一發不可收拾，《知堂雜詩鈔》、《在家和尚周作人》、《周

作人自編文集》、《周氏兄弟合譯文集》四冊、「苦雨齋譯叢」、《周作人傳》、《知堂書話》、《知堂序跋》、《知堂談吃》、《周作人日記》等紛紛飄至弱水軒。

因了對知堂的喜愛，作者也認識並喜愛上了鍾叔河先生。在〈想念念樓裡的鍾叔河先生〉一文中作者有這樣一段評述：

> 二十六年來，經鍾叔河編出的文字，應當是思想解放、民主意識發展的啟蒙文字。大劫之後的人們，在精神上需要先站起來，先多元起來。說胸襟廣大，連自己的先人都容不得，大約是不好的。不放眼世界，就更不行了。今日中國是歷史中國的延續，未來中國也還是歷史中國的延續。

基於此番理解，他認為這也應該是鍾叔河先生多次編印對近代中國產生了深遠影響的包括曾國藩、周作人等人在內許多好書的原因。

我想作者對張中行先生的喜愛，應該也夾雜著一點知堂的因素。他對張中行關於知堂文字的論說有很高的評價。他在〈關於張中行〉一文中稱，有了張中行先生的這些文字，「今日讀書界才對得住八十年來知堂留下的文字。分量極重，命意也好，這是先生以身傳法，在給浮躁的文壇指路」。

除了對周作人多用筆墨外，書中還收有四篇關於孫犁先生的文章，分別記敘了孫犁的「遊記觀」、推崇的「文士七件事」、「晚年的志趣」和他的封筆之作《曲終集》。他稱孫

犁為「大勇者，大智者，大福者」，他說「讀孫犁，是快樂的」。孫犁的文字看似筆法隨意，卻意味雋永，想來作者對其讀得多、愛得深，所以他的文字裡也不免透出些許孫氏氣息，有著一樣樸素而又有質感的閒話文字。

黃岳年先生在「作者簡介」中說自己「喜遊，蹤跡布海內外」，本書中也散見著他訪遊書林的四五篇行記文章。零七年十二月，作者訪遊南京，我有幸與其相識，並同他在南京大學周邊的幾家書店訪書，切實感受到作者訪到心儀之書時的喜愛之情。除了訪到好書外，與書友相會也是其訪遊中最為樂道的事了，作者在「自序」中說，這些書人學者的友情，讓他「備感書香世界裡的溫馨和愜意」，他感歎道「予何人哉，竟能友如斯君子，快意人生，云胡不喜！」

這篇「自序」寫於2006年，序中稱此集所收文章主要是2005年10月以後到2006年底的這一段時間寫的。書是在2008年出的，自然又增補了不少新文章。所收文章寫於2006年以前的有三十餘篇，近兩年增補的文章有近二十篇。其中，很多文字曾見於天涯讀書社區「閒閒書話」版以及《人物》、《出版人》、《讀書》、《出版商務周報》、《書脈》、《書香》、《中國紙牌》、《華商報》、《張掖日報》、《酒泉日報》、《閒話王稼句》、《我與〈開卷〉》、《芳草地》、《清泉部落》、《人文荊州》等書刊。作者將這一時期的文章梳理擇取，湊成一本書，他自言「好作一個紀念」。

「好作一個紀念」，當是黃岳年先生對弱水軒中數年平平仄仄讀書生活的一個紀念，也是弱水軒書香怡悅的一次展示。張廷路有詩描寫書齋生活，道「蕭齋把臂足清歡，聯句論文夜漏殘」（〈送魏定野歸柏鄉〉）。塞外閒夜肅清，有朗

月照軒，於此中讀書的人，也應如《弱水書話》開篇所言，
「就是有福的人」。

2009年5月22日於南京大學。

關於黃岳年的評論文字摘錄

中國西北讀書星座——黃岳年先生：讀書品位純正、文風質樸、寫作勤奮、為人品格誠摯，是中國當代讀書界閃亮的「讀書星座」。

——著名書愛家、內蒙衛視首席記者張阿泉

弱水岳年黃兄是我認識並且交流較為密切的天涯書友之一。他的書話作品一直是我喜歡閱讀的風格、學習的典範，因為我們對相關的書有共同的愛好。黃兄文章無一不是佳作，內容廣徵博引，寫作認真而精彩。

——西安浩文堂書店店主、《書脈》執行主編文泉清

《弱水書話》雖未盡窺全貌，已是受益良多。當時推想，兄應該是身在江南的某個山水佳處讀書授徒的書生。這次看了地址才知道，當時所猜想竟然謬以千里了。在我的印象裡，如兄台般行雲流水的文字，出在江南靈秀之地的可能性更大一些。沒想到塞上的慷慨激烈之地，也有如此秀雅的文字，也為我輩北方讀書人增添了靈氣。

——濰坊電視台鍾士濤

一直在關注著你的文章，它能給我帶來一種愜意的舒適，能讓我忘記工作當中的煩心之事，能讓我領略文人墨客具有的書香與墨色，能讓我知道如何去享受生活。

我聽過你的課，賞過你的字，的確有一種極致之感。

——西安西京學院雷鵬致黃岳年信

岳年兄真是個愛書的，魯迅把喝茶的時間都用來讀書，岳年兄
似乎是把買茶的錢都用來買書，買了就翻看，飲食的，健身
的，旅遊的，講經的，說書的，談文的，釋迦，范仲淹，袁
中郎，王船山，沈虹屏，張秋月，胡適，知堂，鄭振鐸，陶
行知，錢穆，朱生豪，張中行，鍾叔河，黃苗子，看了都喜
歡，而且多有贊成，少有反對，就是作者與作者之間有些矛
盾，也會為之調停，不管什麼出身，什麼觀點，什麼立場，什
麼傾向，都調停到書窗之下，安頓在讀書人的行列裡。調停得
自己心靜，越發心平氣和地讀書，晨也讀書，昏也讀書，憂也
讀書，樂也讀書，用他自己的話說，願意讀書的人，就是有福
的人。

——吉林長春讀書人、閒閒書話版主孟慶德

《弱水書話》，雖然不可斷定字字珠璣，就我匆忙讀過的部分來
說，卻也是字字有味，句句呈香。讀黃兄的文字總是長學問。

——書愛家、著名書評人馮傳友

岳年很勤勞，妙文層出，文字是真功夫、真正的好文章。書香
人家，其樂融融。醉酒、醉書都是一種相知，哪天碰面咱就醉
一回！

——河南書愛家劉學文

岳年兄在天涯社區「閒閒書話」常發表讀書隨感，頗有影
響。《弱水書話》的第一篇題為《願意讀書的人，就是有福的

人》，我非常認同。因為只有這個命題成立，我才能稱得上幸福，所以我堅決擁護。

——詩人、《大學時代》執行主編吳昕孺

非常漂亮的毛邊書，再加上岳年兄漂亮的字，捧在手裡實在是很開心，認真讀了一半，很美很享受。文章裡典故和新知總是奪我眼目。從某種意義上說，世上的每個人都被某種方式捕獲，從而得到自由、幸福和喜悅。從書，我們清楚的看到岳年兄又是一位被書籍文字捕獲了的博學深識的謙謙君子。

——書愛家、書評人蕘蝶書

開卷伊始，書香氣息撲面而來。藏書多、讀書多、筆記多、書友多、見識多、感悟多，是《弱水書話》傳遞給我的最鮮明的、最個性化的信息。

——浙江餘杭高級中學教師陳耀清

看到書了，拿著書，嗅著墨香，忽然想流淚了。文字很好，題字很美，已經覺得很完美了。多多保重，忽然覺得，認識你很多年了。

——散文家、旅行天下版主曉桐

《弱水書話》毛邊做得非常好，規矩又舒服，當世稀見。

——北京特級教師劉德水

黃岳年先生所撰長文《夢裡蘇州枕上書》，亦是當代書話作品中難得的佳作。

——《書脈》編者卷首語《閱讀‧邊緣》

現在都養成了一種習慣了，只要是黃兄的文章中的好句子，都會Copy到一個文檔中存起來，以便於以後引用！

———上海書友和碩世家

弱水月年好手筆，文筆淡然，但見五四精彩，不佞以為有周苦雨的風味。早年喜歡香港董橋的書，亦是滿卷慵懶，弱水筆底傳新，余雖未讀過其文，然則心嚮往之了。

———文史專家崤陽雲樹在品讀《傳薪之書》時的留言

看到《弱水書話》，似乎對高爾泰和楊顯惠筆下的大西北又多了一份理解，以前，我們習慣的都是張承志的敘述，這樣的文本至少鮮活的反映出在大西北的一個中學校園默默奉獻的中學教員在業餘的讀書生活和生存狀態。書是毛邊書，大致瀏覽，倍感親切。書中提到的許多人物，我都熟悉，曆曆如在眼前。在這樣的酷夏，看這樣的書，真是愜意。

———南京著名作家王振羽

天涯社區閒書話，曾任版主口才佳。書不負我堅自信，弱水月年植新葩。

———濟南名士、《日記雜誌》主編自牧

《弱水書話》涉及廣泛，述寫人物眾多，可見平日讀書之勤奮和寬廣，真可謂是博覽群書……我便知道，在遙遠的「塞上江南」甘肅張掖，我有個朋友，他叫黃岳年……

———浙江建德讀書人許新宇

國家圖書館出版品預行編目

弱水讀書記：當代書林擷英 / 黃岳年著. --
一版. -- 臺北市：秀威資訊科技, 2009. 09
面； 公分. --（語言文學類；PG0280）

BOD版
ISBN 978-986-221-282-0（平裝）

1. 讀書 2. 文集

019.07 98014834

 語言文學類 PG0280

弱水讀書記 —— 當代書林擷英

作 者 / 黃岳年
主 編 / 蔡登山
發 行 人 / 宋政坤
執 行 編 輯 / 林泰宏
圖 文 排 版 / 鄭維心
封 面 設 計 / 蕭玉蘋
數 位 轉 譯 / 徐真玉 沈裕閔
圖 書 銷 售 / 林怡君
法 律 顧 問 / 毛國樑 律師
出 版 印 製 / 秀威資訊科技股份有限公司
　　　　　　台北市內湖區瑞光路583巷25號1樓
　　　　　　電話：02-2657-9211 傳真：02-2657-9106
　　　　　　E-mail：service@showwe.com.tw
經 銷 商 / 紅螞蟻圖書有限公司
　　　　　　台北市內湖區舊宗路二段121巷28、32號4樓
　　　　　　電話：02-2795-3656 傳真：02-2795-4100
　　　　　　http://www.e-redant.com

2009 年 9 月 BOD 一版
定價：360 元

讀　者　回　函　卡

感謝您購買本書，為提升服務品質，煩請填寫以下問卷，收到您的寶貴意見後，我們會仔細收藏記錄並回贈紀念品，謝謝！

1.您購買的書名：＿＿＿＿＿＿＿＿＿＿＿＿＿＿＿＿

2.您從何得知本書的消息？

□網路書店　□部落格　□資料庫搜尋　□書訊　□電子報　□書店

□平面媒體　□ 朋友推薦　□網站推薦　□其他＿＿＿＿＿

3.您對本書的評價：(請填代號　1.非常滿意 2.滿意 3.尚可 4.再改進)

封面設計＿＿　版面編排＿＿　內容＿＿　文/譯筆＿＿　價格＿＿

4.讀完書後您覺得：

□很有收獲　□有收獲　□收獲不多　□沒收獲

5.您會推薦本書給朋友嗎？

□會　□不會，為什麼？＿＿＿＿＿＿＿＿＿＿＿＿＿＿＿＿

6.其他寶貴的意見：＿＿＿＿＿＿＿＿＿＿＿＿＿＿＿＿＿

＿＿＿＿＿＿＿＿＿＿＿＿＿＿＿＿＿＿＿＿＿＿＿＿＿＿

＿＿＿＿＿＿＿＿＿＿＿＿＿＿＿＿＿＿＿＿＿＿＿＿＿＿

＿＿＿＿＿＿＿＿＿＿＿＿＿＿＿＿＿＿＿＿＿＿＿＿＿＿

讀者基本資料

姓名：＿＿＿＿＿＿＿＿＿　年齡：＿＿＿＿　性別：□女　□男

聯絡電話：＿＿＿＿＿＿＿＿　E-mail：＿＿＿＿＿＿＿＿＿

地址：＿＿＿＿＿＿＿＿＿＿＿＿＿＿＿＿＿＿＿＿＿＿＿

學歷：□高中(含)以下　　□高中　　□專科學校　　□大學

□研究所(含)以上 □其他＿＿＿＿＿＿＿

職業：□製造業 □金融業 □資訊業 □軍警 □傳播業 □自由業

□服務業 □公務員 □教職　□學生 □其他＿＿＿＿＿

To：114

台北市內湖區瑞光路 583 巷 25 號 1 樓

秀威資訊科技股份有限公司　　　收

寄件人姓名：

寄件人地址：□□□

(請沿線對摺寄回,謝謝!)

秀威與 BOD

BOD（Books On Demand）是數位出版的大趨勢，秀威資訊率先運用 POD 數位印刷設備來生產書籍，並提供作者全程數位出版服務，致使書籍產銷零庫存，知識傳承不絕版，目前已開闢以下書系：

一、BOD 學術著作—專業論述的閱讀延伸
二、BOD 個人著作—分享生命的心路歷程
三、BOD 旅遊著作—個人深度旅遊文學創作
四、BOD 大陸學者—大陸專業學者學術出版
五、POD 獨家經銷—數位產製的代發行書籍

BOD 秀威網路書店：www.showwe.com.tw
政府出版品網路書店：www.govbooks.com.tw

永不絕版的故事・自己寫・永不休止的音符・自己唱